은둔형 외톨이 상담

-당사자와 부모 상담 가이드북-

Counseling for Hikikomori

당사자와 부모 상담 가이드북

은둔형 외톨이 상담

김혜원 · 조현주 · 김지연 · 김연옥 · 김지향 · 박찬희 공저

학지사

추천사

이혜성(한국상담대학원대학교 총장)

김혜원 교수가 동료들과 함께 『은둔형 외톨이 상담: 당사자와 부모 상담 가이드북』을 출판한다며 나에게 추천의 글을 부탁했을 때 매우 기쁘고 자랑스러웠다. 김혜원 교수는 우리 사회에서 은둔형 외톨이에 대한 정의조차 분명하지 않았던 2021년에 이미 『은둔형 외톨이: 가족, 사회, 자신을 위한 희망안내서』라는 제목의 책을 출판하였고, 이어서 이번에는 은둔형 외톨이와 그 가족들을 현장에서 만나는 상담자들을 위한 가이드북을 출판하는 부지런함을 보여 주었다. 이 책은 은둔형 외톨이에 대해 총체적으로 이해할 수 있도록 돕는 내용을 광범위하게 기술하고, 실제로 상담을 실행하는 데 필요한 정보를 세밀하게 제공하는 일종의 매뉴얼이다.

김 교수는 사회적 교류를 어려워하며 학업 중단에 이르는 학생들을 교수 생활 중에 자주 만나게 되면서 이들에 대한 관심이 생겼고, 일본에서 1990년대 초반부터 나타나기 시작한 '히키코모리(은둔형 외톨이)'가 2000년대 초반부터는 우리나라에도 뚜렷하게 존재한다는 사실에 주목하였다. 이에 뜻을 함께하는 사람들과 활동을 시작하며 2015년에 경기도 분당에 법인을 설립하였고, 지난 7년 동안 은둔하는 청년과 그 가족들을 위한 위로와 회복의 상담 및 교육 활동을 본격적으로 해 오고 있다. 이 기관에서는 은둔형 외톨이를 위한 배움 및 활동 지원, 당사자와 가족에 대한 심리상담 지원, 상담자들을 위한 연구 학술 지원과 청년 관련 지원사업 등을 연중으로 바쁘게 수행해 오고 있다. 참으로 놀랍고 자랑스럽다.

PIE라는 명칭을 처음 들으면 '사과 파이?' '호두 파이?'를 연상하기 쉽지만 PIE에는

Professional Institute of Entrepreneurship이라는 깊은 의미가 담겨 있다. PIE는 각 구성원이 앙트십(Entrepreneurship) 과정을 통해 **나다움**을 찾고, 나눌수록 넉넉한 파이처럼 사회 속에서 유익을 키우고 나누는 실천을 경험하며, 무한소수 파이(π)처럼 자신의 잠재력을 찾는 것을 목표로 하는 곳이다. 이러한 의미에서 '(사)PIE나다운청년들'과 '파이심리상담센터'는 청년들을 넘어 사회 구성원 모두가 나다움을 회복하고 내게 맞는 삶을 준비하는 곳이다.

기관명에 대한 설명을 듣고 나서 처음에는 이름이 좀 길고 그 속에 담긴 내용이 약간 어렵고 복잡하다고 느꼈는데, 역시나 파이구성원과 이용자들은 그 이름을 현대 감각에 맞는 일상의 언어 '파이나청'으로 부르고 있다고 한다. '파이나청!' 얼마나 부르기 쉽고 우리 흥에 어울리는 이름인가! 나는 '파이나청'이 은둔형 외톨이뿐 아니라 우리나라 청년 모두에게 내재되어 있는 성장의 힘을 일깨워 주는 팡파르 역할을 해 주기를 바란다.

1974년부터 현재까지 대학 교수로 살아오면서 나에게는 김혜원 교수를 비롯해서 훌륭한 제자들이 많아졌다. 그들은 교수로, 강의로, 저술로, 학회 일로, 사회단체 사업으로 자신들의 역량을 발휘하면서 공동체를 위해 열심히 활동하고 있다. 그들을 대할 때마다 나는 『탈무드』에 나오는 "나는 스승에게서 많은 것을 배웠다. 그러나 더 많은 것을 제자들에게서 배웠다."라는 경구(敬句)와 순자(荀子)의 『권학편(勸學篇)』에 나오는 "靑出於藍(청출어람: 푸른색이 쪽에서 나왔으나 쪽보다 더 푸르다)"을 음미하면서 그들에게 감사와 존경의 마음을 보낸다.

이번에 출간되는 『은둔형 외톨이 상담: 당사자와 부모 상담 가이드북』이 은둔형 외톨이를 돕는 상담자와 실무자들에게 큰 도움이 될 것임을 확신하며, 은둔 청년들에게 회복의 디딤돌이 될 '파이나청'의 성공적인 활동을 진심으로 기원한다.

머리말

　은둔형 외톨이에 대한 사회적 관심이 커지고 있다. 대상자와 그 가족들이 오랫동안 겪어 왔을 고통에 비하면 미약하지만, 분명 반가운 일이다.

　파이(PIE)심리상담센터가 사회에서 소외된 청년들의 삶을 돕기 위해 법인을 세우고 프로그램을 시작한 지 올해로 7년째이다. 설립 초기는 우리가 돕는 청년들을 뭐라고 불러야 할지에 대해서조차도 그 의미가 정립되지 않은 상태였기에, 우리는 매 만남에서 "이 사회에는 학교와 직장에 속해 있지 않고 사회적 관계가 심각하게 단절된 청년들이 많습니다. 파이는 그들과 삶을 나누는 곳입니다."라고 반복해서 설명해야 했다. 대상은 분명히 존재하는데 봐 주거나 이름을 불러 주는 이가 없는 청년들이었기에, 우리는 그들과의 만남을 그렇게 길게 설명할 수밖에 없었다. 이후 우리는 그들을 '학교밖·사회밖 청년'으로 불러 왔고 가장 알려진 '은둔형 외톨이'라는 이름을 수용하게 되었다. 일찍이 시인이 기막히게 묘사한 그대로이다. 이름을 불러 주기 전에 그들은 다만 '하나의 몸짓'에 지나지 않지만, 이름을 불러 주었을 때 그들은 우리에게로 와서 '꽃'이 된다. 그저 하나의 몸짓이었던 은둔형 외톨이와 가족들이 이제는 분명한 실체가 된 것이다.

　그러나 여전히 큰 과제가 남아 있다. 이름을 불러 주어 다가온 실체인 은둔형 외톨이는 아름다운 꽃이 될 수도 있고 그저 몸짓으로 남을 수도 있다. 몸짓에 부여해야 할 중요한 점은 이름이 아니라 의미와 해석이다. 꽃은 '아름답다'는 의미를 부여할 때 비로소 아름다움의 속성을 갖는다. 사회적 관심과 함께 우리는 은둔형 외톨이에게 어떤 의미를 부여할 것인가? 앞으로 어떤 의미를 부여하게 될까? 7년 전 법인을 설립할 때와 달라진 과제이지만, 더욱 묵직한 마음으로 연일 이 질문을 하게 된다.

　이 책의 저자들은 지난번 출판한 『은둔형 외톨이: 가족, 사회, 자신을 위한 희망안내서』를 집필할 때부터 은둔형 외톨이 당사자와 가족을 돕는 상담자 및 실무자들을 위한 워크북을 구상하고 있었다. 앞선 책에는 주로 은둔형 외톨이에 대한 전반적 이해를 돕는 내용을 실었다면, 이 책에는 보다 구체적이고 실무적인 내용을 담고자 하였다. 두 책 모두 파이상담자들의 7년여 동안의 고민, 갈등, 기도, 함께 흘린 눈물을 모은 것이다. 책을 통해 무언가를 내놓는다는 것은 의미 있는 일이지만 부담스러운 일이기도 하다. 하지만 저자들이 이 책을 통해 바라는 것은 한 가지이다. 이름을 부여해서 불러낸 은둔형 외톨이와 그 가족들을 최대한 진실되고 전문적으로 돕는 데 이 책이 조금이라도 도움이 될 수 있었으면 하는 것이다.

지난번에 이어 아직은 사회적으로 환영받을지의 여부가 불확실한 주제의 책을 출간할 수 있도록 해 주신 학지사 관계자분들께 깊은 감사를 드린다. 지난 책에 대해 많은 관심과 피드백을 보내 주시어 이번 책의 방향과 내용을 개선할 수 있게 해 주신 상담자와 실무자 선생님들께도 감사의 말씀을 전한다.

지금 이 순간도 자신 및 자녀의 은둔과 씨름하며 늪과 같은 고통 속에서 벗어나기 위해 사투하고 계시는 분들께 이 책을 바치고 싶다. 그분들이 고통 속에서 벗어나 세상으로 나오는 데 이 책이 정말 티끌만큼이라도 도움이 될 수 있기를 바란다. 은둔하는 사람에게 '어서 빨리 세상으로 나오라'고 재촉하는 상황에서 잠시 숨을 고르고, 우리는 어떤 준비를 하며 그들을 세상으로 초대할 것인지에 대해 독자들과 함께 고민하고 싶다.

2022년 7월
저자 일동

차례

제1장

은둔형 외톨이 및 은둔형 외톨이 상담의 이해

이 장에서는 먼저 은둔형 외톨이의 정의와 현황에 대해 간략하게 살펴보고자 한다. 이후 은둔형 외톨이 상담이 필요한 이유와 은둔형 외톨이 상담이 일반 상담과 어떤 다른 특징을 갖는지 살펴본다. 자신 및 자신의 상황을 변화시킬 힘은 그 개인이 가장 많이 가지고 있다. 하지만 이때 함께 고민하고 협력해 주는 전문가의 개입은 큰 도움이 된다. 특히 세상에 나가는 것을 매우 두려워하는 상태로 은둔하고 있는 사람들의 경우 전문가의 도움과 협력은 반드시 필요하다. 어떠한 점에서 그러한지 구체적으로 살펴보기로 하자.

1. 은둔형 외톨이 정의

1) 은둔형 외톨이 용어의 유래

(1) 일본의 히키코모리 현상

1970~1980년대부터 일본에서는 청소년들의 이지메(いじめ, 집단괴롭힘)와 학교에 가지 않는 부등교가 사회적 문제로 대두되었다. 일본에서 '히키코모리(ひきこもり)'가 사회적 이슈로 주목받기 시작한 것은 1990년대 초반이다. 등교 거부증이라는 말이 나올 정도로 학교 부적응 청소년들이 증가했고, 학교에 적응하지 못하고 사회적 시선도 두려웠던 일본의 청소년들은 집 안에 틀어박히기 시작했다. 1990년대 말, 몇몇 끔찍한 범죄 사건의 용의자가 친구도 없고 혼자 집에 틀어박혀 지내던 히키코모리였다는 사실

들이 뉴스에 보도되면서 히키코모리 현상에 대한 사회적 관심이 급격히 증가하기 시작했다. 잠재적 범죄자처럼 인식되던 히키코모리에 대한 잘못된 인식은 다행스럽게도 점차 매체들을 통해 교정되었지만, 불편한 시선이 사라질 수는 없었다.

(2) 히키코모리의 개념

히키코모리는 '집이나 방에 틀어박혀 나오지 않다'라는 뜻의 동사 히키코모루(ひきこもる)의 명사형이다. 이는 일본의 정신과 의사 사이토 타마키(斉藤環)가 집에 틀어박혀 사회적 참여를 하지 않는 상태를 지칭하기 위하여 DSM에서 증상 표현에 사용되는 사회적 철수를 일컫는 'social withdrawal'을 일본어 '사회적 히키코모리'로 직역하여 사용하면서 처음 언급되기 시작하였다(斉藤環, 1998, 2020). 그는 히키코모리를 "(자택에 틀어박혀) 사회참여를 하지 않은 상태가 6개월 이상 지속되며, 그 원인이 정신장애가 아닌 경우(단, 사회참여란 취학이나 취업 상태, 가족 외에 친밀한 대인관계가 있는 상태를 말함)"로 정의하였다(斉藤環, 2002, 2014). 사이토 타마키는 히키코모리는 병명이 아니라 상태를 일컫는 용어임을 강조하였다.

이후 1991년에 일본 후생성이 「히키코모리 및 등교 거부 아동 복지대책 모델 사업」에 그 용어를 언급하면서 광범위하게 사용하게 되었다. 처음에는 학교에 가지 않고 집에 틀어박히는 청소년을 지칭하기 위해 사용되었던 것이 점차 여러 가지 이유로 집에 틀어박혀 나오지 않으며 사회적 관계를 하지 않는 성인도 포함하게 되었다. 1990년대에 일본 청소년의 특유한 문화 현상으로만 여겨졌던 히키코모리 현상은 점차 일본만의 문제가 아니라 전 세계적인 현상으로 확대되었다. 히키코모리라는 용어는 2010년 『옥스퍼드 사전』에도 추가되었다(National, 2010. 8. 21.).

2) 은둔형 외톨이의 정의

(1) 국내 히키코모리 현상과 용어

국내에서는 히키코모리를 은둔형 외톨이로 칭한다. 국내에 은둔형 외톨이가 존재한다는 것이 알려진 것은 2000년대에 들어서면서부터이다. 이시형 박사가 이끄는 연구팀은 정신과를 방문한 외래환자들 중 외톨이로 진단받은 사람들을 '활동형'과 '은둔형'으로 구분하면서, 국내에도 은둔형 외톨이가 존재하며 점차 늘어날 것이라고 전망하였다(이시형 외, 2000). 은둔형 외톨이에 대한 연구가 이루어지기 시작하고, KBS 시사 프로그램 〈추적 60분〉에서 '은둔형 외톨이 실태'가 방영되면서 그 심각성이 부각되기 시작하였다. 은둔형 외톨이는 다양한 용어로 불리기도 하는데, 예를 들면 사회적 외톨이, 사회적 고립자, 학교밖·사회밖 청소년/청년, 고립청년, 은둔형 부적응 청소년 등이다. 2008년 국립국어원은 히키코모리를 순화하여 부르기 위해 '폐쇄은둔족'을 선정하기도 했다(동아일보, 2008. 4. 30.). 히키코모리가 갖는 다양한 특성을 반영한 다양한 용어가 혼재하는 가운데 '은둔형 외톨이'가 가장 보편적으로 사용되고 있기에 이 책에서는 은둔형 외톨이로 통일하여 사용하고자 한다[자세한 내용은 『은둔형 외톨이: 가족, 사회, 자신을 위한 희망안내서』(김혜원 외, 2021) 1장 참조].

(2) 국내 유사 용어

① 고립청년, 사회적 고립자

은둔형 외톨이의 부정적 의미를 지우기 위해 고립청년이나 사회적 고립자라는 용어가 사용되기도 한다. 고립은 사회적 관계를 포함하기도 하지만 외부의 연락, 자원 및 지원 체계로부터 동떨어져 있는 상태를 표현하기도 하므로, 고립청년이나 사회적 고립자라고 할 때 외딴 지역의 청년이나 독거노인과 같이 광범위한 계층을 포함할 수 있다. 따라서 은둔형 외톨이보다 더 포괄적이고 확장된 개념이라고 할 수 있다.

② 니트(NEET: Not in Education, Employment or Training)

니트는 교육, 취업, 훈련과정 중 어느 것도 하고 있지 않은 청소년이나 청년을 일컫는 용어이다. 은둔형 외톨이와 구별되는 점은 사회적 관계가 단절되어 있거나 집 안에 은둔하지는 않는다는 것이다.

③ 학교밖 청소년, 학교밖·사회밖 청년

학교밖 청소년은 자퇴 혹은 퇴학 등의 상태로 더 이상 학교에 소속되어 있지 않거나 학교에 등교하지 않는 청소년을 말한다. 또한 학교밖·사회밖 청년은 '다양한 이유로 대학에 속해 있지 않거나 직장에 다니지 않는 20~30대 청년들'을 말한다[(사)파이나다 운청년들 홈페이지, www.pie-edu.com]. 즉, 고등교육 과정이나 직업적 훈련 과정과 직장에 소속되어 있지 않은 청년들을 말한다. 이들은 학교나 사회 조직에 속해 있지는 않지만, 비슷한 상황의 또래 집단이나 모임을 형성하여 사회적 관계를 유지하기도 한다. 이런 면에서 집이나 방에서 은둔생활을 하는 은둔형 외톨이와는 구분된다.

(3) 은둔형 외톨이의 정의

다양한 용어가 혼재되어 사용되면서 우리나라에서도 은둔형 외톨이를 정의하기 위한 노력이 이루어졌다. 여인중(2005)은 은둔형 외톨이를 "친구가 하나밖에 없거나 혹은 한 명도 없고, 사회참여를 하지 않는 사람이며, 가족 이외의 사람과 친밀한 인간관계가 없으면서 3개월 이상 사회참여를 하지 않는 사람"으로 정의했다. 김기헌, 이윤주, 유설희와 배진우(2017)는 은둔형 외톨이를 "최소한의 사회적 접촉 없이 3개월 이상 집 안에 머물러 있고, 진학이나 취업 등의 사회참여 활동을 할 수 없거나 하지 않고 있으며, 친구가 하나밖에 없거나 혹은 한 명도 없고, 자신의 은둔 상태에 대한 불안감이나 초조감을 느끼는 청소년"으로 정의하였고, 정신병적 장애 또는 중증도 이상의 지적장애(IQ 55~50)가 있는 경우는 제외하였다. 오상빈(2019)은 은둔형 외톨이를 "은둔한 상태에서 누구와 소통을 하거나 외부활동을 하지 않는 상태"로 "3개월 이상 자신의 방이나 집에서 가족 및 친구 등과 사회적 관계를 유지하지 않는다"는 특징을 가진다고 하였다. 이외에 윤철경과 서보람(2020a, 2020b)도 "가족 이외의 대인관계가 없고 사회에 참여도 하지 않는 상태, 집 밖으로 나오지 않는 것뿐만 아니라 외출을 하는 사람이라도 가족 이외 친밀한 대인관계가 없는 상태라면 은둔형 외톨이에 포함"된다고 하였다.

은둔형 외톨이와 동의어로 사용되는 은둔형 부적응 청소년(한국청소년상담원, 2006)의 정의는 김기헌 등(2017)이 사용한 은둔형 외톨이의 정의와 같다. 파이교육그룹(2020)은 "20대 이상이면서 자발적으로 3개월 이상 사회참여를 하지 않고 철수하거나 회피하는 성향이 있는 사람"에 대해 은둔형 외톨이라는 용어 대신 고립청년이라는 용어를 사용하였다. 이와 유사하게 「서울특별시 사회적 고립청년 지원에 관한 조례」(2021)에서도 "사회적·심리적 요인으로 인해 사회참여에 어려움이 있거나, 1년 이상의 장기 미취업 등으로 집 등의 한정된 공간에 고립되어 있는 청년(19세 이상~39세 이하)"을 사회적 고립청년으로 칭하였다. 용어는 조금씩 다르지만 모두 은둔형 외톨이를 정의하고 있다.

이러한 용어들은 대체로 사이토 타마키의 히키코모리에 대한 정의를 따르고 있지만,

일부는 은둔 기간을 6개월이 아닌 3개월로 정의하였다(김기헌 외, 2017; 오상빈, 2019; 파이교육그룹, 2020; 한국청소년상담원, 2006). 반면에 윤철경과 서보람(2020a, 2020b)은 6개월 지속 기간을 은둔형 외톨이의 기준으로 보았다. 서울특별시 은둔형 외톨이 지원에 관한 조례안(2017. 10. 18.)과 「광주광역시 은둔형 외톨이 지원에 관한 조례」(2019. 10. 15.)는 기간을 특정하지 않고 '일정 기간'으로 정의하고 있다. 정의마다 지속 기간은 다소 다르지만 주된 공통적 특징은 취업이나 취학, 가족 이외의 대인관계가 없어 사회적 활동이나 관계가 없다는 점이고, 다음 세 가지 특징을 동시에 보일 때 은둔형 외톨이로 정의할 수 있다(김혜원 외, 2021).

- 일정 기간(3개월 혹은 6개월 이상) 동안
- 대부분 자신의 방이나 집 안에만 머무르며
- 간헐적이고 일시적인 외출은 하더라도 가족 외 대인관계를 하지 않는다.
  (이때 지적장애나 정신질환으로 인한 경우는 포함하지 않는다)

2. 은둔형 외톨이 현황

1) 은둔형 외톨이 인구

(1) 일본

일본은 2010년 2월과 2015년 12월에 각각 15세 이상에서 39세의 연령을 대상으로 은둔형 외톨이와 관련된 조사를 실시하였다(日本內閣府, 2010. 7., 2016. 9.). 가까운 편의점에 갈 수 있거나 취미생활을 위해서만 외출하는 것을 포함하는 광의의 은둔형 외톨이에 속하는 사람은 2010년에는 응답자 3,287명 중 59명, 2015년에는 3,115명 중 49명이었다. 이를 인구 대비 환산하면 2015년에 15세에서 39세의 은둔형 외톨이는 2010년 69.1만 명보다는 적은 54.1만 명으로 추산되었다. 이들 조사에서 35세 이상의 은둔형 외톨이가 약 25%를 차지하고 있다는 것이 드러나, 은둔형 외톨이의 장기화 경향이 명백해졌다. 이에 일본 내각부는 2018년 12월에 전국 40세 이상 64세까지의 연령 중에서 5,000명을 표본 추출하여 은둔형 외톨이에 관한 자료를 조사하였다(日本內閣府, 2019.

3.). 이 조사에서 응답자 3,248명 중 정의된 은둔형 외톨이에 속하는 인구는 47명이었다. 이를 이에 속하는 연령군(2018년 현재 총 4,235만 명)으로 일반화하여 추산하였을 때, 중장년 은둔형 외톨이는 약 61.3만 명이었다. 은둔형 외톨이는 더 이상 청소년이나 청년들만의 문제가 아니라, 80대 부모가 50대의 은둔형 외톨이 자녀를 돌보아야 하는 또 다른 사회적 문제로 급부상하고 있다. 일본 내각부는 2019년 현재 일본의 은둔형 외톨이 인구를 약 115만 명 정도로 추산했다. 그러나 이에 대해 사이토 타마키는 2019년 7월 해외 미디어를 대상으로 한 '히키코모리 대책'에 대한 기자회견에서 은둔형 외톨이 수를 인구의 3~5%라고 생각하면 약 200만 명이 될 것이라고 보았고, 현재까지의 상황을 미루어 은둔형 외톨이는 점차 1,000만 명을 넘어갈 것이라고 예측했다(FPCJapan, 2019).

(2) 국내

현재 우리나라에서는 은둔형 외톨이에 관한 실제 전국적인 실태조사가 이루어지지 않았기 때문에 정확한 데이터는 없는 현황이다. 다만 다양한 통계자료를 통해 다음과 같이 추정되고 있다.

① 인구

2005년 국무총리실 산하 청소년 위원회는 우리나라의 은둔형 외톨이가 약 30만 명에 이른다고 추산했다. 한국청소년정책연구원이 조사한 '청년 사회경제 실태조사' 데이터(김기헌 외, 2017)에 기반하여 윤철경과 서보람(2020b)이 추정한 바에 따르면, 1,490만 3,919명의 만 19세에서 39세의 청년들 중 은둔 기간이 6개월 이상인 은둔형 외톨이는 13만 7,104명으로 0.91%에 달한다. 2018년 20세에서 49세의 건강보험 가입자 정보를 활용하여 추정한 은둔형 외톨이 인구가 21만 2,000명임을 고려하면(윤일규, 2019), 40대 은둔형 외톨이 인구도 상당수에 이를 것으로 추정된다.

② 성비

일본에서 은둔형 외톨이 발생률은 주로 남성이 높은 데에 반해 윤철경과 서보람(2020b)이 도출한 국내의 추정치에서는 여성 인구가 남성 인구보다 다소 높은 편인 것으로 나타났다(남:여=0.75%:1.08%). 하지만 실제 데이터에 기반한 자료들은 일본의 데이터와 마찬가지로 한국에서도 남성의 은둔형 외톨이 비율이 높다. 2005년 정신과 의사 여인중(2005)이 자신의 환자들을 분석한 결과에서 남성과 여성의 수가 각각 73명과 34명으로 남성의 비율이 월등히 높았고, 파이교육그룹(2020)이 조사한 실태조사에서도 남성의 비율이 66%였으며, 2021년 광주광역시의 은둔형 외톨이 실태조사에서도 총 237명 중 남성의 비율이 61.6%로 여성보다 높게 나타났다.

2) 은둔형 외톨이 지지체계

(1) 지방자치단체

① 광주광역시

2019년 10월 15일 신수정 광주시의원이 전국 지방자치단체 최초로 「광주광역시 은둔형 외톨이 지원에 관한 조례」를 통과시켰다. 이를 2020년 7월 1일부로 시행한 광주시는 2021년 초 지방자치단체 차원에서 최초로 은둔형 외톨이 실태조사를 실시했다. 폴인사이트와 함께 실태조사에 나서 총 349명의 은둔형 외톨이(혹은 부모)의 응답을 받았다. 지원사업을 이미 시작한 광주시는 '은둔형 외톨이 지원기본계획('22~'26)' (2021.12.)에 따라 은둔형 외톨이 사전 욕구조사, 부모 자조모임, 방문상담 및 개별 지원 프로그램, 공공·유관기관 및 지역 네트워크 활용 등을 통한 협력체계 구축 등의 본격적인 지원사업을 추진해 나갈 계획이다.

② 제주특별자치도

2021년 4월 30일 제주도의회는 「제주특별자치도 사회적 고립청년 밀착 지원에 관한 조례」를 제정했다. 이로써 실태조사, 기본계획 수립, 사회적 고립청년의 자립을 위한 지원 정책을 추진할 수 있는 제도적 근거를 마련하였다.

③ 부산광역시

2021년 7월 14일 부산광역시는 「부산광역시 은둔형 외톨이 지원 조례」를 제정했다. 여기에는 매년 지원 계획 수립, 현황 및 실태 조사, 예방사업 및 지원 프로그램 개발 및 운영, 고용 및 직업 훈련 지원, 전문인력 양성 등이 포함됐다.

④ 서울특별시

2020년 10월 16일 여명 의원이 '서울특별시 은둔형 외톨이 지원 조례안'을 발의했으나 무산되었다. 이후 강동길과 여명 의원은 2021년 10월 14일에 은둔형 외톨이뿐만 아니라 장기적으로 취업을 하지 않고 있는 니트족을 포함하는, 보다 확장된 개념을 사용하여 「서울특별시 사회적 고립청년 지원에 관한 조례」를 발의하였고, 이는 같은 해 12월 22일 서울 시의회 본회의를 통과하였다.

(2) 중앙정부

점차 지방자치단체에서 조례를 발의하는 등 은둔형 외톨이 문제에 대한 관심과 지원을 위한 노력들이 이루어지고 있으며 조례 제정으로 조금씩 결실을 맺고 있다. 하지만 은둔형 외톨이를 위한 국가적 차원의 정책이 입안되지 않고 있어 전국적인 실태조사나 제도적 지원이 마련되지 못하고 있는 실정이다. 2006년 국가청소년위원회가 '은둔형 부적응 청소년 지원사업'을 구상하고 실태조사 및 지원 정책을 검토하였으나 은둔하고 있는 부적응 청소년을 찾아내기 어려워 실태 파악이 중단되었다. 현재는 지역사회청소년통합지원체계(CYS-Net)를 통해 간접적으로나마 외톨이들을 지원하고 있을 뿐이다.

(3) 기타

국가적 차원의 정책 마련이 부족하다 보니 지역구 차원의 움직임도 일어나고 있다. 양천구에서는 「사회적 고립청년 지원에 관한 조례」가 발의되어 2020년 10월 29일에 제정되었으며, 은평구에서는 양기열 의원에 의해 은둔형 외톨이 재활촉진 조례안이 입법·발의되어 2021년 9월 16일 본의회를 통과했다. 또한 K2 인터내셔널 코리아, 파이나다운청년들, 청년재단, 한국은둔형외톨이지원연대 등 은둔형 외톨이를 지원하는 단체들이 상담 및 다양한 프로그램을 통해 은둔형 외톨이들의 사회적 참여와 자립을 돕고 있다. 2020년 1월 11일 결성된 은둔형외톨이부모협회는 은둔형 외톨이 자녀를 둔 부모들이 모여 은둔형 외톨이를 이해하고 서로를 지지하는 당사자성 단체이다. 은둔형 외톨이 지원 정책과 지원하기 위한 민간단체 및 크고 작은 자치구, 지역구 차원의 노력들이 조금씩 결실을 맺어 가고 있다는 사실은 상당히 바람직한 일이다.

은둔형 외톨이 현상의 심각성에 대한 인식이 증가하고, 정책적 지원과 더불어 상담과 같은 전문적 지원의 필요성과 중요성이 부각되면서, 은둔형 외톨이를 위한 전문 상담센터들도 그 수가 미미하기는 하지만 지속적으로 늘고 있다. 현실적인 체제가 조금씩 마련되어 가고 있지만, 정작 은둔형 외톨이 당사자나 가족들은 상담의 필요성을 크게 인식하지 못하고 있으며 상담자들도 은둔형 외톨이에 대한 이해가 부족하고 이들을 위한 전문적인 상담에 준비되어 있지 못한 경우가 많다.

3. 은둔형 외톨이 상담의 필요성

1) 전문적 개입이 늦어지는 이유

(1) 시간이 가면 나아질 거라는 생각

은둔형 외톨이에 대해 가장 많이 하는 오해 중 하나는 시간이 가면 저절로 나아질 거라고 생각하는 것이다. 상담 현장에서 만난 은둔형 외톨이 부모들은 자녀의 은둔이 작은 일상의 문제로부터 시작되었다고 말하는 경우가 많다. 한두 번 학교에 가지 않다가 점차 결석 횟수가 많아지며 학업을 중단했거나, 대학 전공이 적성에 맞지 않아 적응을 못했거나, 이성친구와 헤어져 마음의 상처가 생겼거나, 군대에서 괴롭힘이 있었거나 등의 계기가 자녀 은둔의 시작이라고 기억한다. 이런 계기가 사실이든 아니든 가족들이 생각하는 은둔의 시작은 우리 모두가 경험하는 일상 속 작은 어려움으로부터인 경우가 많다. 따라서 이 어려움이 끝나고 치유의 시간이 지나면 자연스럽게 은둔에서 벗어날 것이라고 기대하는 경우가 많다.

이렇게 시작이 자연스럽게 이루어졌다고 생각하는 것처럼 만성적인 은둔 상태 또한 자연스럽게 나아질 거라고 오해하는 것은 이해할 만하다. 하지만 이러한 안일한 자세로 인해 상태가 심각해지는 경우가 적지 않다. 은둔형 외톨이는 진단명이 아니고 '상태'이며 처음에는 친구가 없고 가끔 학교에 가지 않는 행동에서 시작해서 결국 집 안에 틀어박히는 만성적 은둔 상태로 발전해 가는 경우가 대부분이다. 따라서 문제의 조기 발견과 조기 개입이 매우 중요하다(양미진, 지승희, 김태성, 이자영, 홍지연, 2007).

은둔형 부적응의 경우, 주변의 적극적인 도움 없이는 문제의 자연치유와 호전이 어렵다(양미진, 김태성, 이자영, 2009). 오히려 연령이 증가할수록 사회적 관계에 대한 불안과 두려움이 더욱 증가하여 사회적 철회가 커지기 쉽다. 또한 은둔 상태가 길어지면서 사회로 나가는 준비가 부족하다는 생각이 점차 커지게 되고 결국 자신의 상태에서 벗어나는 데 더욱 큰 용기가 필요하게 된다. 많은 사례와 현장 경험은 적극적 도움이 자연치유를 기다리는 방향보다 훨씬 효과적임을 보여 주고 있다.

(2) 사춘기라 그렇다는 생각

은둔이 주로 청소년기에 시작되는 경우가 많기 때문에 가족들은 그것을 흔히 사춘기 반항으로 여기는 경우가 많다. 상담실을 방문하는 부모들도 매우 자주 "우리 아이가 사춘기라 그런 것 같다." 혹은 "사춘기가 지나면 나아지지 않을까 싶다."라고 표현하는 경우가 많다.

사춘기와 은둔형 외톨이는 엄연히 다르다. 우선, '사춘기(puberty)'라는 용어부터 잘못 사용되고 있음을 알 필요가 있다. 사춘기는 한 개인의 일생에서 생물학적 변화가 일어나는 시기를 지칭한다. 즉, 신체가 성장함에 따라 성적 기능이 활발해지고 2차 성징이 나타나며 생식기능이 완성되기 시작하는 시기이다. 일반적으로 9~16세 사이의 소년소녀들이 이 시기에 신체적 변화를 경험한다.

물론 이 시기에는 신체적 변화뿐 아니라 정서 및 인지적 변화도 나타난다. 이 시기의 많은 청소년이 급격한 호르몬의 변화와 생활환경 변화로 인해 정서적 혼란을 겪고 이러한 혼란이 불안, 초조, 신경질, 반항 등의 양상으로 표출되기도 한다. 하지만 엄밀한 의미에서 사춘기는 신체적 급변의 시기를 일컫는 것이기 때문에 이것이 바로 불안정한 심리적 상태를 의미하지는 않는다.

보다 분명한 것은 모든 청소년이 사춘기 변화로 인해 은둔을 하는 것은 아니라는 점이다. 상담을 찾는 많은 부모는 "우리 아이가 사춘기라 혼자 있고 싶어서 그런지……." 혹은 "사춘기 때부터 예민해져서 그런 현상을 보였는데 이상하게 아직도……."라는 말을 자주 한다. 즉, 자녀의 은둔과 고립 행동을 사춘기로 인해 나타나는 자연스러운 현상으로 해석해도 되는가 묻는 것이다. 하지만 이들은 사춘기가 다 지났는데도 은둔에서 벗어나지 않는 자녀를 보며 이해할 수 없어 힘들어한다. 이런 점이 바로 은둔이 사춘기로 인한 자연스러운 결과가 아님을 말해 주는 것이다. 따라서 은둔과 고립의 생활을 사춘기로 인한 결과라고 보는 것은 현상을 잘못 이해하는 것이고, 이것이 적절한 대응을 늦추게 한다.

(3) 다 지난 일이라는 생각

　은둔형 외톨이는 다양한 원인에 의해 생길 수 있다[자세한 내용은 『은둔형 외톨이: 가족, 사회, 자신을 위한 희망안내서』(김혜원 외, 2021), 7~10장 참조]. 일반적으로, 과거에 경험한 대인관계 어려움, 학교나 진로 관련 스트레스, 가족 내 불화, 트라우마 경험이 누적되고 이에 대한 적절한 지지체계가 부족한 것이 원인이 된다. 이런 경험들에 대해 '다 지나간 것이니까' '이제까지 그렇게 살아왔으니까' 등의 생각으로 묻어 두고 잊으려 노력하는 것은 은둔형 외톨이의 전문적 개입을 늦추게 만든다. 꽤 오랜 기간 동안 경험해 온 사건들을 덮어 두고 잊기 위해 단순히 과거로 치부하는 경우, 부정적인 경험들은 해소되지 못하고 지속적으로 문제를 일으키는 원인이 될 수 있다. 과거의 것을 지금 들추어 내는 것이 무슨 소용이 있나 하는 생각이 은둔형 외톨이의 전문적 개입을 막고 문제의 장기화를 가져올 수 있다.

2) 은둔형 외톨이 상담이 필요한 이유

(1) 전문적 개입의 필요

　모든 상담의 기본이 동일하지만 각 주제 및 대상자에 대한 전문적 이해가 있어야 효과적인 상담을 할 수 있다. 예를 들어, 다문화상담을 하는 경우 그 문화권에 대한 이해와 다문화 내담자의 특징과 상황에 대한 이해와 열린 마음이 없이는 상담의 효과를 얻기 어렵다. 은둔형 외톨이 당사자 및 가족 상담의 경우도 일반 상담과는 다른 전문적 준비가 필요하다. 구체적으로는 은둔형 외톨이의 개념, 이들의 인지·정서·행동적 특징, 은둔과 고립이 나타나는 원인, 적절하거나 부적절한 대응 방식 등에 대한 이해와 사례를 바탕으로 한 실전 경험이 상담자의 전문성을 위해 필요하다. 일반적으로 가족구성원들은 은둔 대상자에게 큰 애정을 가지고 자신이 생각하는 최선의 방식으로 도우려고 한다. 하지만 그것이 당사자에게는 도리어 부담이나 압박으로 작용하게 되거나, 상황을 악화시키는 결과를 낳는 경우가 있다. 따라서 준비와 경험이 있는 전문가와 상의하고 문제를 풀어 가는 것이 필수적이다.

(2) 객관적이고 중립적인 개입자의 필요

　은둔하는 사람이 본인 자신이거나 자녀일 경우 매일 함께 생활하고 그 상황에 익숙해지면서 현상을 객관적으로 보기 어려울 때가 많다. 예를 들어, 은둔 자녀를 둔 부모에게 "자녀가 어떤 생활을 하고 있나요?"라고 질문했을 때, "그냥 엉망이고 희망이 전혀 없어요." 또는 "모든 것이 다 무너져 있어요."와 같이 대답하는 경우가 대부분이다. 은둔형 외톨이 당사자들도 "제 인생의 모든 것이 망했어요."라고 말하는 경우가 많다. 어떤 점이 구체적으로 엉망이고, 무너져 있다는 의미가 무엇인지 물으면 대답하기 힘들어한다. 심지어 먹고 자고 일어나고 씻는 것과 같은 일상생활의 패턴을 구체적으로 기억하거나 보고하지 못하는 경우도 많다. 또한 희망이 없다는 것이 은둔형 외톨이 당사자의 생각인지 혹은 가족의 생각인지 확인하는 경우 대답하기 어려워하곤 한다. 마찬가지로, 당사자가 보이는 적응적 행동이나 태도는 찾기 어려우며, 구체적으로 보고하기 힘들어한다.

또한 은둔형 외톨이 당사자와 부모 간에, 또는 은둔 자녀를 둔 부부 간에도, 각 사람이 문제를 바라보는 시각이 매우 다른 경우가 많다. 한 집에서 생활하고 같은 대상을 묘사하는 것임에도 불구하고 문제의 심각성, 부적응 행동의 정도, 원인으로 지목하는 요인 등에서 좁히기 힘든 간극이 나타나는 경우가 많다. 이런 것들이 표면화되면 쉽게 갈등이 불거지고 문제 해결과는 동떨어지게 서로의 다른 시각에 대한 비난으로 많은 에너지를 소모하게 된다. 따라서 상담자가 객관적이고 중립적인 입장에서 개입해 주는 것만으로도 효과가 커질 수 있다.

(3) 사회적 도움의 필요

은둔형 외톨이는 결코 개인이나 가정 관련 요인만으로 생겨나는 것이 아니다[자세한 내용은 『은둔형 외톨이: 가족, 사회, 자신을 위한 희망안내서』(김혜원 외, 2021), 7~10장 참조]. 학교, 교우, 이웃, 입시와 진로 시스템, 사회문화적 환경 등 다양한 요인이 은둔형 외톨이 개인의 요소와 맞닿아 하나의 현상으로 나타난다. 이러한 복합적인 원인을 한 개인 혹은 가족이 다 제거하거나 해결하는 것은 매우 어렵다. 개인과 가족이 변화하여 당사자를 수용한다 하더라도 집단주의적 문화 속에서 초경쟁 상황에 내몰리는 청소년과 청년들이 다시 은둔 상태가 되기 쉬운 것이 현실이다. 따라서 사회적 관심과 도움, 사회가 제공하는 보다 넓은 의미의 치료적 개입이 필요하다.

4. 은둔형 외톨이 상담의 특징과 유의점

1) 은둔형 외톨이 상담의 특징

(1) 당사자보다 가족구성원이 먼저 신청하고 응하는 경우가 많다

은둔하는 당사자는 청소년과 청년이지만 먼저 상담실 문을 두드리는 것은 가족구성원인 경우가 대부분이다. 많은 경우 부모가 먼저 문의를 하지만, 때로는 형, 누나, 동생, 이모나 고모인 경우도 있다. 은둔형 외톨이 당사자가 세상 밖으로 나오려 하지 않고 사회로부터 심각하게 철수한 상태임을 고려할 때 이는 당연한 결과이다. 이 경우, 분명 은둔 당사자의 변화에 대해 도움을 요청하지만, 그 당사자가 전혀 상담 의지가 없거나 혹은 부정적인 태도를 보이는 경우 상담자가 개입할 수 있는 여지가 매우 작다. 따라서 가족구성원이 상담을 요청하는 경우, 은둔형 외톨이 당사자의 변화를 돕고 싶은 것인지, 아니면 가족들의 낙심과 절망감 회복에 대한 도움이 필요한 것인지, 당사자는 상담에 대해 어떤 태도를 갖고 있는지 등을 구체적으로 확인하는 것이 필요하다.

(2) 가족에 대한 개방을 꺼리는 경우가 많다

은둔형 외톨이 상담은 가족 내 관계 문제가 얽혀 있는 경우가 많다. 때문에 은둔형 외톨이 상담에서 가족의 문제를 다루는 것이 중요하며 이때 가족의 협조가 매우 필요하다. 그러나 가족원, 예를 들어 은둔형 외톨이 부모가 자녀의 상담을 의뢰하며 상담실을 찾은 경우 이들은 가족 내 부적응적인 패턴이나 이슈에 대해서는 개방하거나 다루지 않으려는 경우가 많다. 대신, 상담자가 은둔 자녀의 문제만을 다루어 주기를 요구한다. 즉, 가족 전체나 부모 자신의 문제는 건드리지 말고 자녀가 은둔에서 벗어나도록만 해 달라고 요구하는 경우가 대부분이다. 다행히 상담을 요청한 가족구성원이 상담자가 다루고자 하는 문제에 대해 협조적이고 개방적인 경우에도, 가족구성원 간에 인식과 의견 차이가 커서 갈등이 불거지는 경우도 많다. 따라서 상담자는 내담자 이해를 위해 가족 전체를 조망하며 관계 역동을 살피고, 가족구성원들과 좋은 협력관계를 맺어 가면서 가족 전체가 조력자와 지지자가 될 수 있도록 도울 필요가 있다.

(3) 급격하게 상담효과가 나타나길 기대한다

앞서 언급했듯 은둔형 외톨이 당사자보다는 부모가 상담을 요청하는 경우가 현장에서는 가장 흔하다. 이때 내담자는 은둔형 외톨이 자녀의 상태가 극적으로 변하기를 바라는 경우가 많다. '빨리 우리 아이가 방에서 나와서 '정상적인' 사회생활을 할 수 있게 해 달라'는 요구를 하는 것이다. 심지어 은둔의 기간이 매우 길고 다양한 원인이 복잡하게 얽혀 있는 경우에도, 상담을 요청하는 가족원은 '당신이 전문가이니 우리가 해 왔던 노력보다 더 획기적인 방법을 제시해 달라'고 요청하는 경우가 많다. 상담실을 자발적으로 찾은 은둔형 외톨이 당사자들도 고통스러운 상황에서 하루 빨리 벗어나고 문제가 해결되는 기적 같은 변화를 원한다. 물론 이러한 마음들이 전문가에 대한 기대이고 고통스러운 현재 상황에서 벗어나고 싶은 절절한 심정에서 비롯되는 것은 분명하다. 하지만 상담자가 만나 보지도 않은 은둔형 외톨이를 가족구성원의 묘사만으로 이해하고 획기적 변화까지 끌어내 주거나, 다양한 요인에 의해 장기화되어 온 당사자의 문제를 하루아침에 변화시키는 것은 거의 불가능하다. 따라서 이러한 제한점에 대해 부드럽게 전달하면서 당사자가 장기적인 관점을 가지고 천천히 변화해 나가되 그 변화를 안정적으로 지속할 수 있는 것이 중요함을 안내하고, 가족들에게는 당사자를 돕기 위해 공조체제를 만들어 주길 요청해야 한다.

2) 은둔형 외톨이 상담 시 유의점

(1) 신뢰와 라포 형성에 더욱 신중을 기해야 한다

은둔형 외톨이는 물론이고 가족구성원의 경우도 사람에 대한 신뢰가 깨진 경우가 많다. 상담에 오는 많은 내담자가 대인관계 어려움을 호소하고 사람에 대한 신뢰 회복이 필요한 경우가 많지만, 은둔형 외톨이는 이러한 어려움이 극단인 경우가 많다. 따라서 상담자는 내담자와의 신뢰와 라포 형성에 더욱 신중을 기해야 한다.

이를 위해 너무 과한 친근감의 표시는 도움이 되지 않는다. 과한 친근감이 바로 신뢰로 연결되지는 않기 때문이다. 현장에서의 경험을 토대로 보면, 상담자가 할 수 있는 것과 할 수 없는 것, 약속할 수 있는 것과 약속할 수 없는 것을 명료하고 솔직하게 전달하는 것이 신뢰를 쌓는 데 더 중요하게 여겨진다. 또한 한번 전달한 내용은 꼭 지키기 위해 노력하는 것이 필요하다. 예를 들어, 은둔생활에서 벗어나 빠른 변화가 있길 요청하는 경우, "이러한 변화가 빠르게 일어나게 해 주기는 어렵습니다. 하지만 현재 갖고 있는 심리적인 고통의 완화를 위해 노력할 것입니다. 이러한 노력이 은둔생활을 벗어나게 하는 데 도움이 될 겁니다."와 같이 상담자가 노력하고 실천할 부분을 구체적으로 전달하는 것이 좋다. 또한 이를 위해 내담자 자신도 동일한 노력을 함께 해 줄 것을 요청하는 것이 필요하다.

(2) 상담목표를 설정하는 데 섣부른 변화는 지양해야 한다

은둔형 외톨이를 섣부르게 사회조직에 합류시키려는 경우 다시 고립을 택하는 경우가 많다. 특히 은둔형 외톨이 부모가 상담을 의뢰하는 경우, 자녀가 휴학·자퇴한 학교에 복학 또는 재입학하거나, 시험 준비나 취업 준비라도 시작하길 원하는 경우가 많다. 은둔형 외톨이 당사자가 은둔에서 벗어나 사회조직에 속하는 것은 매우 고무적인 일이고, 이는 은둔 당사자가 궁극적으로 바라는 결과이기도 하다. 하지만 내담자가 미처 준비되지 않았는데 부모나 가족의 요구에만 맞춰 무리한 상담목표를 정하고 변화에 초점을 맞추는 경우 은둔형 외톨이들은 부담을 느끼며 상담 자체를 피하기 쉽다. 은둔 당사자가 하루빨리 은둔생활에서 벗어나기 원하는 경우에도 상담자는 신중할 필요가 있다. 사회조직에 합류하는 것이 바람직한 방향성이다 보니 내담자의 능력과 한계를 확인하기 이전에 섣불리 목표로 삼기 쉽다. 설사 단기간에 큰 변화를 보여 사회조직에 합류하는 경우라도 관계를 맺고 관계를 유지하는 능력이 부족하면 새로운 조직에서 쉽게 이탈해 버린다. 이들에게는 사회조직에 속하고 관계를 유지하는 것이 결코 쉬운 일이 아니기 때문이다. 또한 이러한 섣부른 시도가 또 하나의 실패가 되어 본인을 좌절시키는 결과가 되기도 한다. 따라서 단기적이고 눈에 보이는 결과를 내는 것에 상담목표를 두기보다는 이를 지속할 수 있는 기본 역량 배양을 목표로 하는 것이 필요하다. 또한 이러한 필요성을 내담자에게 잘 전달하면서 현실적으로 적절하고 달성 가능한 목표를 설정해 나가는 합의의 과정이 중요하다.

(3) 각 당사자와 부모의 특징에 유의해야 한다

은둔이라는 공통성을 갖지만 각 가정의 상황은 모두 다르다. 현재 경험하는 어려움과 호소문제가 다르기 때문에 상담의 목표, 방향성, 개입 방향도 동일할 수 없다. 은둔 자녀의 문제로 상담실을 찾는 부모 중 '이러이러한 정보를 찾아봤는데 그것이 우리 아이 변화에 도움이 될지 알려 달라' 혹은 '지인이 이곳을 추천했는데 그 사람이 효과적이었다고 말한 그 방법을 나에게도 알려 달라'고 요구하는 경우가 자주 있다. 이 경우 매우 조심할 필요가 있다. 은둔이 생겨난 원인과 각 개인의 특성과 경험, 가족 상황, 현재 은둔이 진행된 심각성 정도가 모두 다르기 때문이다. 한 사례에 성공적으로 적용된 방법이 다른 사례에서도 동일하게 효과적일지는 알 수 없다. 초조하고 급하게 효과를 기대하고 오는 내담자들에게 이러한 상황을 이해시키는 것은 쉽지 않다. 하지만 상담자가 각 대상자를 객관적이고 구체적으로 이해하고 그에 맞는 상담을 할 것이라는 점을 친절하고 지속적으로 설명하는 것이 필요하다.

(4) 가족상담적 개입이 필요한 경우가 많다

은둔형 외톨이 상담을 할 때 당사자와 가족이 혼합적으로 개입될 때가 많다. 예를 들어, 부모가 상담을 신청하는 경우가 많기 때문에 이들을 상담하다가 자녀가 설득되어 상담을 받는 경우가 종종 생긴다. 또는 은둔생활을 하는 가족구성원의 문제로 인해 부부 혹은 모녀가 함께 상담실을 방문해서 자녀나 형제자매의 문제를 함께 다루게 되는 경우도 많다. 이럴 경우, 이미 상담은 가족상담의 형태로 진행하게 된다.

또한 2명 이상의 가족구성원이 아닌 경우라도, 은둔의 문제를 다루다 보면 가족역동이나 가족구성원 간 역할에 대한 주제가 대두되는 경우가 매우 잦다. 예를 들어, 은둔 자녀가 부와 갈등을 겪을 때 모는 어떤 역할을 했는지, 은둔 자녀가 여동생을 괴롭힐 때 부모는 어떻게 개입했는지, 은둔 자녀와 다른 자녀에게 부모는 어떤 양육 방식을 취했는지, 어린 시절 가정의 양육환경은 어땠는지, 은둔이라는 문제가 불거진 이후 부모는 서로 합의된 대응 방식을 취하고 있는지 혹은 서로를 비난하며 불일치되는 태도를 취하고 있는지 등의 주제들이 이에 해당된다. 이러한 주제들은 모두 가족구조에 대한 큰 그림 속에서 조망되고 다뤄져야 할 것들이다. 따라서 상담자가 가족상담에 대한 기초적인 지식과 이를 다룰 수 있는 준비를 갖추는 것이 은둔형 외톨이 상담을 효과적으로 수행하는 데 도움이 된다.

(5) 상담자로서의 경계와 객관적 태도가 필요하다

앞서 보았듯 가족상담적 접근이 아닌 경우에도 가족구성원이 예상치 않게 상담 과정에 개입하게 되는 경우가 있다. 예를 들어, 부모가 은둔 자녀의 상담 진행과 내용에 대해 궁금해하거나, '진로 계획이나 복학 의지에 대해 알아봐 달라'는 등의 특별한 사항을 요청하는 경우들이다. 반대로, 은둔 당사자인 내담자가 일방적으로 상담 약속을 어기는 경우, 상담자는 상황을 파악하기 위해 불가피하게 부모와 연락을 해야 하는 경우도 생긴다. 이러한 경우에 상담자는 비밀보장의 원칙과 경계를 지키는 것이 다른 어떤 상담에서보다 중요하다. 왜냐하면 은둔형 외톨이들은 부모의 지나친 개입을 극도로 싫어하는 경우가 많고, 상담자와 부모가 공조하여 자신을 몰아간다고 오해하게 되면 상담자 및 상담에 대한 신뢰가 크게 깨지기 때문이다.

또 다른 예로, 은둔 자녀를 둔 부모의 경우 부부가 자녀의 은둔 원인을 서로의 탓으로 돌리는 경우가 많은데 이때도 상담자의 경계가 중요하다. 만일 남편과 아내의 이야기를 들으면서 상담자가 한 편에 공감적 반응을 하는 경우, 이는 자동적으로 그 사람만을 옹호한다는 오해로 이어질 수 있다. 따라서 상담자가 객관적이며 가치 중립적인 자세를 취하고 이를 분명하게 가족 모두에게 전달하는 것이 중요하다.

참고문헌

광주광역시(2021.12). 은둔형 외톨이 지원기본계획('22~'26). 광주광역시.

김기헌, 이윤주, 유설희, 배진우(2017). 청년 사회경제 실태 및 정책방안 연구. 한국청소년정책연구원 연구보고서, 1-365.

김혜원, 조현주, 김연옥, 김진희, 윤진희, 차예린, 한원건(2021). 가족, 사회, 자신을 위한 희망안내서 은둔형 외톨이. 서울: 학지사.

양미진, 김태성, 이자영(2009). 은둔형부적응청소년 수준별 현황 및 촉발요인 연구. 아시아교육연구, 10(1), 33-53.

양미진, 지승희, 김태성, 이자영, 홍지연(2007). 은둔형부적응청소년 사회성척도 개발연구. 아시아교육연구, 8(2), 119-134.

여인중(2005). 은둔형 외톨이. 서울: 지혜문학.

오상빈(2019). 은둔형 외톨이 지원방안 마련을 위한 전문가 토론회(2019. 11. 27.).

윤일규(2019). 은둔형 외톨이에 관한 제도 개선 방안 연구. 2019년 국정감사 자료집.

윤철경, 서보람(2020a). 한국 사회적 고립인(은둔형 외톨이) 및 지원 기관 현황: 조사결과를 중심으로. '은둔형 외톨이' 지원방안 세미나(2020. 8. 5.).

윤철경, 서보람(2020b). 은둔형 외톨이 현황과 제도적 지원의 정립. 서울시 은둔형 외톨이 현황과 지원방안 토론회(2020. 8. 25.).

이시형, 김은정, 김미영, 김진영, 이규미, 구자경(2000). 외톨이 청소년의 심리사회적 특성과 부적응. 삼성생명공익재단 사회정신건강연구소 연구보고서, 제2000-2호.

파이교육그룹(2020). 고립청년(은둔형 외톨이) 실태조사 최종보고서.

한국청소년상담원(2006). 은둔형 부적응 청소년 상담 가이드북. 한국청소년상담복지개발원.

동아일보(2008. 04. 30.). [우리말 다듬기] '히키코모리' 순화어 '폐쇄은둔족'으로. 동아일보. Retrieved from https://www.donga.com/news/Culture/article/all/20080430/8572986/1

K2 인터내셔널 코리아(2020). 앗! 나도 모르게 나와버렸다: K2코리아가 전하는 은둔 그리고 삶.

日本內閣府(2010. 7.). 若者の意識に関する調査(ひきこもりに関する実態調査). 平成22年7月 内閣府. Retrieved from https://www8.cao.go.jp/youth/kenkyu/hikikomori/pdf_index.html

日本內閣府(2016. 9.). 若者の生活に関する調査報告書. 平成28年9月 内閣府政策統括官. Retrieved from https://www8.cao.go.jp/youth/kenkyu/hikikomori/h27/pdf-index.html

日本內閣府(2019. 3.). 生活状況に関する調査. 平成31年3月 内閣府. Retrieved from https://www8.cao.go.jp/youth/kenkyu/life/h30/pdf-index.html

斉藤環(1998). 社会的ひきこもり. 東京: PHP新書.

斉藤環(2020). 改訂版社会的ひきこもり. 東京: PHP新書. [Amazon Kindle Edition].

斉藤環(2002). 「ひきこもり」救出マニュアル. 東京: PHP研究所.

斉藤環(2014). 「ひきこもり」救出マニュアル〈実践編〉. 東京: ちくま文庫.

FPCJapan. (2019). FPCJ Press Briefing: Middle-aged Hikikomori-Current Situation, Issues, and Outlook (July 29, 2019). Retrieved from https://www.youtube.com/watch?v=IDI274kEbZY

National. (2010. 8. 21.). How do you say 'hikikomori' in English? Term makes latest Oxford Dictionary. The Japan times. Retrieved from https://www.japantimes.co.jp/news/2010/08/21/national/how-do-you-say-hikikomori-in-english-term-makes-latest-oxford-dictionary/

제**2**장

은둔형 외톨이 당사자의 특징

이 장에서는 은둔형 외톨이의 특징을 살펴보고자 한다. 은둔형 외톨이는 누구나 될 수 있지만 동시에 다른 사람들과는 다른 몇 가지 독특한 특징을 갖는다. 이들이 어떤 특징을 갖는지 이해할 때 상담자로서 우리는 은둔형 외톨이에게 필요한 도움을 보다 정확하게 줄 수 있다. 또한 가끔은 상담자들이 자신의 내담자가 은둔형 외톨이이거나 은둔형 외톨이가 될 가능성이 있음에도 불구하고 눈치채지 못하고 상황의 악화를 놓치는 경우가 있다. 이를 막기 위해서도 상담자들이 눈여겨보아야 하는 은둔형 외톨이의 특징, 혹은 은둔형 외톨이로 발전할 수 있는 특징에 대해 살펴보는 것이 필요하다.

1. 은둔형 외톨이의 표면적 특징

1) 인터넷과 게임 몰입

인터넷 사용이 늘고 게임이 대중화되면서 이에 과다하게 몰입하는 아동과 청소년들이 늘어나고 있다. 부모들은 자녀가 한창 공부할 시기에 게임에 빠져 지내는 것을 보면 마음이 편치 않아 여러 가지 방법을 시도해 보지만 결국에는 자녀와의 관계만 나빠질 뿐 개선되는 것이 없어 안타까워하는 경우가 많다. 부모들은 자녀가 게임에 몰입하는 이유를 단순히 재미나 오락을 위한 것이라고 생각하기 때문에 게임 시간만 줄이면 문제가 해결될 것이라고 믿는다. 하지만 아이들이 게임에 몰입하는 이유는 생각보다 단순하지 않다.

"고등학교 때 엄마가 게임 중독이라고 정신과에 끌고 갔었는데 한두 번 갔다가 안 갔다. 20대 초반에 수능 공부 다시 할 때 너무 힘들어서 상담을 받았다. 그런데 (상담의 효과는) 그냥 그랬다."(파이교육그룹, 2020)

"예전에는 정말 게임만 했는데 요즘은 가끔 들어가서 보는 정도이다. 그때는 게임 모니터에서 눈을 돌리면 세상이 보이는 게 싫어서 씻지도 않고 방에서 게임만 했다."(파이교육그룹, 2020)

아이들이 게임에 빠지는 것은 학업 스트레스, 대인관계 어려움, 부모-자녀 갈등 등 그 이유는 다양하다. 따라서 중요한 것은 게임 시간을 줄이는 것만이 아니고 아이가 일상생활에서 또래 아이들과 교류를 잘하고 있는지, 학교 적응상의 문제는 없는지 등 일상생활의 균형 정도를 다각도로 살펴보는 것이다. 청소년들 중에는 학교 수업 시간에 엎드려 잠만 자거나 친구들과 말을 거의 나누지 않는 경우도 있다. 아이들 사이에서는 흔히 이런 아이들을 '찐따'라고 부른다. 이 아이들은 게임을 통해 게임 속 친구들하고는 소통을 하지만 자신의 현실 공간인 가정과 학교에서는 정서적 교류를 단절한 채 살아간다. 그러다 학교를 자퇴하고, 그러다 자연스럽게 은둔생활로 이어지는 것이다. 학교에 남은 아이들 또한 이런 아이들이 어느 날 사라진다고 해도 아무도 관심을 갖지 않는다.

그렇게 은둔에 들어간 아이들은 대체로 방 안에서 컴퓨터 게임을 하거나 스마트폰으로 SNS, 유튜브를 보며 하루를 보낸다. 그나마 조금 덜 무기력한 아이들은 앉아서 컴퓨터 게임이라도 하지만 무기력한 아이들은 누워서 스마트폰으로 하는 활동만을 즐긴다. 그리고 이보다 더 무기력한 아이들은 정말 아무것도 하지 않고 잠만 자거나 멍하게 하루하루를 보내는 것이다.

사실 인터넷 몰입이나 게임 중독이 은둔형 외톨이가 되는 직접적인 원인이라고 보기는 어렵다. 대신, 관계의 어려움과 단절이 생기면서 인터넷에 몰입하게 되고, 특히 은둔생활 동안 인터넷 사용과 게임 중독이 심해지면서 은둔과 고립 상태가 더욱 심해진다고 볼 수 있다. 따라서 상담자는 이러한 관련성에 유의하여 은둔형 외톨이의 인터넷 사용에 대해 관심을 기울일 필요가 있다.

2) 등교 거부

최근 분리불안, 또래 문제, 학교폭력이나 왕따, 학업에 대한 과도한 스트레스, 학교 공포증 등의 이유로 학업을 포기하거나 등교를 거부하는 학생들이 늘어나고 있다. 일본의 은둔형 외톨이를 연구한 학자들은 등교 거부가 은둔형 외톨이의 시작임을 경고한다. 다음 사례들에서와 같이 우리나라에서도 은둔형 외톨이 중 상당수는 등교를 거부한 경험이 있다. 이들은 학창시절 또래관계 문제나 왕따, 학교폭력, 또는 선생님과의 문제로 학교생활에 대해 부정적 경험이 많았으며, 또 일부는 가족의 불화로 인해 학교에 적응하는 것이 힘들었다고 보고한다.

> "초등학교 3학년 때부터 따돌림을 당했고, 고등학교 때는 적응을 잘 못하겠어서 고2 때 학교를 그만두고 스물여섯 살인 현재까지 은둔 중이다."(파이교육그룹, 2020)

> "초등학교 6학년부터 중학교 1학년 사이에 부모님이 이혼을 했고, 그 이후 중학교 1학년 때 은둔형 외톨이가 시작되었다."(小菅由子, 2012)

이들은 학년이 바뀔 때나 초등학교에서 중학교, 고등학교, 대학교로 환경이 바뀔 때마다 유사한 패턴을 반복해서 결국 학교에 가는 것 자체를 고통스러워한다. 이들이 학교에서 받았던 상처가 치유가 되지 않은 상황에서 주변 어른들은 시간이 지나면 다 나아질 거라고 믿고 방치하는 경우가 많은데, 이러한 대응은 상황을 악화시키기 쉽다.

3) 활동형 은둔형 외톨이

은둔형 외톨이라고 언제나 은둔만 하는 것은 아니다. 이들 중에는 가끔 병원이나 마트도 다녀오고 가끔은 단기간 아르바이트를 하는 경우도 있다. '이게 무슨 은둔형 외톨이인가?'라고 의문을 제기할 수 있지만 이러한 활동은 이들이 먹고 살아야 하기 때문에 최소한으로 움직이는 것이지 지속적인 사회활동이 아니다. 또한 활동형 은둔형 외톨이들 중에는 자신만의 취미생활(게임, 피규어, 애니메이션 등)에 빠져 지내는 경우도 있다. 하지만 이들은 흔히 말하는 오타쿠[1] 또는 오덕후[2]와는 다른 양상을 보인다. 오타쿠는 자신의 취미생활을 공유하고 외부활동을 하기도 하지만, 활동형 은둔형 외톨이들은 온라인상에서만 교류를 하고 친구나 지인들과 거의 연락을 하지 않으며 꼭 필수적인 접촉이 필요한 경우에만 외출을 한다.

그렇다면 단지 끈기가 부족해서 하던 일을 그만두거나 적성을 찾지 못해 진로를 정하지 못한 상태를 모두 은둔형 외톨이라고 할 수 있을까? 또 한 번 의문을 가질 수 있다. 이렇게 잠시 진로에서 벗어나 방황하는 것과 은둔형 외톨이 상태가 되어 지속적인 사회활동을 하지 않고 대인관계가 단절되는 것은 차이가 있다.

이렇듯 상담자가 은둔형 외톨이를 판단하는 데 있어 가장 어려운 내담자가 활동형 은둔형 외톨이들이다. 겉으로는 약간이라도 활동을 하고 있는 것처럼 보이기 때문에 그들을 은둔형 외톨이라고 생각하는 것이 쉽지 않다. 하지만 내담자가 지속적인 사회활동을 유지하지 못하거나 대인관계가 단절되어 있다면 신중하게 살펴볼 필요가 있다.

4) 공부만 하는 사람

우리나라의 경우에는 성적과 입시 그리고 부모의 기대가 자녀가 갖는 가장 큰 스트레스의 요인이 되고 있다. 청년 중 일부도 취업 준비, 자격증 취득 등의 이유로 20대, 30대의 대부분을 공부하는 데 시간을 쏟느라 사회적 자립 기반을 형성할 수 있는 시기를 놓쳐 버린다. 그럼에도 불구하고 자신의 성취에 대한 부모의 기대를 저버릴 수 없기에 적성에 맞지도 않는 공부를 계속하는 경우도 많다. 흔히 '공시족'[3]이라 불리는 청년 중 긴 기간 시험 준비만 하며 모든 대인관계를 끊는 사람들이 그 예가 될 수 있다.

이들도 처음 1~2년 동안은 나름 의욕도 있고 자신이 계획한 대로 합격만 한다면 새로운 직장도 다니면서 다시 사람들도 만나고 모든 것이 좋아질 것이라고 믿는다. 그러다 보면 사회와 단절되어 있는 자신의 현 상태를 외면하고, 자신의 감정을 억압한다. 그렇게 4~5년 공부만 하다 보면 반복되는 실패로 인해 자존감과 효능감은 떨어지고 자신과 세상, 미래에 대해 무망감을 경험하며 사회적으로 위축되면서 소외감을 느낀다.

---

1) 오타쿠(御宅): 한 분야에 깊게 심취한 사람을 뜻하는 일본어로 만화, 애니메이션, 아이돌, 철도, 카메라 등 특정 사물이나 취미에 강한 관심을 가지고 몰입하는 사람을 일컬음(위키백과).
2) 덕후(御宅): 일본어인 오타쿠를 한국식 발음으로 바꿔 부르는 말인 '오덕후(御宅)'의 줄임말(매경시사용어사전).
3) 공시족(公試族): 공무원이 되기 위해 시험을 준비하는 사람. 또는 그런 무리(매경시사용어사전).

"나도 한때는 공부를 잘하는 것에 대해 가족과 학교에서 떠받들어 주고 자랑스러워하는 것을 은근히 즐기기도 했다. 하지만 부모가 정해 주는 대학 그리고 학과에 입학하고 나서부터 문제가 생겼다. 그 이후 나는 학과가 적성에 맞지 않는다며 다시 다른 대학교에 입학했다. 그러나 나는 내가 대학을 그만둔 것이 도망자이며 실패자라는 생각에 누군가 나를 계속 비난하는 것만 같았다. 그러다 몸이 아파 왔고 은둔에 들어갔다."(이아당 심리상담센터, 2020)

"대학을 다니다가 편입 준비를 하던 시기는 완전 은둔생활을 했었다. 1년을 준비했는데 6개월이 지나고 나니 뭔가 심하게 꼬인 것 같으면서 소속감도 없고 공부도 안 되고, 혼자 오래 있으니 뭘 하는지 모르겠고, 방향성도 없고, 무기력해졌다. 공부를 하려고 그랬다고는 하지만 왠지 모르게 사람을 멀리하는 세팅을 하며 학원을 다니지 않았는데, 그게 나에게 맞는지 안 맞는지 모른 채 지속했다. 그 기간 자체가 상처가 되었고, 편입은 하지 못하고 그냥 대학을 졸업한 이후에는 일도 제대로 하지 못했다."(파이교육그룹, 2020)

이처럼 은둔형 외톨이들 중에도 부모의 기대에 맞춰 공부를 지속했지만, 공부를 하면 할수록 학습능력과 성취감은 저하되고 부모님의 기대를 따라갈 수 없다는 것에 자책하며 괴로워한다. 이 경우 자신이 공부만 잘하면 모든 것이 다 잘되리라는 믿음으로 부모님이 원하는 것을 이루기 위해 노력은 하지만 막상 공부하는 것은 쉽지 않다. 그러다 보니 공부를 하기 위한 공부인지, 사회생활을 회피하기 위해 공부라는 방패막 뒤에 숨는 것인지 자신도 주변인들도 구분하기 어렵다.

5) 부모와의 융합

가족이라고 해도 각자의 건강한 독립과 안녕을 위해서는 적당한 심리적 거리가 매우 중요하다. 그러나 부모와 자녀 간에 서로 융합되어 서로의 일에 지나치게 관여하고 상대방이 자신의 일에 관여하도록 허용하는 경우가 있다. 이러한 모습은 다정하고 편한 친구 같은 부모-자녀 관계로 비춰질 수도 있지만 자녀의 자율성과 독립성을 방해하며 성장을 저해하는 요소로도 작용된다. 이들은 서로를 분리하지 못하고 상대가 느끼는 감정을 고스란히 경험하며 자신의 감정과 상대방의 감정을 혼동하여 정서적으로 매우 큰 혼란스러움을 느낄 수 있다.

"엄마는 나를 떠난다는 말을 자주 했었다. 너무 자주 해서 잊으려고 애써봤지만 기분이 다운
되고 무기력해지는 순간들이 있었다. 엄마가 너무 미워서 그 미워하는 감정을 견딜 수가 없었고
비참하고 수치심을 느꼈다. 지금 생각해 보면 나 자신이 버림받아 마땅한 사람이라고 생각했고
엄마가 나를 싫어하는 것도 당연한 일이라고 생각했던 것 같다."(이아당 심리상담센터, 2020)

은둔형 외톨이들 중에는 부모 중 한 사람과 지나치게 융합되어 있으나 그것에 대한
문제의식조차 느끼지 못하는 경우도 더러 있다. 심지어 부모를 비난하는 것조차 불편
해하며 부모에 대한 부정적 감정을 발산하지도 못한다. 앞의 사례에서와 같이 그들은
부모가 자신을 떠날까 봐 늘 두려워하기 때문에 그러한 부정적 감정을 말로 표현하기보다는 회
피함으로써 자신을 지키는 것을 선택한다.

2. 은둔형 외톨이의 내면적 특징

1) 삶의 의미를 잃어버림

삶의 의미는 인간이 삶을 지속하는 데 필요한 연료와도 같다. 그러한 연료가 바닥나
면 더 이상 삶을 살아가고자 하는 동기를 상실하게 된다. 은둔형 외톨이 중 많은 이는 '자
신의 인생은 이미 끝났'고 믿고 더 이상 노력하는 것이 아무런 의미가 없다고 생각한다. 자신
은 그저 매일매일을 방 안에서 시간을 보내고 부모에게 걱정만 끼치는 사람이기에, 같
은 나이대의 친구들이 대학에 가고 직장을 얻고 그럴듯한 사회생활을 하는 모습을 볼
때마다 점점 위축되며 삶의 의미를 잃어간다. 그리고 다음 사례들에서와 같이 이제는
내가 무엇을 할 수 있을지, 과연 열심히 한다고 이루어 낼 수 있을지 자신과의 싸움에서
그들은 점점 체념하는 법을 배우게 된다.

"시간을 되돌릴 수만 있다면 세상에서 내가 존재했던 모든 흔적을 다 지워 버리고 싶다.
세상에 쉬운 일은 없다. 죽는 것 또한 그렇다. 결코, 결코 쉽지 않다. 속마음을 고백하자면 사실
나는 다른 사람들에게 받아들여지고 싶었다. 그들이 살고 있는 세상에서 '너도 살아도 된다'는
일종의 승인을 받고 싶었다."(이아당 심리상담센터, 2020)

"일상이 너무 무기력해지고 무언가에 도전하려는 의지도 많이 약해졌습니다. 특히 제 존재 가치에 대한 의문이 계속 저를 괴롭혀 왔습니다. 왜 살아가야 하는지, 산다면 뭘 위해 사는지, 또 뭘 이루기 위해 사는지……."(이아당 심리상담센터, 2020)

은둔형 외톨이들도 한때는 삶의 의미를 가지고 이 사회 속에서 행복하게 살아가기를 소망했을 것이다. 하지만 그들은 언젠가부터 많은 상처와 좌절감으로 인해 자기가치감이 떨어지고 인생에 대한 방향감과 목적의식을 잃어버린 상태로 살기 시작한다. 그들은 더 이상 스스로를 돌보는 일도, 인생의 의미를 추구하는 일도 이제는 부질없는 일이라고 치부해 버린다. 그렇기 때문에 이들은 상담 또한 부질없는 짓이며 아무런 도움이 되지 않을 것이라고 단정 짓기도 한다. 그럼에도 불구하고 상담자가 상담을 통해 그들이 삶의 의미를 추구할 수 있도록 지속적인 자극을 제공하고, 내담자와 함께 새로운 의미를 부여하는 작업을 통해 삶을 재해석하고 의미를 발견해 나아가는 과정은 중요하다고 할 수 있다.

2) 귀찮음, 무기력, 무의욕, 우울

최근 대부분 스마트폰을 보유하게 되면서 편안한 침대에 누워 몇 시간씩 의미 없는 핸드폰 서치나 유튜브를 즐기는 사람들이 늘어나고 있다. 그러다 보면 '조금만 이따가'라는 생각으로 모든 것을 미루게 되고, 해야 할 일을 미룰수록 일은 더 많아지니 시작할 엄두가 나지 않게 된다. 그렇게 하루가 가고 이틀이 가고 열흘이 가고……. 이제는 씻는 것도 귀찮고 청소를 하지 않아도 특별히 불편하지 않게 된다. 친구들과 친인척을 만나는 것도 회피하게 되고 말수도 줄어들면서 누군가 나에게 전화를 걸어도 받는 것조차 피하게 된다. 이러한 일상들이 반복되면서 꼭 나가지 않아도 된다면 굳이 나가야 할 이유가 없으므로 점차 움직일 욕구는 사라지고 그저 가만히 지내는 것이다.

"대학 입학하고 나서 간헐적으로 집으로 들어갔던 시기가 있었고 다시 활동한 시기가 있었다. 좀 기복이 있었는데 중학교 때부터 '안 나가도 괜찮구나, 살 수 있구나' 하고 느꼈다. 방학 때 두 달 동안 밖에 한 번도 안 나간 시기가 있었는데 '아, 이럴 수도 있구나' 했다."(파이교육그룹, 2020)

"자기도 모르는 사이에 어떤 일 하나를 하는 것도 엄청난 힘에 부치는 순간이 옵니다. 능률
이 떨어지니까 자연히 일을 꺼리게 되고, 주변 사람들에게 혼나고 신뢰를 잃어버리고, 자신감
이 떨어져서 일하기가 힘들어지고…… 악순환이 반복되는 거죠. 그러다 보면 어느새 은둔하
고 있는 자신을 발견하게 되는 것 같습니다."(K2 인터내셔널 코리아, 2021)

사실, 우울하고 무기력하기 때문에 은둔형 외톨이가 되는 것인지, 은둔형 외톨이로
지내다 보니 우울하고 무기력한 것인지 정확한 인과관계는 밝혀지지 않았다. 하지만
은둔형 외톨이 현상과 무기력 및 우울은 높은 관련성을 보인다. 은둔형 외톨이를 진단하기
위해 정신과에서 사례를 모아 추적 조사한 결과, 우울증은 은둔형 외톨이와 밀접한 관
련이 있는 것으로 조사되었다(황순길 외, 2005).

3) 강한 내향성과 수줍음

우리는 통신기술이 발달하면서 사람들을 직접 대면하지 않아도 세상과 소통이 가능
하다는 것을 알게 되었다. 더욱이 코로나19로 인해 사회적 거리가 강조되면서 등교, 출
근, 회의 등이 온라인 수업, 재택근무, 화상 회의 등으로 대체되면서 우리가 당연히 해
왔던 일상들이 더 이상은 당연한 것이 아니게 되었다. 그러면서 이제는 '혼자 잘 지내
는 법'을 알려 주는 프로그램들이 인기를 끌고 혼자 잘 지내는 것이 능력처럼 비춰지는
시대가 되었다. 그러나 이러한 통신기술의 발달은 내성적이며 지나치게 수줍음이 많은
사람의 성격을 강화하는 측면이 있다. 다음 사례에서와 같이 이들이 대인관계를 회피하
는 것에 익숙해지면 관계에서 오는 스트레스에 더욱더 취약하게 되고, 고립을 안전한 것으로 판
단하고 그에 따른 문제의식조차 느끼지 못할 수 있다.

"주로 핸드폰으로 게임을 할 때도 있고, 쇼핑도 하고, 사람들하고 SNS로 얘기하고……. 직
접 만나는 것보다는 낫지만 그래도 불편하긴 한데 그래도 낫다. 블로그로 만났다가 그 친구 통
해서 다른 사람들과 소통하고 그런다."(파이교육그룹, 2020)

은둔형 외톨이들의 성향이 내향적이라는 것은 은둔형 외톨이를 연구한 전문가들의
공통된 의견이다. 그렇다고 은둔형 외톨이들 모두가 사람들과의 관계를 거부하는 것은

아니다. 그들 중에는 사람들과 관계를 맺고 싶어 하고 사람들 사이에서 좀 더 당당하게 살아가고 싶은 욕구를 보이기도 한다. 하지만 자신이 사람들에게 받아들여지지 않는다는 생각, 그리고 뭔가 자신이 이질적이라는 생각으로 사람들과의 관계를 힘들어한다.

4) 자율성과 독립성 부족

우리는 매 순간 수많은 결정 앞에 놓인다. 그 결정이 비록 좋은 결과를 가져오지 못하더라도 그러한 경험들을 통해 성장하고 더 나은 선택을 할 수 있는 지혜를 얻는다. 그리고 이러한 경험은 개인의 자율성과 독립성을 형성하는 데 중요한 기반이 된다. 그러나 은둔형 외톨이들은 어려서부터 자신의 생각이나 감정을 드러내고 표현하는 것을 어려워하기 때문에 순간순간 의사를 결정해야 하는 상황이 닥치면 매우 주저한다. 그러다 보니 자신의 선택을 신뢰하지 못하고 자신이 해야 하는 의사결정권을 미루거나 타인에게 넘겨 버리는 경우가 많다.

> "어릴 때 어머니가 간섭이 너무 심했다. 기대감이 너무 컸고, 곱게 자랐다. 누나는 늘 잘했으니까 그렇게 하지는 않는데 나한테는 닦달하며 뭐든지 다 해 주려고 했지만 하기 싫었다. 그냥 멍하게 지내는 것이 제일 편했다. 뭔가 애써서 막 뭘 해야 하는 것이 힘들었다. 완전 무기력한 생활을 할 때는 좀 변해서 뭘 해도 터치를 안 했었는데, 그 당시엔 참 좋았었는데 점점 무섭다는 생각도 했다. 그런데 사회생활을 하니까 또 간섭이 시작되더라."(파이교육그룹, 2020)

> "난 늘 조건부로 살았던 것 같다. 부모님이 나에게 조건부로 이거 하면 저거 해 줄게, 이거를 해야 저걸 줄게…… 그랬다. 그래서 난 늘 조건부로 날 생각한다. 이걸 못하니 난 안 될 것 같다는."(파이교육그룹, 2020)

이 사례들에서와 같이 자기주도적으로 성장하지 못할 경우, 어렸을 때에는 그저 말 잘 듣는 아이로 여겨지지만 청소년기가 되면 어느 것도 마음대로 결정하지 못해 매사 부모나 타인에게 결정권을 넘기는 사람이 되기 쉽다. 그러면 부모는 지금 나이가 몇 살인데 이런 것 하나하나를 물어보냐며 아이를 탓하게 된다. 실제로 많은 은둔형 외톨이의 경우 어려서 순종적이며 부모 말을 잘 듣는 착한 아이였다고 부모들은 회상한다. 그것은 이들이 학창기에는 부모가 정해 주는 학교, 정해 주는 학원, 정해 주는 진로를 따라와서 선택의 번거로움을 피할 수 있었으며 그에 따르는 책임감마저 회피할 수 있었기 때문이다. 하지만 문제는 이들이 청년기가 되면서 더 많은 선택의 기회에 놓이게 되고 그 순간들을 경험할 때마다 선택을 유예하거나 의존하려는 경향성을 보이게 된다는 것이다.

5) 형편없고 추한 '나'로 인식

요즘은 인스타그램, 페이스북, 유튜브 등을 통해 수많은 팔로워와 구독자를 가진 인플루언서를 자주 접하게 된다. 그들의 삶은 성공적이고 멋지고 너무나 당당해 보인다. 반면, 자신은 재능도 없고 예쁘거나 멋지지도 않으며 너무나도 후져서, 나라는 존재를 마치 쪼그라든 스웨터처럼 쓸모없게 여기게도 된다. 특히 청소년기에 완벽하게 꾸며진 '아이돌'을 보며 자란 아이들일수록 자신의 외모를 저평가하면서, 이를 보완하기 위해 성형수술이나 지나친 다이어트를 시도하는 등 동일시하려는 노력을 기울이기도 한다.

> "나는 고등학교에 다니면서 살이 30kg 정도 쪘고 여대에 다니면서 정말 예쁜 친구들을 많이 보게 되었다. 아무도 나에게 소개팅이나 미팅을 하자고 말하지 않았고 어차피 나가 봤자 아무도 나를 선택하지 않을 거란 생각에 나도 하고 싶다고 친구들한테 말조차 하지 못했다. 속으로는 나도 예쁜 사람이 되고 싶었고 나도 선택받는 사람이 되고 싶었다. 그래서 이를 악물고 살을 뺐지만 휴학을 한 후 다시 살이 찌면서 자신감이 없어지자 내가 일방적으로 친구들과 연락을 끊어 버렸다. 휴학을 할 때는 더 멋진 모습으로 돌아오겠다고 약속했지만 그 약속은 지킬 수 없었고 결과적으로 더 안 좋은 모습으로 돌아왔기에 내 모습이 너무 창피하고 부끄러웠다."
> (이아당 심리상담센터, 2020)

> "용모나 옷 등이 계급을 나타내는 것이라는 것을 알게 된 이후 잘 정리되어 있고, 잘 가꿔진 상태가 안 되면 나올 수 없었다. 그렇지 않으면 그런 나를 보여 주기 싫었다."(파이교육그룹, 2020)

이 사례들에서와 같이 은둔형 외톨이 중에는 자신의 외모가 볼품없다고 생각하기 때문에 사람 만나는 것을 극도로 꺼리는 경우가 많다. 정말로 그들의 외모가 추하거나 볼품없는 것은 아니지만 그들은 주관적 불편감을 호소하며 성형수술만이 답이라고 생각한다. 하지만 아이러니컬한 것은 은둔형 외톨이 중 많은 경우는 주로 집에만 머물면서 위생이나 치장에는 그다지 신경을 쓰지 않는다는 점이다. 우리가 기본적으로 씻고 치장하는 것은 자신을 돌보는 일이며 타인을 위한 배려이기도 하다. 하지만 은둔형 외톨이들은 이러한 기본적인 노력보다는 타인들이 자신을 바라보는 시선에만 머물러 있으며 기본적인 자기돌봄이 부족한 편이다.

6) 사회적 기술 부족

자신이 사는 세상에 적응하기 위해 가장 필요한 것은 사회적 기술과 능력일 것이다. 사회적 능력에는 의사소통 능력, 공감능력, 팀워크, 문제 해결 능력 등 수많은 것이 포함된다. 학교나 직장 등 많은 집단에서도 가장 중요하게 평가하는 능력이 사회적 기술이다. 사회적 기술은 현대 사회에서 적응적이냐 혹은 부적응적이냐를 판단하는 기준이 되기도 한다. 다음 사례들에서와 같이 은둔형 외톨이들은 많은 경우 자기 생각이나 감정을 드러내는 것을 주저한다. 그러한 자신의 생각이나 감정이 타인에게 불쾌감을 주거나 그로 인해 자신이 비난받을지도 모른다는 생각이 크기 때문이다.

> "나는 사람들이 나를 싫어할까 봐 정말 두려우면서도 한편으로는 사람 사이에서 조금의 갈등이라도 생기면 내가 이런 행동을 했으니 남들이 나를 싫어하는 건 당연하다고 합리화하면서 사람들에게서 멀어지려고 했어요."(이아당 심리상담센터, 2020)

> "학교 다닐 때는 누군가와의 첫 만남이 힘들었지만 지금은 유지하는 게 힘들다. 항상 다른 사람들에게 실망하는 일이 생겼던 것 같다. 다른 사람들에게 실수를 안 하려고 혈안이 되어 살아가는데 난 그럴 수가 없는 사람이라 자꾸 실수가 생긴다. 그런 것을 사람들에게 이해시키기 힘들다. 하지만 이걸 어떻게 헤치며 살아가야 하나 하는 생각이 든다."(파이교육그룹, 2020)

그러다 보니 은둔형 외톨이들은 타인들에게 자신의 욕구나 감정을 보이기보다는 타인에게 맞추려는 경향성을 보인다. 이들은 상담장면 안에서도 상담자에게 자신의 감정이나 욕구를 표현하는 것을 어색해하고 상담자에게 잘 보이려고 하며 상담자가 원하는 것에 자신을 맞추려는 경향을 보이기 쉽다.

7) 정서적 단절

정서적으로 마음을 나누고 유대감을 형성하며 친밀감을 나누는 것은 개인의 심리적 안정감을 위해 매우 중요한 일이다. 하지만 사람들 중에는 마음을 나누고 친밀감을 형성하는 데 서툰 사람들이 있다. 은둔형 외톨이의 경우에는 사람들과 정서적으로 유대감을 나누고 싶어 하고 무척이나 갈망하기도 한다. 그러나 그들 중 일부는 사람에 의해 상처를 받았던 경험과 그리고 깊은 친밀감을 나눈 경험이 부족하기 때문에 사람들 사이에서 어떻게 대처를 할지 몰라 난감해하기도 한다.

"다른 사람들에게 마음을 열기 힘들다. 겉으로만 친한 사이 같고, 속으로는 친밀한지 잘 모르겠다. 잘 있는 것 같은데 그래도 같이 있으면 불편하다. 내가 조용해서 다른 사람들을 불편하게 하는 것은 아닐지, 나는 대인관계를 잘 못하는 것 같다."(파이교육그룹, 2020)

"부모님이랑도 어렵고, 사람들과 있어도 완전히 행복할 수 없다는 생각이 든다. 누군가에게 이해를 받아도 고등학교 이후로 막혀 있는 것 같아서 아무것도 할 수 없다는 느낌이 든다."(파이교육그룹, 2020)

어떤 은둔형 외톨이들은 극소수의 친구와 만나기도 하고 다양한 모임에 참여도 하지만 정서적으로 사람들과 유대감을 느끼지 못한다고 이야기한다. 그들은 사람들 사이에 있어도 자신만 겉도는 느낌을 받기 일쑤고 사람들이 자신을 좋아해 주지 않는다고 생각하기에 사람들에게 자신 있게 다가가지도 못한다. 특히 친구들에 대해서 이들이 느끼는 감정은 복잡하고 미묘하며 작은 일에도 쉽게 상처를 받는다. 자신이 친구들에게 적극적으로 다가가지 못하니 친구들이 먼저 연락을 해 주거나 자신을 챙겨 주기를 기대하지만 그것은 매번 좌절의 경험으로 돌아온다. 그러다 보니 늘 상대에 대한 불만과 섭섭함을 토로하게 되고 더 이상 상처를 받지 않기 위해 관계를 스스로 단절해 버리기도 한다. 그러면서도 나를 진정으로 알아줄 사람을 늘 그리워하며 외로워한다.

8) 완벽주의

완벽주의 성향을 가진 사람들은 대인관계 상황에서의 작은 실패 경험도 확대 해석함으로써 자신이 가치 없다고 느끼고 움츠리며 고독과 좌절에 빠지게 된다(김대현, 2016). 이들은 자신의 완벽주의적인 생각과 행동이 다른 사람들에게 불편감을 유발할 수 있다는 점, 그리고 그러한 생각과 행동이 타인과의 친밀감을 방해한다는 점보다는 완벽해 보이는 것이 너무 중요하기 때문에 완벽해 보이는 것에만 집중하게 된다. 다음 은둔형 외톨이 부모가 보고하는 내용은 그러한 특징을 잘 보여 준다.

> "항상 늘 잘해서 사람들 입에 오르내리는 아이였는데 고등학교에 가서 갑자기 수학이 어렵다며 과외를 받겠다고 하더라. 서울대, 연고대를 못 간다면 차라리 특성화고에 가서 자신이 좋아하는 분야에서 인정받겠다고 해서 전학을 시켰다. 거기서 컴퓨터 선생님이 아이에게 엄청 기대를 하면서 게임 개발을 시켰고 그 과정에서 혼나기도 하고 스트레스를 많이 받았다. 그 이후 학교를 안 가기 시작했고, 점점 밖에 나가는 것을 하지 않더니만 재작년부터 밖에 나가지 않고 있다."(파이교육그룹, 2020)

은둔형 외톨이들 중에는 이러한 완벽주의 성향을 가지고 있는 경우가 더러 있다. 이들은 자신이 세워 놓은 기준이 너무 높고 작은 오점도 큰 실패라고 생각하기 때문에, 포기가 빠르고 일을 끝까지 마무리하지 못한다. 차라리 완벽하지 못할 바에야 시도조차 하지 않는 것이 가장 안전한 것이라고 생각하기 때문이다.

9) 자기애적 취약성

자기가치감은 중요한 타인과의 상호작용을 통해 학습하며, 다른 사람의 무조건적 긍정적인 관심을 통해 긍정적인 자기존중감이 형성된다. 그렇기 때문에 적절한 자기애는 자존감과 자기가치감을 형성하고 유지하는 데 필수적이다.

> "혐오와 편견을 갖고 폭력을 가하는 사람들이 싫다고 했지만 나를 가장 혐오하는 건 나였다. 미래의 불행한 삶을 단정하고, 스스로를 감옥에 가둔 것도 바로 나 자신이었다."(이아당 심

리상담센터, 2020)

안타깝게도 이 사례에서와 같이 은둔형 외톨이 중에는 성장하면서 경험해야 하는 긍정적인 자기가치감을 습득할 기회를 갖지 못하는 이가 많다. 그로 인해 타인의 시선에 무척 민감하며 자기가치감이 낮고 타인의 시선으로만 '나'를 정의한다. 이들에게 타인은 나를 평가하고 비난하는 사람들이기 때문에 '나'의 이미지가 그들에게 어떻게 비춰질지가 주된 관심사가 된다. 즉, 사람과의 관계에서 '우리'가 초점이 아닌 '나에 대한 평가'에만 초점이 머무르는 것이다. 문제는 그러한 불안이 머리에 가득하니 다른 사람을 생각하고 배려할 여유가 없어진다는 것이다. 그러다 보니 은둔형 외톨이의 의도와는 상관없이 타인들의 눈에는 이들이 고집이 세고 자기중심적으로 보일 수 있다.

10) 세상에 대한 불신

일부 은둔형 외톨이는 어린 시절 학교에서 또래관계 문제가 발생하여 왕따나 폭력을 경험하기도 한다. 이들은 그 시절 자신이 왜 아이들로부터 왕따를 당했는지, 무엇 때문에 폭력을 당했는지도 모른 채 그때의 억울함으로 현재를 살아간다. 그나마 자신의 고통을 이해해 줄 단 한 사람이라도 누군가 옆에 있다면 다행이지만 대부분의 은둔형 외톨이는 누구도 나를 이해해 주는 사람이 없었다고 호소하는 경우가 많다. 그때의 상처는 곪을 대로 곪았지만 자신도 주변인들도 그 상처를 감싸 주지 못한다. 그렇게 치유되지 않은 상태에서 성인이 되고 사회로 나가야 하는 시점이 될 때 그들이 마주하는 것은 험난하고 두려운 세상이다.

"사람들이 은둔을 하게 되는 이유는 마음의 상처에 의한 불신, 불안 때문이라고 생각합니다. 그렇게 홀로 고립되다 보면 도움을 청하는 방법마저 잃어버려 더더욱 고립에서 빠져나올 수 없게 되는 것이죠."(K2 인터내셔널 코리아, 2021)

"저 같은 경우는 뒤처졌다는 생각이 은둔에서 벗어나기를 제일 힘들게 한 것 같아요. ……(중략)…… 정말 그냥 하루하루 은둔을 하고 나면 '조금 쉬었어'가 아니라, '난 이만큼 뒤처졌어'라는 생각이…… 그런 게 점점 저를 짓눌렀어요. 그래서 노력을 하려는 마음과 간절한 마음은 점점 강해지는데 그에 상반되게 나갈 수 없는 부담감이 점점 커져서, 나갈 수도 없고 노력을 할 수도 없고 그냥 절 공중에 붕 뜨게 만들었던, 그런 뒤처진다는 것, 남들과 다르다는 것, 그 기간을 설명해야 하는 게 우리나라의 실정이잖아요. 그걸 설명할 길이 없어진다는 거, 그게 저를 제일 힘들게 했어요."(K2 인터내셔널 코리아, 2021)

주변의 많은 사람이 이제 어른이 되었으니 남들처럼 사회생활을 하는 것이 당연하다고 말하지만 은둔형 외톨이들에게 세상을 마주하는 것은 호락호락하지가 않다. 이들도 스펙을 쌓기 위해 노력도 하고 입사지원서도 써 보지만, 반복되는 취업 실패와 직장 내 소외감, 업무능력에 대한 비난 등을 경험하면서 점점 좌절하기 시작한다. 그러다 보면 자신과 자신이 속한 사회에 대해 '아무리 아등바등 노력해 봐도 나는 안 된다' '나는 이미 늦었다' '나는 실패자이다'라고 스스로 부정적인 낙인을 찍게 된다.

참고문헌

김대현(2016). 부적응적 완벽주의와 심리적 부적응의 관계: 성취-관련 자기 불일치와 속박감의 매개효과. 가톨릭대학교 대학원 석사학위논문.
이아당 심리상담센터(2020). 방, 방문을 열어 주세요. 서울: 청년재단.
파이교육그룹(2020). 고립청년(은둔형 외톨이) 실태조사 최종보고서.
황순길, 여인중, 남재량, 장미경, 허묘연, 권해수, 박정민, 손재환, 홍지영(2005). 은둔형 외톨이 등 사회부적응 청소년 지원방안. 청소년위원회.
K2 인터내셔널 코리아(2021). 은둔도 스펙이다. 서울: K2 인터내셔널 코리아.
小菅由子(2012). 은둔형 외톨이 사례연구-한국과 일본사례를 중심으로. 숭실대학교 대학원 석사학위논문.
매경시사용어사전(2021. 12. 28.). 덕후. https://100.daum.net/encyclopedia/view/31XXXXX21939
매경시사용어사전(2022. 3. 20.). 공시족. https://100.daum.net/encyclopedia/view/31XXXXXX 1542
위키백과(2021. 12. 28. 편집). 오타쿠. https://ko.wikipedia.org/wiki/오타쿠.

제**3**장

은둔형 외톨이 당사자 상담의 의뢰 및 접수

이 장에서는 상담의 시작이라고 할 수 있는 의뢰와 응대, 바로 이어지는 접수 과정에 대해서 살펴보고자 한다. 어느 시점부터를 상담이라 부를 수 있을지에 대해서는 조금씩 의견이 다를 수 있다. 하지만 상담자 입장에서는 의뢰를 받는 순간부터, 내담자 입장에서는 의뢰를 하는 순간부터 상담이 시작된다고 볼 수 있다. 이런 점에서 상담의 시작인 의뢰와 접수는 이어지는 상담 과정 전체에 큰 영향을 미치게 된다. 은둔형 외톨이 당사자를 대상으로 하는 상담의 의뢰와 응대, 그리고 접수면접 과정에서 상담자가 유의하고 고려할 점에 대해 구체적으로 알아보자.

1. 상담 의뢰

1) 은둔형 외톨이 상담 의뢰의 특징

(1) 의뢰 방식

상담 의뢰는 상담을 받을 의사가 있는 사람이 자신에게 적절한 상담자나 기관을 찾기 위해 이메일이나 전화 등으로 상담자와 상담기관에 접촉하는 것을 의미한다. 하지만 은둔형 외톨이의 경우는 당사자가 상담의사를 갖는 경우가 많지 않다. 따라서 이들이 스스로 상담을 의뢰한다면, 이들이 큰 노력을 들이고 긴 시간의 망설임 끝에 시도한 것임에 유의할 필요가 있다.

일반적인 경우와 마찬가지로 은둔형 외톨이 당사자 상담에서도 상담 의뢰는 주로 전화나 이메일을 통해 이루어진다. 물론 당사자가 직접 하기보다는 부모나 주변 사람들에 의해 의뢰되는 경우가 대부분이다. 간혹 있는 당사자의 전화 의뢰에서 의뢰자는 목소리가 많이 떨리거나, 무슨 말인지 알아듣기 어렵게 말하거나, 문장의 앞뒤가 맞지 않거나, 때로는 작거나 위축된 목소리로 말해 대화가 힘든 경우도 있다. 이들은 이전 관계, 특히 친구와의 관계에서 부정적인 경험을 했거나, 고립 기간이 길어지면서 대화 감각과 소통기술이 떨어져 있는 경우가 많기 때문에 전화 의뢰에서도 접수자와의 대화를 힘들어한다.

(2) 의뢰 시 고려 사항

은둔형 외톨이들의 상담 의뢰 과정에서 상담자가 고려해야 할 사항은 다음과 같다.

첫째, 상담자는 우선적으로 자신이 은둔형 외톨이에 대해서 가지고 있는 가치판단이나 선입견을 탐색하고, 혹시 왜곡되거나 편중된 정보와 생각을 갖고 있다면 이를 교정하고 변화시킬 필요가 있다. 이를 위해 상담 전에 은둔형 외톨이와 관련된 사항들에 대해 객관적이고 구체적으로 알고 있어야 한다. 여전히 부족한 상태이지만 최근 몇몇 관련 서적과 논문이 출판되고 있어 상담자가 공부할 자료가 늘고 있음은 다행이다. 이러한 공부를 통해 상담자가 주관적으로 믿고 있거나, 오해하고 있던 부분에 대해 의문을 던지고 바로잡는 노력이 요구된다. 어떤 대상을 상담하든지 상담자로서 우리는 그 대상을 많이 알고 객관적으로 이해할 필요가 있는 것이다.

둘째, 은둔형 외톨이 상담 의뢰가 주로 전화나 메일로 이루어진다는 점에 유의한다. 또한 상담 의뢰가 당사자보다는 주로 부모를 포함한 가족, 친척, 지인에 의해서 이루어진다는 점도 유념한다. 즉, 부모나 가족, 지인의 전화나 메일을 통한 의뢰가 가장 일반적인데, 어떤 형태로 의뢰가 이루어지든 간에 결국 당사자가 상담장면에 와서 상담을 시작하도록 하는 것이 관건이 된다. 전화나 메일 의뢰는 대면 만남보다 더욱 사소한 말과 행동에 주의를 기울이고 신뢰감을 줄 수 있도록 세심한 배려와 응대를 한다. 온라인이나 오프라인 의뢰 모두 응대 시 친절함이 가장 중요하겠지만, 때로는 친절함보다 더 중요한 것이 진실함과 전문성을 보여 주는 것이다. 문의나 의뢰의 짧은 시간 동안에도, 문의자가 대상자의 은둔생활로 인해 겪는 고통을 나누고 싶다는 마음을 가질 수 있게 하는 것은 응대가 정성스럽고 진실되기 때문일 것이다. 이를 위해 응대자는 전화나 메일 상담의 매뉴얼을 미리 준비하고 이에 따라 진행하는 것도 권장할 만하다.

셋째, 상담 의뢰 과정에서 상담자는 은둔형 외톨이 당사자 간 개인차가 커서 사례별로 다른 접근이 필요할 수 있다는 것에 유의해야 한다. 이는 비슷한 은둔 경험과 발달 조건을 갖고 있었다 하더라도, 은둔 경험과 그로부터의 회복 조건이나 작용한 변인들이 매우 다양하기 때문이다. 작은 것에도 깨질 수 있는 마음을 갖고 있는 은둔형 외톨이 내담자를 처음 대할 때, 섣부른 일반화를 피하고 한 명 한 명의 고유한 사례를 만나는 마음으로 민감하게 대한다. 이러한 의뢰 과정을 거치고 상담자의 세심한 주의가 지속될 때야 비로소 그들의 마음속에 굳어 있던 응어리를 아주 조금씩이라도 녹일 수 있다.

2) 은둔형 외톨이 상담 의뢰 경로와 상담 연계

(1) 의뢰 경로의 특징

은둔형 외톨이의 상담 의뢰 경로의 확인이나 상담 연계는 중요한데, 이 과정이 어떠했느냐에 따라 상담동기가 달라질 수 있기 때문이다. 반복해서 언급했듯이 이들의 상담 의뢰 경로는 다른 상담에 비해 자발적인 경우보다는 타 기관에서 소개받거나 부모나 지인을 통해 연계되는 경우가 많다. 은둔형 외톨이가 타 기관으로부터 의뢰되는 경우, 해당 기관은 그가 주로 은둔 경험으로부터 조금이라도 벗어나기 위한 시도를 하면서 접했던 곳이다. 은둔형 외톨이들은 이들 기관에서 자신의 상황을 인지하고 은둔 극복 시도를 하며 여러 경험을 했을 수 있다. 이후 이들을 도왔던 실무자가 보다 전문적인 도움을 받아 보도록 상담센터를 추천하거나 상담을 의뢰할 수 있다.

드물게는 이러한 활동을 하다가 당사자가 자발적으로 은둔에 대해 전문적으로 다룰 수 있는 상담센터 정보를 습득하거나 홍보자료, 자조모임, 각종 매체와 커뮤니티 등을 접하면서 상담을 요청하는 경우도 있다. 앞서 언급했듯이 이렇게 당사자가 자발성을 보일 때는 특히 유의하여 다룰 필요가 있다. 이렇게 자발적인 경우는 상담을 요청하는 작은 시도와 경험이 이들에게 중요한 의미를 갖기 때문이다. 또한 만일 기관에서 조금이라도 자신의 마음을 열고 관계를 맺은 경험이 있다면, 의뢰하는 기관에서도 상담에 대해 높은 기대를 가질 수 있다. 이들은 최종적으로 상담을 결정하고 충분히 마음을 열기까지 상담기관과 상담자의 전문성을 확인하고 싶어 한다. 이들이 새로 만나게 되는 상담자를 신뢰하고 지속적인 상담으로 연결되기 위해 상담자는 특히 초기의 라포 형성을 위해 다른 상담보다도 더 노력해야 한다. 또한 지난번 기관에서 경험한 관계와 현

상담을 의뢰한 경로 및 그 과정에서 경험한 바를 다루면서 상담동기를 부여하기 위해 세심한 개입을 한다.

(2) 연계의 특징

은둔형 외톨이 당사자 상담의 경우 부모나 친척 또는 지인에 대한 상담이 먼저 이루어진 후에 혹은 그 과정 중에 은둔 당사자를 어떻게 상담에 개입시킬 수 있을지 함께 방법을 모색하는 경우가 많다. 상담의 필요성이 명백하지만 막상 은둔형 외톨이가 상담장면에 오도록 계기를 만드는 것은 생각보다 쉽지 않다. 필요한 경우, 상담이 아니라 온라인 교육, 진로상담, 직업 체험 활동 프로그램들을 준비해서 이들이 적은 부담으로 우선 교육이나 활동에 참여하도록 하는 것도 좋은 방법이 될 수 있다.

이렇게 일반적인 상담에서는 상담 의뢰가 바로 상담으로 이어지지만, 은둔형 외톨이 상담의 경우에는 프로그램에 참여해 본 후 순차적으로 개인상담이나 집단상담으로 연계될 수도 있다. 또한 일반적으로는 대면상담을 우선적인 상담 형태로 생각하지만, 이들이 온라인이나 전화 상담을 통해 상담자와 조금이라도 편안해진 후에 대면상담을 권할 수도 있다. 최종적으로는 대면상담으로 유도하지만, 온라인을 이용한 상담의 형태는 외출을 꺼리는 은둔형 외톨이가 실제로 더 선호하는 상담방법이기도 하다. 또한 일반 상담처럼 지속적인 상담을 기대하기보다는 간헐적이고 심지어 단기간으로 이루어지는 상담일지라도 그 자체에 의미를 두고 권할 필요가 있다. 즉, 내담자의 상황과 요구에 맞도록 의뢰 후 무리하게 상담을 진행하는 것은 피하는 것이 좋다. 은둔형 외톨이가 가장 힘들어하는 것이 주변 사람들의 강요나 변화 압력인 경우가 많기 때문에, 무리한 상담 연계는 그들의 입장에서는 강요로 받아들여질 수 있다. 따라서 언제나 내담자의 준비도를 살피고 선택권을 존중한다.

3) 은둔형 외톨이 상담 응대와 상담 준비

(1) 상담 응대 시 주의할 점

전화나 이메일을 포함한 온라인 상담이나 대면상담 응대에서 상담자가 주의해야 할 점들은 다음과 같다.

첫째, 상대방의 어떤 반응이라도 의미 있게 받아들여야 한다. 예를 들어, 대면으로 상담이 이루어질 경우, 첫 만남은 상담 대기실에서부터 바로 시작된다. 이때 상담실 밖에서 은둔형 외톨이 당사자가 상담자를 기다리는 모습, 얼굴 표정, 인사하는 모습, 사람을 쳐다보는 시선 등에서 내담자의 현재 상태, 사고, 행동의 다양한 측면에 대한 정보를 얻을 수 있고 상담에서 함께 다룰 수 있는 주제를 확인할 수 있다. 이러한 여러 정보를 기초로 내담자에 대한 잠정적인 가설을 세울 수 있기 때문에, 상담자는 내담자가 첫 단어를 말하기 전에 비언어적 행동 관찰에서 상담이 시작된다는 점을 유의한다.

둘째, 많은 경우 은둔형 외톨이들은 상담의 첫 만남에서 상황을 예측할 수 없다는 불안감을 느끼고 위축된 태도를 보이는 경우가 많다. 또는 자신이 긴장하지 않았다는 것을 보여 주기 위해 과도하게 활발하게 행동하거나 밝은 표정을 지으며 상담에 임할 수도 있다. 이럴 경우 상담자는 접수면접에서 탐색하는 상담 신청 경위나 주 호소문제의 탐색보다는, 내담자가 첫 만남에서 느끼는 현재의 감정을 다뤄 주는 것이 필요하다. 예를 들어, 내담자가 앉으면서 주의를 둘러보거나 목소리가 아주 작다면, 지금 어떤 생각이 드는지, 의자는 편안한지 등을 먼저 물어봐 주는 것이 좋다. 은둔형 외톨이에 따라 개인차가 많이 존재하지만 이들은 가족 이외 누군가 앞에 앉아 대화하는 경험을 오랫동안 하지 않았음을 기억해야 한다. 또한 대면이 아닌 전화로 접수면접 상담을 하는 경우, 첫 전화에서 많은 것을 소통하려고 하기보다는 여러 번 나누어 접수를 진행하는 것이 필요할 수 있다. 이것은 본회기가 전화상담으로 이루어질 때도 마찬가지이다. 내담자는 말하고자 하는 바를 이어서 말하기 어려워하고 망설이면서 여러 번 나눠 조금씩 얘기할 수도 있다. 이런 모든 상황에 상담자는 인내를 갖고 내담자에게 충분한 시간을 허락하는 것이 좋다.

셋째, 만일 타 기관이나 타인으로부터 의뢰된 경우, 내담자가 상담기관과 상담자에 대해 가지고 있었던 기대나 이미지에 대해 다룰 필요가 있다. 타 기관은 주로 은둔형 외톨이와 관련된 기관이 대부분이다. 이 경우 상담자는 타 기관에서의 경험이나 상담자에 대한 이미지나 기대를 당사자에게 들을 필요가 있다. 그들이 상담기관이나 상담자에 대해 갖고 있는 인식과 이전 경험을 표현할 수 있게 하고 함께 나누는 것으로부터 상담이 시작될 수 있다.

(2) 상담의 준비

상담의 사전 준비로 상담자가 내담자에 대해 정보를 갖는 것이 상담 과정에 어떤 영향을 끼치는지에 대한 생각은 각 상담자가 중시하는 이론적 관점이나 태도에 따라 조금씩 차이가 있다. 그러나 어떤 경우이든지 상담자는 은둔형 내담자에 대한 선입견이나 편견에 얽매이지 않아야 하며, 개방적인 마음으로 내담자를 만나는 것이 중요하다. 은둔형 외톨이의 관점에서 보면 상담을 시작하려고 하는 것은 일단 스스로 변화를 모색하고 있는 것이기 때문에 상담자는 이를 분명히 인식하고 그에 초점을 둔다. 또한 상담자는 은둔생활에서 경험한 것들과 그것이 주는 의미를 은둔형 외톨이의 시각에서 알려고 노력한다.

만일 상담자가 '노력하면 할 수 있다' '의지로 해결할 수 있다' '마음만 잘 먹으면 벗어날 수 있다'와 같은 시각을 갖고 은둔형 외톨이를 만난다면, 그들은 자신이 그토록 어렵게 여기고 실패했던 은둔 탈출의 노력을 상담자가 이해하지 못한다는 것을 알고 마음의 문을 닫게 될 것이다. 이러한 시각과 말들은 의지와 노력을 강조하는 것들이지만, 은둔형 외톨이 내담자에게는 세상 밖으로 나가는 것에 대한 불안함을 가중시키기 쉽다. 실제로도 그들의 은둔 자체가 용이하게 해결될 수 있는 것이 아니고 과거 자신이 번번이 실패해 왔기 때문에, 이런 태도를 가진 상담자와는 더 이상의 만남이 이어지기 어려울 것이다. 따라서 철저하게 내담자의 입장이 되겠다는 마음으로 상담에 임하는 것이 중요하다. 이렇게 상담자가 은둔형 외톨이 내담자 상담을 준비하면서 그들의 시선과 관점이 되면 될수록 그들과 함께 2인 3각이 되어 효과적인 대안을 찾을 수 있을 것이다.

읽을거리 3-1

은둔형 외톨이 경험에서 벗어난 청년에게 '은둔 경험이란?'

은둔형 외톨이 경험이 있으나 지금은 벗어난 청년들이 '은둔 경험이란?'이라는 질문에 대해 답한 반응들을 정리한 결과는 다음과 같다.

- 세상과 고군분투-관계로부터 상처 입음 / 관계를 맺는 것이 겁나는 / 숨고 싶은 마음 / 버티고 버티다
- 세상으로부터 도피-포기하는 마음으로 / 자신만의 둥지에서 안정감을 찾음 / 낮과 밤이 뒤바뀜 / 생각하는 것을 그만둠 / 스마트 기기에 의지

- 행복은 세상에 있음을 깨달음-마냥 편안하지만은 않은 / 흘러가는 시간이 허무해짐 / 문득 나가 보고 싶은 마음
- 세상에서 살아가기 위한 노력-자격지심에 휩싸인 마음 / 타인의 시선이 두려운 / 스마트 기기로 세상과 소통을 연습함
- 세상과 소통의 시작-나를 알아주는 친구 / 부모님의 관심으로 다시 노력하고 싶은 / 상담기관의 도움을 받음

출처: 이지민, 김영근(2021).

은둔형 외톨이 경험에서 벗어난 청년에게 '은둔 경험의 개인적 의미'는?

은둔형 외톨이 경험에서 벗어난 청년들이 '은둔 경험의 개인적 의미는 무엇인가?'라는 질문에 대한 반응들을 정리한 결과는 아래와 같다.

- 놓친 것들에 대한 아쉬움-시간을 통째로 잃음 / 중·고등학교 시절 아픈 추억 이외에 추억이 없음 / 놓친 관계에 대한 아쉬움
- 자기를 이해하는 시간-생각을 정리하는 시간 / 나를 알게 되었던 소중한 시간 / 더 높이 날기 위해 움츠렸던 시간 / 자유를 경험했던 시간 / 상처받은 마음을 회복하는 시간 / 더 잘 살아가기 위한 시간
- 새로운 날갯짓의 시작-있는 그대로의 나를 받아들임 / 자존감을 되찾음 / 회피하지 않는 용기

출처: 이지민, 김영근(2021).

2. 상담 접수

1) 유의할 점과 과제

(1) 유의할 점

접수면접은 일반적으로 본상담에 들어가기 전 내담자에 대한 정보를 수집하고 수

집된 정보를 종합하여 내담자의 호소문제를 개념화하고 상담의 유형과 담당 상담자를 배정하는 등의 초기 과정에서 이루어지는 면담을 말한다(네이버지식백과, 상담학사전, 2016. 1. 15.). 일반 상담과 마찬가지로 은둔형 외톨이 상담에서도 접수면접은 상담의 전체 과정에서 중요한 기능을 한다. 접수를 위한 만남에서 내담자는 상담에서 다루고자 하는 주요 주제뿐 아니라 상담 과정에 대한 기대와 걱정을 함께 내놓게 된다. 또한 내담자가 접수면접에서 받은 인상을 통해 상담을 긍정적으로도 혹은 부정적으로도 예상하게 된다. 특히 은둔형 외톨이는 상담장면까지 오기가 매우 힘들었던 내담자이기 때문에 접수면접에서 더욱 세심하고 전문적인 접근이 요구된다. 이를 위해 도움이 될 만한 사항들을 정리하면 다음과 같다.

첫째, 접수면접이 모두 대면으로 진행될 것이라는 기대는 갖지 않는 것이 좋다. 은둔형 외톨이 당사자에게는 어떤 접근방법도 가능하다. 상담적인 만남이 이루어질 수 있다면 어떤 형태든 도움을 주겠다는 태도로 임한다. 실제로 현장에서는 은둔형 외톨이의 경우 직접적인 접근의 한계를 극복할 수 있는 다양한 사이버 상담 방법을 적용한다(예: 이메일, 전화, 메시지, 화상 통화 등). 대면상담을 통해 대화를 나누는 것에 익숙해져 있고 이 방법이 상담효과를 위해 가장 중요하다고 믿던 상담자라면 자신이 갖고 있는 틀에 도전해야 하는 경우가 생긴다.

둘째, 해석보다는 관찰이나 경청이 먼저이다. 상담자는 내담자로부터 자신이 보고 들은 것에 대해 해석하고 이를 바탕으로 대안 마련이나 문제 해결을 위해 고민하는 것에 매우 익숙하다. 또한 상담자는 자신이 통찰력 있는 해석을 해서 내담자의 문제를 꿰뚫는 분석이 이루어졌을 때 스스로 자부심을 느끼기도 한다. 은둔형 외톨이 상담에서는 이러한 시도를 일단 뒤로 미루고 해석하기 전에 사건을 사건 그 자체로 받아들이는 것을 권한다. 예를 들어, 은둔형 외톨이 내담자가 상담실에 들어와서 의자 끝에, 그것도 아주 조금만 걸터앉아 상체를 앞으로 기울이고 있다고 가정해 보자. 상담자는 이러한 자세에 대해 어떤 해석을 할 수도 있고, 일반적으로 해석할 수 있듯이 상담이 불편하거나 힘들어서 취한 자세라고 유추할 수도 있다. 하지만 실제로 내담자는 불편하거나 힘들어서가 아니라 그 방법이 살이 찌지 않는 방법이라고 생각해서 나름 그 자세를 유지했을 수 있다. 그런 경우라면 상담자의 잘못된 해석과 이를 위한 확인질문이 상담의 시작에서 매우 큰 걸림돌이 될 수 있다. 따라서 어떠한 해석도 일단은 보류하고 그저 행동과 태도 자체를 객관적으로 관찰하고 접수하는 데 초점을 둔다.

셋째, 상담자에게 내담자가 어떻게 비추어질지보다 내담자에게 상담자인 내가 어떻게 보일지에 대해 먼저 고려하는 것이 필요하다. 이러한 초점은 모든 일반 상담에서 필수적인 요소지만, 은둔형 외톨이 상담에서는 더욱 중요하다. 은둔형 외톨이는 긴 기간, 때로는 몇 년간의 은둔생활을 하다가 오랜만에 세상에 나와 낯선 사람에게 자신을 도와달라고 말하며 앉아 있다는 사실을 기억할 필요가 있다. 만일 상담자 자신이 그런 상황이라고 상상하면 여기까지 오는 동안의 과정이 어땠을지, 앞에 앉아 있는 사람에게 무엇을 느낄지, 상담실 공간 자체가 어떻게 여겨질지 등에 대해 보다 분명하게 유추할 수 있을 것이다. 또한 그들이 상담자에게 현재 느끼고 있는 바를 물어봐 주고 그에 대해 대화를 나누는 것도 좋다. 이러한 방법을 통해 내담자를 더 잘 이해할 수도 있고, 또한 내담자가 자신의 생각과 감정을 궁금해하고 물어 주는 상담자를 통해 마음의 문을 열 수 있게 될 것이다.

(2) 과제

은둔형 외톨이 내담자의 접수면접에서 가장 중요한 과제는 조금이나마 말을 하고자 하는 그들의 동기를 높이고 상담 과정을 시작할 수 있도록 돕는 것이다. 이를 위해 필요한 사항은 다음과 같다.

첫째, 수용적인 분위기를 조성하는 것이 필요하다. 상담자는 무비판적·우호적·공감적·개방적 및 따뜻하지만 전문적인 상담자의 태도와 분위기를 보이는 것이 가장 바람직하다. 구체적인 언행을 통해 내담자에게 이러한 분위기를 전달하는 것이 관건인데, 이를 내담자가 알아차리면 이후 상담을 유지하고자 하는 의욕을 갖게 될 것이다.

둘째, 상담자는 접수면접 시 내담자에게 상담을 받고자 하는 문제 영역을 구체화시키기 위해 노력하기보다 감정, 관심 분야, 조금이라도 욕구를 가지고 있는 것 등을 탐색하고 이에 대해 먼저 대화를 나누는 것이 적절하다. 내담자의 문제 상황과 상담주제를 파악하기 위해 질문을 하게 되면, 은둔형 외톨이 내담자가 가장 보여 주기 싫고 불편하게 여기는 은둔, 실패, 성취 등의 무거운 주제를 다룰 수밖에 없기 때문이다. 접수면접이라 하더라도 상담자는 내담자가 준비되는 것을 살피고 스스로 개방하는 것을 기다려 주는 것이 필요하다.

셋째, 상담목표를 파악할 때 아주 작은 것이라도 괜찮음을 전달하고, 목표 또한 스스로 선택할 수 있도록 한다. 접수면접을 통해 만일 자신이 상담을 지속하면 스스로 선택할 수 있는 것들이 많을 거라는 점을 알고 기대할 수 있게 하는 것이 좋다. 또한 작은 수준의 조절과 관리를 상담목표로 정할 수 있음을 알리고, 분명하게 어떤 단계를 거쳐 목표에 이르도록 도울 것인지를 안내한다. 예를 들어, "상담을 통해 당신에게 정말로 즐거움을 주는 일을 찾아봅시다. 상담 과정을 통해 상담자가 그것을 함께 찾을 수 있도록 적극 도와줄 겁니다."와 같이 구체적으로 전달하는 것이 은둔형 외톨이 내담자의 불안을 감소시키고 상담에 대한 기대를 높여 줄 수 있다.

2) 접수면접 시 필요한 상담기법

(1) 관찰의 중요성

접수면접에서 상담 과정에 이르기까지 관찰은 특히 언어적 표현이 많지 않은 은둔형 외톨이에게는 필수적이다. 은둔형 외톨이의 문제를 이해하는 데 관찰은 많은 도움을 주고 이들과의 상담 작업에서 결정적인 효과를 줄 수도 있다. 상담자는 접수면접뿐 아니라 상담의 모든 과정에서 관찰을 하는데, 이를 통해 내담자를 이해하는 데 도움이 되는 정보를 얻게 된다. 여기에서는 상담 과정 전반이 아닌 접수면접 과정에만 초점을 맞추어 관찰기법을 설명하고자 한다. 관찰기법은 하나의 고정된 방법이 아니기 때문에, 상담자가 은둔형 외톨이 각각에게 적용 가능한 자신만의 관찰 방식을 개발할 수 있다.

(2) 관찰의 구체적 내용

접수면접을 할 때 특히 무엇을 관찰해야 하는지는 크게 네 가지로 구분할 수 있다, 이는 비언어적 단서, 언어적 표현, 음성언어와 신체언어 사이의 관계, 상담자에게서 느껴지는 반응을 포함한다.

첫째, '비언어적 단서 관찰하기'로, 전반적인 외모, 의복이나 차림새, 얼굴 표정, 눈맞춤, 눈물, 몸짓과 동작 등을 관찰하는 것이 해당된다. 은둔형 외톨이의 변화는 대부분 아주 조금씩 느리게 일어나고 뚜렷하지도 않은 경우가 많아 알아차리기 어려울 수 있다. 따라서 접수면접 때 이러한 비언어적 단서를 잘 관찰해 둔 경우 상담이 진행되면서 생기는 미세한 변화를 알아차리는 데 도움이 될 수 있다. 예를 들어, 상담자가 이전보다 위생 상태가 조금 나아졌거나, 위축되는 행동을 조금 덜 하거나, 사선으로 내려 보던 시선의 각도가 조금 올라가는 것과 같은 행동의 변화를 알아차리고 내담자와 얘기 나눌 수 있다.

둘째, 언어적 단서 관찰하기로, 은둔형 외톨이가 실제 하는 얘기의 내용보다 말하는 방식을 관찰함을 말한다. 말하는 방식을 관찰하기 위해서는 말하는 스타일, 유창성, 단어의 의미와 선택, 웃음, 침묵 등에 주의를 기울여야 한다. 때로 이들은 강하고 공격적인 내용을 말할 때도 작거나 위축된 목소리로 말해 불일치를 보일 수 있다. 따라서 내용뿐 아니라 언어적 단서 전체에 초점을 두는 것이 필요하다. 유창성은 말이 자연스럽고 어휘나 주제 등이 부드럽게 이어지는 것을 의미하지만, 은둔형 외톨이의 경우 이는 화제 전환의 의도를 보여 주는 것일 수 있다. 예를 들어, 불편한 주제가 나올 경우 덜 불편한 주제로 옮기기 위해 급작스럽게 유창하게 말할 수 있다. 상담자는 유창성을 관찰하면서 내담자에게 어떤 것이 불편한지 또는 덜 불편한지를 알 수 있게 된다. 또한 단어 의미나 선택에 대해 관찰하는 것이 필요하다. 내담자마다 사용하는 단어와 그 의미는 각자 다를 수 있다. 특정한 단어 또는 그 단어를 말할 때 음조나 얼굴 표정 또한 관찰할 수 있다. 일반적으로 웃음은 웃을 만한 상황에서 보이는 행동이지만, 주지하듯이 상담에서는 긴장, 불안, 걱정거리를 숨길 때 웃는 경우도 많다. 상담자는 내담자가 언제, 어떻게 웃는지 주목해야 한다. 특히 잘 안 웃는 내담자였다면 이러한 변화에 대한 관찰이 더욱 중요하다. 마지막으로, 은둔형 외톨이에게 상담 중 침묵은 압도된 감정이 있거나 마음속에 있는 말을 하고 싶지 않은 경우, 혹은 생각 중이거나 무슨 말을 해야 할지 모르는 경우가 많이 나타난다. 이럴 경우 기다려 주거나 떠오르는 생각이나 단어가 있는지 물어봐 줘도 좋을 것이다.

셋째, 내담자의 언어적 표현과 비언어적 행동의 상호작용을 관찰한다. 언어적 표현과 비언어적 행동 간의 불일치는 꼭 초점을 맞춘다. 앞에서 언급한 바와 같이 언어적 표현은 말하는 스타일을 주로 말한다. 말하는 스타일과 비언어적 행동은 일치하는 경우가 대부분이다. 하지만 불일치하는 경우도 많아, 예를 들어 고개를 저으며 눈을 사선으로 아래쪽을 보지만 "알았어요."라고 말하는 경우, 진정한 동의와 수락을 의미하지 않을 것이다. 또한 활기차게 말하고 얼굴에 웃음을 띠지만, 상담 시간이 많이 남았음에도 불구하고 "갈 시간이네요."라고 말하는 경우 상담자는 내담자의 언어, 비언어적 상호작용을 잘 관찰할 필요가 있다. 필요한 경우는 불일치의 의미를 경청이나 질문 기법을 함께 활용하며 확인하는 것이 필요하다.

넷째, 상담자 자신을 관찰해야 한다. 상담자의 모든 언행은 내담자와 상담 과정에 영향을 미치게 된다. 특히 은둔형 외톨이의 경우 상대방의 행동을 매우 예민하게 신경 쓰기 때문에 상담자의 반응이 이들에게 어떤 영향을 끼치는지를 더욱 면밀히 살핀다. 상담자가 이러한 자기검열과 의식을 하면서 내담자의 반응을 살피고, 필요하다면 내담자가 어떻게 느꼈는지에 대해 물으면서 상호 편안하게 상담을 이어 가도록 노력한다.

(3) 경청의 중요성

은둔형 외톨이 내담자들은 상담에 대한 자발성이 떨어지고, 상담자와의 대화에 불안을 느낀다. 또한 오랜 기간 사람들과의 접촉이 부족했던 경험 때문에 자신의 의사를 표현하는 것을 힘들어하거나 방법 자체를 잊었다고 여기기도 한다. 내담자의 이러한 태도는 자칫 상담자에게 대화를 나누려는 의도나 욕구가 별로 없는 것으로 해석될 수 있다. 일반적으로 경청은 상대의 말을 듣기만 하는 것이 아니라, 상대방이 전달하고자 하는 말의 내용과 함께 내면에 깔려 있는 동기나 정서에 귀를 기울여 듣고 이해된 바를 상대방에게 피드백해 주는 행위를 말한다. 따라서 상담자는 은둔형 외톨이 내담자가 표면적으로 보이는 주저함이나 어눌함의 이면에 깔린 상담에 대한 동기, 세상으로 나가는 것에 대한 두려움, 도움을 원하는 마음 등을 함께 '경청'해 줘야 한다.

(4) 경청의 구체적 내용

보통 은둔형 외톨이 내담자의 경우 위축된 마음은 그들의 음성이나 제스처를 통해 드러난다. 따라서 접수면접 때부터 관찰과 마찬가지로 적극적이고 의식적으로 경청을 위해 노력해야 그들의 위축된 마음과 아픔을 함께할 수 있다. 경청을 위한 구체적인 방법은 다음과 같다.

첫째, 경청은 단순히 말을 듣는 것이 아니라 비언어적인 면에 초점을 맞추어서 듣는 것을 우선으로 해야 한다. 이런 점에서 경청은 관찰과 연결되는 점이 많고, 특히 은둔형 외톨이 내담자의 경우에는 더욱 그렇다. 은둔형 외톨이의 경우 개인차가 커서 일부는 전혀 막힘없이 말을 잘하고 자기표현도 유창하게 하기도 한다. 이런 경우 상담자는 '이들이 어떻게 은둔을 했지? 은둔형 외톨이가 맞나?'라는 의심을 갖게 되기도 한다. 또한 어떤 경우에는 눈맞춤이 어렵고 말을 잘 하지 않아 그들의 인지적인 면을 의심하게 되는 경우도 있다. 앞서 언급했듯, 이때 상담자는 이들의 언어적 내용과 함께 비언어적인 내용을 동시에 연결하면서 종합적으로 들으려 노력해야 한다. 만일 내면의 마음을 이해하기 어렵다면 내담자가 전하려 하는 바를 물어보고 정리하는 것도 도움이 될 수 있다.

둘째, 경청을 하면서 그들이 사용하는 단어에 초점을 맞추는 것이 좋다. 내담자들이 표현하는 단어 속에 그들 자신도 인식하지 못했던 의미나 의도가 숨어 있는 경우가 많다. 상담자는 내담자가 자주 사용하는 단어, 그들이 익숙하게 여기는 단어, 특이하게 표현하는 단어 등을 통해 문장 속에 담고자 하는 의미를 파악할 수 있다. 또한 단어에 초점을 맞추면서 그 단어가 어떤 맥락에서 나왔고 내담자가 단어에 부여하는 뜻이 무엇인지를 함께 묻거나 추론할 수도 있다. 특히 상징적이나 추상적으로 표현하는 경우(예: "세상으로 나가려 하니 제 마음이 가을낙엽 같아요." "사람들 눈빛을 보면 하얀 눈밭 같은 기분이 들어요."), 상담자가 내담자의 마음을 정확하게 이해할 수 있도록 구체적인 설명을 요청하는 것이 좋다.

셋째, 은둔형 외톨이 내담자가 부모, 가족원 또는 함께 온 지인과의 대화를 탐색하고 그 대화 속에서 나오는 내담자의 말을 경청하는 것이 좋다. 예를 들어, 그들이 상담 전이나 후에 상담실 밖에서 가족이나 지인과 나누는 대화의 내용과 표현 방식을 경청의 범위 안에 함께 넣는 것이 필요하다. 은둔형 외톨이의 경우 가족원이나 소수의 친구와 이루어지는 대화가 이들이 하는 말의 거의 대부분이기 때문에, 이들 간의 대화가 내담자가 어떤 인식을 갖고 있는지를 알 수 있는 유일한 방법이다.

참고문헌

김진희, 박미진, 임경희, 조봉환(2018). 학교상담자를 위한 상담면접의 실제. 서울: 학지사.

이지민, 김영근(2021). 은둔형 외톨이 경험이 있는 청소년의 은둔 경험에 관한 현상학적 연구. *Korean Journal of Child Psychotherapy, 16*(2), 61–91.

네이버지식백과. 상담학사전. 접수면접. https://terms.naver.com/entry.naver?docId=5673528&cid=62841&categoryId=62841

Heaton, J. A. (2006). 상담 및 심리치료의 기본기법(*Building Basic Therapeutic Skills: A Practical Guide For Current Mental Health Practice*). 김창대 역. 서울: 학지사. (원저는 1998년에 출판).

Hill, C. E. (2012). 상담의 기술(*Helping Skills: Facilitating Exploration, Insight, and Action*, 3th ed.). 주은선 역. 서울: 학지사. (원저는 2001년에 출판).

제4장

은둔형 외톨이 당사자 상담의 정보수집과 평가

상담 과정에서 은둔형 외톨이 당사자들을 보다 잘 이해하기 위해서는 그들의 호소문제와 관련된 정보, 즉 임상적으로 유의미한 정보를 수집하는 것이 중요하다. 정보수집과 평가는 상황의 심각성을 판단하고 상담 전체를 계획하는 데 필수적이지만, 은둔형 외톨이 당사자에게 위협적이고 불편한 과정이 될 수 있다. 따라서 더 많은 정보를 수집하기 위해 기계적인 만남을 갖기보다, 충분한 정서적 지지와 관계 형성을 위한 노력을 함께 기울이는 것이 꼭 필요하다. 이 장에서는 상담자가 이런 점에 유의하며 은둔형 외톨이 당사자를 상담할 때 놓치지 않고 수집해야 하는 정보들이 무엇인지에 대해 알아보고자 한다. 또한 은둔형 외톨이를 평가하는 데 사용할 수 있는 검사들과 심리 내적 상태를 사정하는 데 활용할 수 있는 심리평가 도구들에 대해서도 살펴보고자 한다.

1. 정보수집

1) 정보수집의 중요성 및 유의점

상담자는 상담 초기에 내담자를 파악하기 위한 다양한 정보를 수집하면서 내담자의 상태와 필요를 파악해야 한다. 이는 내담자의 주 호소내용이 무엇인지, 어떠한 특징들을 가지고 있는지 파악하는 단계이다. 이는 내담자가 호소하는 문제의 원인을 파악하며 상담개입을 위한 전략을 계획하는 사례개념화의 기초가 되며, 상담의 목표를 설정하는 데에도 도움을 준다. 내담자들은 상담자에게 언어적·비언어적으로 다양한 정보를 제공한다. 하지만 상담자는 내담자가 말하고 보여 주는 모든 정보를 수집할 필요는 없다. 내담자가 호소하는 문제를 이해하기 위해 필요하고 관련되어 있는 정보를 수집

표 4-1 은둔형 외톨이 당사자 상담에서 수집하는 정보

기본정보	
성별, 나이	□ 남 □ 여 (만 세)
최종학력	□ 중·고등학교 □ 전문대학 □ 대학 □ 대학원(석사, 박사) □ 기타 ( ) □ 재학 □ 졸업 □ 중퇴 □ 휴학 중 □ 검정고시 □ 기타 ( )
직업	
종교	
가족관계 및 기타 동거인	<table><tr><td></td><td>성별</td><td>나이</td><td>학력</td><td>직업</td><td>성격 및 특징</td><td>동거 여부</td></tr><tr><td rowspan="2">부모</td><td></td><td></td><td></td><td></td><td></td><td></td></tr><tr><td></td><td></td><td></td><td></td><td></td><td></td></tr><tr><td rowspan="3">형제자매</td><td></td><td></td><td></td><td></td><td></td><td></td></tr><tr><td></td><td></td><td></td><td></td><td></td><td></td></tr><tr><td></td><td></td><td></td><td></td><td></td><td></td></tr></table>
발달 과정	출생 시부터 주요 사건(이사, 전학, 부모의 별거나 이혼, 주 양육자의 변화, 가족 간의 정서적 관계 등)
대인관계	초등학교( ) 중학교( ) 고등학교( ) 대학교( ) 그 이후, 현재( )
왕따 경험	□ 유 □ 무 (초/중/고/전문학교/대학/대학원/모름)
등교 거부 경험	□ 유 □ 무 (초/중/고/전문대/대학/대학원/모름)
취업 경험 (아르바이트 포함)	□ 유 □ 무
행동관찰	
신체적 특징	
행동적 특징	언어적: 비언어적:
관계적 특징	강점 및 자원:

임상정보	
내방경위 및 주 호소문제	
상담 경험	□유　　□무 상담 경위, 지원 및 상담기관:
진료 · 치료 경험	□유　　□무 의료기관명:　　　　　　진단명:　　　　약물복용 여부:

과거 은둔 이력	시기: 기간: 빈도:	현재 은둔 시작 시기 및 기간	시기: 기간:

은둔 계기	□등교 거부(초, 중, 고, 대학)　□시험　□취업활동　□대인관계 □기타 (　　　　　　　　　　　)
은둔 상태	□자기 방에서 나가지 않음　　□집 밖에 나가지 않음 □집 근처까지는 나감　　　　□취미 관련된 일을 하러만 나감 □기타 (　　　　　　　　　)
문제 행동	□대인 폭력: □타인상해　□자해 (방법　　　　　) □대물 파손　□폭언　□낭비　□강박 행동 (　　　　　　　) □기타 (　　　　　　　)
생활 상태	하루의 생활 리듬(기상~취침):
내담자의 특성 (인지적 · 정서적)	
가족 지지체계 (정서적 관계)	

하는 것에 상담자는 초점을 맞추어야 한다. 간혹 초심 상담자들은 내담자의 모든 삶의 역사와 정보를 다 듣고 난 후에 문제를 파악하고자 한다. 그러나 이는 잘못된 순서이다. 호소문제를 듣고 그와 관련된 정보들을 탐색하며 수집해 나가야 한다. 은둔형 외톨이 당사자를 상담할 때에도 이러한 상담의 과정은 동일하다.

은둔형 외톨이 당사자 상담에 있어서 은둔형 외톨이의 특징과 관련하여 기본적으로 탐색해야 하는 정보들은 〈표 4-1〉과 같다. 이는 일본 미에현의 히키코모리지역지원센터가 발행한 히키코모리상담지원매뉴얼(2015) 자료를 참고하여 한국 실정에 맞게 수정·보완한 것이다.

〈표 4-1〉은 은둔형 외톨이 초기면접 질문지로 활용할 수 있으며, 숙련된 상담자라면 체크리스트처럼 활용할 수도 있다. 일부 정보는 내담자가 작성하는 상담 신청서 양식을 통해서 얻을 수도 있으므로 중복되는 것이 있다면 필요한 부분만 탐색하면 된다. 여기에 제시된 항목들 모두가 접수면접이나 첫 회기에 수집되어야 하는 것은 아니다. 내담자의 호소문제와 연관된 정보들 위주로 선택적으로 정보를 수집할 수도 있는데, 상황에 따라서는 2~3회기에 걸쳐 정보를 수집할 수도 있다.

다만, 초기면접에서의 정보수집은 거시적 관점을 갖는 것이 필요하다. 멀리 떨어져서 전반적인 스케치를 한다는 느낌으로 전체적인 정보를 고루 수집해야 한다. 그러므로 너무 자세하게 스토리 자체에 깊이 빠지지 않도록 주의한다. 전체적인 그림이 그려지면 상담이 진행됨에 따라 더 자세한 정보가 요구되는 중요한 상황이나 사건에 대해 더 깊이 탐색하고 작업하는 시간을 가질 수 있다. 초기에 많은 정보를 수집해야 하므로 상담자는 마음이 조급해질 수 있다. 이때 단순한 정보수집이 되지 않도록 유의해야 한다. 정보를 수집하는 것에만 몰두하다 보면 내담자는 자신의 이야기를 상담자가 들으려 하지 않고 취조하는 듯한 느낌을 받을 수 있다. 상담자는 정보를 수집함에 있어서 내담자와 눈맞춤을 유지하며 적절하게 질문하고 내담자의 말을 반영하면서 내담자가 자신의 상태와 관계들을 되돌아보는 시간이 되도록 노력한다.

2) 기본 정보

(1) 성별, 나이, 최종학력, 학교 유형, 직업

졸업한 학교명이나 학업성적에 대한 정보를 통해 내담자의 학습능력에 대해 추론할 수 있다. 최근에는 대안학교나 기숙학교, 홈스쿨링 등 다양한 교육 방식이 활용되고 있으며, 교육 방식을 선택했을 때 학교 부적응이나 관계의 어려움이 연관되어 있을 수 있다. 그 교육 방식을 선택하거나 전환하게 된 계기 등을 이야기하다 보면 내담자의 집단이나 단체 생활에서의 적응력 등을 유추할 수 있다.

(2) 종교

내담자가 중요하게 생각하는 인생의 가치, 신념, 세계관 등에 대해 알 수 있다. 만일 뚜렷한 종교가 있고 신앙심이 있다면 내담자가 호소하는 문제와 관련되어 영적인 주제가 상담에서 다루어질 필요가 있을 수 있다. 다만 이를 위해서는 그러한 내용들이 사전에 내담자와 합의되어야 한다.

(3) 가족관계, 거주 형태

가족구성원이 누구인지, 부모님은 살아 계신지, 누구와 함께 거주하고 있는지, 형제자매 유무 등을 살펴보며 가족의 성격적 특징 등을 탐색한다. 가족 중에 정신질환이나 치매, 지적장애, 성격적 장애가 있는 사람이 있는지, 가족이 내담자를 돌보고 지원할 수 있는 상태인지 파악하는 것이 중요하다. 내담자가 가족으로부터도 고립되어 있는 상태라면 사회적 돌봄 자원을 연계할 수 있는 방안을 모색할 필요가 있다.

(4) 발달 과정

① 주요 사건

상담 시 듣게 되는 발달 과정의 역사를 출생 시부터 정리해 두면 좋다. 어린 시절부터 현재에 이르기까지 주요 변화나 사건들을 중심으로 정리한다. 주 양육자가 누구인지, 어린 시절 이사나 전학, 부모의 관계, 살아오면서 기억나는 주요 사건들을 살펴보는 것은 내담자가 발달단계에서의 어려움이나 심리정서적 외상 유무를 유추해 볼 수 있도록 도와준다. 내담자가 기억하지 못하는 경우는 가족을 통해 정보를 얻을 수도 있다.

② 대인관계 및 왕따 경험

사회적 관계, 모임, 커뮤니티 등을 파악하는 것은 은둔형 외톨이의 관계망을 파악하는 데에 도움이 된다. 학창시절이나 커뮤니티에서의 대인관계에 대해 질문하면 대인관계에서의 적응 정도를 알 수 있다. 왕따, 은따, 집단 괴롭힘, 트라우마 같은 사건에 관해서도 질문하여 대인관계에서 철수하게 되는 원인을 유추해 볼 수 있다.

③ 등교 거부 경험

청소년 은둔형 외톨이는 많은 경우 등교 거부와 밀접한 연관이 있다. 학교에서의 부적응이나 교우관계에서의 어려움으로 인해 등교 거부를 하면서 은둔형 외톨이가 되기도 하고, 은둔형 외톨이가 되면서 등교 거부가 일어나기도 한다. 즉, 등교 거부가 선행하고 은둔이 시작되었을 수도 있고, 등교 거부가 사회적 철수의 한 결과로 나타났을 수도 있다.

④ 취업 경험

아르바이트나 취업했던 경험을 통해 사회적응력을 추론해 볼 수 있다. 아르바이트나 취업 경험이 전무한 경우는 사회적 참여를 위한 시도도 해 보기 어려운 상태일 수 있다. 때로 아르바이트나 취업 상황에서 심리적 트라우마를 경험하여 은둔형 외톨이가 되기도 하며, 사회적 참여를 위한 노력을 하지만 지속되지 못하고 그로 인한 실패감으로 반복적으로 은둔형 외톨이 상태가 되기도 한다.

3) 행동관찰[1]

(1) 신체적 특징

키, 몸무게, 건장함 정도, 옷차림 스타일, 위생 상태 등을 파악한다. 은둔형 외톨이는 강박적으로 씻는 경우도 있지만, 잘 씻지 않거나 개인위생이나 외모에 신경을 전혀 쓰지 않는 경우가 많으므로 기본적인 위생 상태를 파악하는 것이 중요하다. 이는 일상적인 생활기능이 유지되고 있는지를 파악하는 데 도움이 된다.

---

1) 행동관찰: 상담 전문가는 주관적인 느낌보다는 관찰을 통한 사실을 객관적으로 편견 없이 기록하여야 하며 이러한 정보는 전문적인 평가에 통합될 수 있음. 자세한 내용은 제3장 참조.

(2) 행동적 특징

행동적 특징은 언어적 · 비언어적 특징으로 나눌 수 있다. 언어적 특징에는 목소리 톤, 높낮이, 발화 속도, 발화명료성 등이 포함된다. 그리고 비언어적 특징에는 자세, 시선 처리, 말할 때의 손짓, 얼굴 표정 등이 포함될 수 있다. 은둔형 외톨이는 관계가 어려운 경우가 많으므로 말하는 것을 많이 힘들어하는지 확인하는 것도 필요하다.

(3) 관계적 특징

내담자의 관계적 특징도 중요한 평가 요소 중 하나이다. 상담자와 눈맞춤은 잘 하는지, 처음 보는 상담자에게 친근하게 행동하는지, 솔직하게 자신을 표현하는지 등을 통해 내담자의 일반적인 대인관계적 특징을 파악할 수 있다. 다만, 상담자에게 보이는 행동만을 통해 다른 대인관계 패턴을 선불리 판단하고 일반화하지 않도록 주의한다.

4) 임상정보

(1) 내방경위 및 주 호소문제

은둔형 외톨이 당사자가 상담을 자발적으로 신청했는지, 주변 사람들의 권유가 있었는지, 혹은 강제적으로 받아야 하는 상황인지 등을 통해 내담자의 상담에 대한 관심도와 변화의지 등을 알아볼 수 있다. 또한 주 호소문제를 통해 내담자가 상담에서 도움받고 싶은 점을 이해할 수 있다. 일반 내담자들과 마찬가지로 혹은 그 이상으로 은둔형 외톨이 내담자는 도움 받고 싶은 점을 명료화하기 힘들어할 수 있다. 부모나 가족에 의해 상담에 오게 된 경우는 더욱 그러하다. 내담자가 명료하게 언급하지 않더라도 주로 호소하고 토로하는 내용을 통해 상담자는 내담자가 도움 받고 싶어 하는 부분을 간접적으로 이해할 수 있다. 상담자는 이를 언어화하고 구체화해 나갈 수 있도록 내담자를 도울 필요가 있다.

(2) 이전 상담 및 치료 경험

이전의 상담 경험이 있는지, 있었다면 어떤 경험을 했는지, 어떻게 도움이 되었는지, 의료기관에서의 치료 경험은 있는지, 진단명과 약물 복용 여부 등을 탐색한다. 이를 통해 은둔형 외톨이 당사자가 호소문제에 대해 어떠한 치료적 노력을 해 왔는지를 엿볼 수 있다. 만일 상담이나 치료적 개입이 도중에 중단되었다면 중단된 이유에 대해서 탐색해 보아야 한다. 그것이 경제적 이유에서인지, 상담자나 치료진과 마찰이 있어서인지, 효과에 대한 신뢰가 부족해서인지 등에 대한 탐색은 은둔형 외톨이 당사자와의 치료적 관계에서 상담자가 주의해야 할 부분을 알려 준다. 이는 또한 이전 상담이나 치료 과정에서 어떤 상담이나 치료가 선행되었고, 효과적이었던 부분과 효과적이지 않았던 부분에 대한 정보를 준다. 이를 통해 상담자는 이전에 사용되었던, 그러나 효과적이지 않았던 상담 개입이나 전략을 수정·보완하거나 다른 치료법을 고려해 볼 수 있다. 또한 약물 복용 중이라면 다른 치료진들과 협업하며 서로의 치료가 중복적으로 혹은 간섭적으로 작용하는 것을 예방할 수 있다.

(3) 은둔 경험

① 과거 은둔 이력

내담자가 과거에도 은둔했던 경험이 있는지, 있었다면 언제였는지, 또한 한번 은둔하기 시작하면 어느 정도 지속되었는지 파악할 필요가 있다. 내담자에 따라 10년, 20년 은둔생활이 이어지는 경우도 있으므로, 은둔생활의 기간과 빈도를 탐색하면 은둔이 장기화 경향이 있는지, 단기적이지만 반복적으로 재발하는 경향이 있는지를 알 수 있다.

② 현 은둔 시작 시기 및 기간

내담자가 최근 은둔을 시작한 시점을 이해하고 어느 정도 지속되고 있는 상태인지 파악하는 것이 중요하다. 은둔을 시작한 직후 상담에 온 것인지, 이미 장기화된 상태에서 온 것인지에 따라 상담자는 내담자의 무력감, 변화의지의 정도 등을 파악할 수 있으며, 그에 대한 개입을 달리할 수 있다.

③ 은둔 계기

은둔하기 시작한 계기는 내담자에 따라 매우 다양할 수 있다. 내담자가 학교생활에 적응하기 어려워하다 그것이 등교 거부로 연결되고 그러면서 은둔하기 시작한 것인지, 일상적으로 잘 생활하다가 친구나 동료 등의 사회적 관계에서 상처를 받아 관계를 단절하면서 은둔하게 되었는지, 혹은 구직 기간이 장기화되며 직업적 사회생활을 시작해 보지도 못하고 은둔생활을 하게 되었는지 등을 확인하는 것은 내담자의 은둔 이유와 원인을 파악하는 데에 도움이 된다. 이는 또한 내담자의 사회적 관계 맺기 능력을 추론하는 데에도 도움이 된다. 대인관계를 위한 사회적 기술이 전혀 없는 내담자와 사회적 기술이 있지만 스스로 관계에서 철수한 내담자의 심리 역동은 다르기 때문에, 어떤 부분이 회복되어야 하며, 이를 위해 어떤 개입이 진행되어야 할지 고려할 수 있다. 또한 은둔하게 된 계기는 내담자의 두려움이나 어려움을 파악하는 데에 도움이 된다. 왕따나 집단 따돌림, 시험에 대한 두려움이나 스트레스, 구직활동의 어려움, 직장에서의 대인관계 문제, 업무적 어려움 등의 다양한 계기로 은둔을 시작하게 될 수 있다. 이러한 정보는 은둔형 외톨이 내담자의 심리, 사회적 요인들을 알 수 있도록 도와준다.

(4) 현재 상태

① 은둔 상태

은둔형 외톨이 내담자의 상태는 다양하다. 자기 방에서 전혀 나오지조차 않는 내담자도 있으며, 가족들이 함께하는 거실이나 공동생활 영역까지는 나오지만 집 밖에 나오지 않는 내담자도 있다. 또는 자신의 필요에 따라 근처 편의점 정도까지는 외출이 가능한 내담자도 있고, 자신의 취미와 관련된 일을 위해서만 외출하는 경우도 있다. 상담실에서 만나는 내담자의 경우는 적어도 집 밖으로 나오는 상태임을 알 수 있지만 내담자의 활동 가능 영역을 파악하는 것은 필수적이다. 내담자가 혼자 대중교통을 이용해서 오는지, 부모나 가족이 동행하는지, 혹은 부모가 매번 차로 데려다주는지 등을 알면 내담자가 앞으로 목표로 삼아야 할 행동이나 활동 영역과 범위와 같은 한계 설정에 도움이 될 수 있다.

② 문제 행동

간혹 위축되어 있고 자기표현이 어려운 것 같아 보이는 은둔형 외톨이도 가족에게는 강하게 자기주장을 하고 폭력적인 언행을 하는 경우가 있다. 가정 내에서 폭력이나 폭언을 행사하는지, 강박적 행동의 여부, 만일 자신을 해롭게 하는 행동들이 있다면 그 방법도 탐색되어야 한다. 만일 심각한 자해나 자살 시도 여부가 파악되면 가족이나 기관에 도움을 요청하고 내담자의 안전을 최우선으로 고려해야 한다.

③ 생활 상태

은둔형 외톨이는 주로 일상적인 일과를 처리하는 데에 있어서 어려움을 겪는다. 내담자가 어떻게 하루의 정해진 일과들을 소화하고 있는지 살펴봄으로써 내담자의 기능상태를 파악할 수 있다. 너무 많이 자거나 혹은 너무 적은 시간 자면서 게임이나 채팅 등에 몰두하기도 한다. 사람들과 부딪히기 싫어 밤에 활동하면서 기상과 취침의 수면 사이클이 바뀌어 있는 경우가 많다. 또한 샤워나 목욕을 하지 않거나 또는 강박적으로 오랜 시간 씻는 습관을 가지고 있기도 하다. 자신의 방이나 주변을 정리하지 않고 외모를 꾸미거나 하지도 않는 경향이 있어 장발에 정리되지 않은 머리 상태를 유지하기도 한다. 은둔형 외톨이가 식사는 규칙적으로 하고 있는지, 가족과 함께 식사를 하는지도 확인해 볼 필요가 있다. 은둔형 외톨이는 주로 배달음식을 시켜 혼자 먹는 경우도 많으므로 건강 관리가 제대로 되지 않고 있는 경우가 많다. 설거지나 세탁 등 최소한의 집안 일 등을 하고 있는지, 내담자의 하루의 생활 리듬을 파악하는 것은 내담자가 할 수 있는 것이 무엇이고 할 수 없거나 하지 않는 것이 무엇인지 알 수 있다. 내담자가 자신의 일상에 대해 이야기하는 것을 들으면 내담자의 말하는 방식이나 어떤 사건에 대해 내담자가 어떻게 반응하는지도 파악할 수 있다.

(5) 내담자의 특성

① 성격적 특성

은둔형 외톨이 내담자의 기본적 기질이나 성향, 좋아하는 것과 싫어하는 것 등에 대해 살펴보는 것이 필요하다. 특히 내담자 스스로 자신을 어떻게 바라보고 있는지에 대해 이야기 나누는 것이 중요한데, 이는 내담자의 적응적 · 부적응적 대응 방식이나 반응 등을 파악하는 데에 도움이 된다.

② 인지적 · 정서적 특성

자주 사용하는 단어나 어휘, 반복하는 구절 등을 통해 내담자가 자신과 세상 그리고 미래에 대해 가지고 있는 사고의 특징적 성향이나 주된 정서를 살펴볼 수 있다. 은둔생활을 하기 이전과 이후 혹은 현재와 달라진 점이 있는지 질문해 보면서 차이점을 찾아볼 수 있다.

(6) 가족 지지체계

① 가족 간의 정서적 관계

가족 중에 친밀한 사람은 누구인지, 지지해 주는 사람이 있는지, 내담자와 대립하는 사람은 누구인지 살펴본다. 은둔형 외톨이 내담자들은 가족 내에 갈등관계에 있는 가족구성원이 있고 한 명 이상인 경우가 많으며, 그들과 대면하기를 거부하며 함께 있는 자리를 피하고자 하는 경향이 많이 나타난다. 상담자는 가족구성원들 중에 누가 내담자와 대화를 잘 하는지, 일상을 나누는지, 식사를 함께 하는지 등에 대해서도 탐색한다. 이를 통해 가족구성원들이 은둔형 외톨이 내담자를 위해 어떤 노력을 하고 있는지, 방임하는지, 조종하려 하는지 등을 파악할 수 있다. 만일 가족구성원들이 은둔형 외톨이의 장기적인 은둔생활에 많이 지쳐 있다면 그들을 격려하고 지지하는 것이 필요할 수 있다. 상담자는 은둔형 외톨이 내담자와 일가족, 친척과 가족 간의 관계성이나 사고방식, 부모의 기분 및 상태, 양육 방식을 질문한다. 이때 가족의 상호작용 중에 악순환되는 패턴이 있는지 살펴보는 것이 중요하다. 예를 들면, 부모 중 누군가가 과도하게 간섭하며 조종하려고 하고 내담자는 이에 대해 회피하며 철수하고 있을 수 있다. 또는 자기 하고 싶은 대로 고집하는 내담자에게 모든 가족이 안쓰러운 마음에 내담자가 마음대로 하도록 맞춰 주고 있을 수도 있다.

이러한 정보들을 기초로 가계도를 그려 보는 것도 도움이 된다. 가계도는 삼각관계 등 세대에 걸쳐 전수되는 관계 패턴이나 가족구성원들의 정보를 한눈에 볼 수 있게 해주어 가족의 역기능적인 패턴이나 잠재적 힘을 체계적 관점에서 볼 수 있도록 도와준다(McGoldrick, Gerson, & Petry, 2011). 다양한 탐색 질문을 하면서 내담자와 함께 가계도를 작성해 나가다 보면 상담자가 설명하기도 전에 내담자 스스로가 가계에 반복되는 패턴이나 갈등 구조를 파악하기도 한다. 이러한 이해를 바탕으로 내담자가 자신의 가족구조와 자신을 재구성하도록 도울 수 있다.

② 가족들이 원하는 상담목표

은둔형 외톨이 내담자의 가족들은 내담자가 하루빨리 일상생활로 돌아가 정상인처럼 사는 것을 원하는 경우가 많다. 하지만 은둔형 외톨이 당사자 자신의 상담에서의 목표는 가족들이 원하는 바와는 확연히 다를 수 있다. 상담자는 은둔형 외톨이 가족들의 바람에 귀를 기울이되 가족들의 요청에 휘둘리지 않도록 하는 것이 중요하다. 상담자의 주 내담자는 은둔형 외톨이 당사자임을 잊지 말아야 한다. 이때는 서로 대화할 수 있는 장을 만들어 주면서 가족들이 내담자의 목표를 이해하고 지지하도록 돕거나, 서로 논의하여 상담의 목표를 설정하도록 도와야 한다.

2. 평가

1) 은둔형 외톨이 평가

(1) 은둔형 외톨이 간단 체크리스트

은둔형 외톨이를 내담자로 만나는 상담자는 먼저 내담자 은둔 정도의 심각성에 대해 이해하고 싶을 것이다. 그러나 국내에는 아직 은둔형 외톨이의 정도나 상태의 심각성을 평가하기 위해 신뢰도나 타당도가 검증된 검사 도구가 없다. 일본에서 신뢰도와 타당도가 검증된 은둔형외톨이 행동체크리스트가 개발되었으나(境泉洋, 石川信一, 佐藤寬, & 坂野雄二, 2004), 45문항으로 다소 길고, 한국어로 표준화 작업이 아직 이루어지지 않은 상태이다. 은둔형 외톨이 간단 체크리스트(〈표 4-2〉)는 내담자의 은둔형 외톨이 경향성을 손쉽게 알아볼 수 있도록 하기 위해 은둔형 외톨이가 보이는 일반적 특징들로 자주 언급되는 행동들에 기초하여 저자들이 문항을 구성한 것이다. 우울하고 무기력한 경향이 있는 은둔형 외톨이 내담자에게 너무 많은 항목으로 구성되어 긴 시간과 집중력을 필요로 하는 검사는 부담이 될 수 있다. 상담자가 은둔형 외톨이 경향성을 판단해 보기 위해 내담자에게 간단하게 질문해 가면서 체크하는 방식으로 사용해 볼 수 있을 것이다. 문항들은 불규칙한 생활(1, 2), 일상적 활동(3, 4), 가족 회피(5, 6), 공격적 행동(7, 8), 대인관계 회피(9, 10), 사회 비참여(11, 12), 인지정서적 측면(13, 14), 강박이나 중독적 행동(15) 등을 확인할 수 있는 문항들로 구성하였다. 총점은 0점부터 45점까지 분

표 4-2 은둔형 외톨이 간단 체크리스트

번호	문항	전혀 아니다	가끔 그렇다	자주 그렇다	매우 그렇다
1	밤낮이 바뀐 생활을 한다.	0	1	2	3
2	일상생활이 불규칙적이다(기상시간, 식사 등).	0	1	2	3
3	목욕이나 샤워를 하지 않는다.	0	1	2	3
4	옷을 갈아입지 않거나 머리에 신경을 쓰지 않는다.	0	1	2	3
5	가족이 없을 때(혹은 잘 때)만 움직인다.	0	1	2	3
6	방에서 나오지 않거나 아무도 못 들어오게 한다.	0	1	2	3
7	가족이나 타인에게 과격한 말이나 행동을 한다.	0	1	2	3
8	다른 사람의 사소한 말과 행동에도 짜증을 낸다.	0	1	2	3
9	타인의 시선이나 말이 신경 쓰이고 불편하다.	0	1	2	3
10	사람과의 연락이나 만나는 활동을 가급적 피한다.	0	1	2	3
11	학교나 직장(알바)에 가지 않는다.	0	1	2	3
12	친구가 없다.	0	1	2	3
13	우울하고 무기력하다.	0	1	2	3
14	나의 장래에 대해 비관적이다.	0	1	2	3
15	무의미하다고 생각하는 일에 너무 많은 시간을 보낸다 (SNS, 게임, 손 씻기 등).	0	1	2	3

포하고, 30점 이상이면 은둔형 외톨이의 특징이 많이 나타난다고 볼 수 있다.

(2) 은둔형 외톨이 질문지(HQ-25)

은둔형 외톨이 질문지(〈표 4-3〉)는 Teo 등(2018)이 일본인을 대상으로 개발하고 타당화한 질문지이다. 이 질문지는 25문항으로 구성되어 있으며 문항은 사회화, 고립, 정서적 지지라는 세 요인으로 이루어져 있다. 이 질문지는 0점에서 100점 사이의 점수를 얻게 되며 절단점은 42점이다. Teo 등(2018)은 논문에서 질문지를 자유롭게 사용하는 것을 허락하고 있어서 원하는 사람은 자유롭게 사용할 수 있다. 이 질문지는 심리측정 연구나 은둔형 외톨이 임상 연구에 활용하기에도 용이하다.

Teo 등(2018)의 연구에 함께했던 Kato 교수는 25문항에 4개의 문항(26. 인생에 있어서 목적이 있다, 27. 살아 있다는 것에 설렌다, 28. 세상 일에 대해서 무관심하다, 29. 나의 인생에는 의욕이 생기는 것이 많이 있다)을 더해 은둔형 외톨이 정도를 체크해 볼 수 있는 사이

표 4-3 은둔형 외톨이 질문지(HQ-25)

	최근 6개월간 아래 질문에 얼마나 해당되시나요? 맞는 것을 체크해 주세요.	전혀 그렇지 않다	별로 그렇지 않다	어느 쪽도 아니다	조금 그렇다	그렇다
1	나는 다른 사람과 거리를 둔다.	0	1	2	3	4
2	하루 종일 거의 집에서 보낸다.	0	1	2	3	4
3	중요한 일에 대해 의논할 사람이 정말로 아무도 없다.	0	1	2	3	4
4	모르는 사람과 만나는 것을 아주 좋아한다.*	0	1	2	3	4
5	나의 방에 틀어박혀 있다.	0	1	2	3	4
6	사람이 귀찮다.	0	1	2	3	4
7	나의 생활에 있어서 나를 이해해 주려고 하는 사람들이 있다.*	0	1	2	3	4
8	누군가와 함께 있는 것이 불편하게 느껴진다.	0	1	2	3	4
9	하루 종일 거의 혼자서 지낸다.	0	1	2	3	4
10	몇몇 사람에게 개인적인 생각을 털어놓을 수 있다.*	0	1	2	3	4
11	사람들에게 보여지는 것이 싫다.	0	1	2	3	4
12	가족 외 사람과 직접 만나는 일이 거의 없다.	0	1	2	3	4
13	집단에 들어가는 것이 서투르다.	0	1	2	3	4
14	중요한 문제에 대해서 의논할 사람이 없다.	0	1	2	3	4
15	사람들과의 교류는 즐겁다.*	0	1	2	3	4
16	나는 사회의 규칙과 가치관에 맞춰서 살 수 없다.	0	1	2	3	4
17	자신의 인생에 있어서 소중한 사람이 없다.	0	1	2	3	4
18	다른 사람과 이야기하는 것을 피한다.	0	1	2	3	4
19	나는 누군가와 직접 또는 글로도 연락을 하는 일이 거의 없다.	0	1	2	3	4
20	누군가와 함께 있는 것보다 혼자 있는 것이 좋다.	0	1	2	3	4
21	자신이 안고 있는 문제에 대해서 안심하고 상담할 수 있는 사람이 있다.*	0	1	2	3	4
22	혼자서 시간을 보내는 일은 거의 없다.	0	1	2	3	4
23	나는 사회적인 교류를 즐기지 못한다.	0	1	2	3	4
24	나는 다른 사람과 교류하는 일이 거의 없다.	0	1	2	3	4
25	혼자 있는 것보다 누군가와 함께 있는 편이 훨씬 좋다.*	0	1	2	3	4

* 4, 7, 10, 15, 21, 25번은 역채점 문항이다.

출처: Teo et al. (2018).

트(https://www.hikikomori-lab.com/check/index.html)를 만들었다. 이것은 일본어로 작성되어 있지만 최근 다양한 브라우저에 웹사이트를 자동으로 번역해 주는 기능이 있으니 활용해 볼 수 있다. 최태영 정신건강의학과 교수는 29개 문항의 은둔형 외톨이 질문지를 한국어로 표준화하고 연구하기 위해 번안하고 몇 가지 문항을 더 추가하였다. 이 은둔 척도 체크 테스트(HQ25+K, https://cutt.ly/BAaGp64)에 응답하면 결과를 이메일로 받아 볼 수 있다.

(3) 은둔 경향 체크 테스트

은둔 경향 체크 테스트(〈표 4-4〉)는 은둔형 외톨이를 위한 사회적 기업 K2 인터내셔널 코리아가 2021년 은둔 청년 발굴 및 지원사업을 하면서 사업 참여자들의 은둔형 외톨이 유형과 은둔 경향을 평가하기 위해 자체 개발한 도구이다. 일본의 '히키코모리 25항목 체크 테스트'를 참고하여 만든 이 도구는 산출된 종합적 은둔 경향 지수 및 은둔 요소 지수 결과를 설명과 함께 이메일로 받아 볼 수 있다(Google Form, https://cutt.ly/LQ326Rt2). [그림 4-1]은 결과지 예시이다. 이 체크 테스트를 개발한 책임연구자 오오쿠사 미노루는 은둔형 외톨이를 진단하는 것보다는 은둔형 외톨이들의 어떤 부분이 자유로운 자기 표현을 가로막고 있는지 이해하고 싶었다고 제작 의도를 저자에게 밝혀 주었다.

종합 은둔 경향 점수 총점은 140점으로 항목에 따라 가중치가 부과되어 총점이 산출된다. 점수에 따라 은둔 경향성과 상태가 다음과 같이 분류된다.

- 120점 이상: 위험한 은둔 상태
- 90~110점대: 강한 은둔 상태
- 70~80점대: 중정도 은둔 경향
- 40~60점대: 약간의 은둔 경향
- 30점대 이하: 건강한 정신 상태

이 도구의 흥미로운 점은 정신적 및 물리적 고립을 만드는 일곱 가지 요소별로 점수를 산출할 수 있으며 이를 그래프로도 나타내 준다는 것이다. 이 척도를 책임 개발한 오오쿠사 미노루는 일곱 가지 은둔 요소로 '버려짐 불안도'(안전기지와 인정 결여 경향), '감정의 억압도'(참는 경향), '자존감 결여도'(자기부정 경향), '정신적 고립도'(마음의 외톨

표 4-4 은둔 경향 체크 테스트

번호	문항	계산	증상
1	나는 사랑과 보호를 받고 있다고 느낀다.(A)*	×1	애착형성
2	아무도 나를 이해해 주지 않는다.(B)	×1	고독감
3	나를 항상 부정하고 억압하는 사람이 있다.(C)	×2	위협의 존재
4	다른 사람이 나를 싫어하는 것 같다고 늘 느낀다.(D)	×1	자기긍정감 결여
5	이 세상에 내가 있을 자리가 없다고 느낀다.(E)	×1	안전기지 유무
6	자신이 안고 있는 문제에 대해서 안심하고 상담할 수 있는 사람이 있다.(F)*	×1	사회에 대한 신뢰
7	다른 사람들과 말이 잘 안 통하는 것 같다.(G)	×2	소통의 어려움
8	나는 다른 사람처럼 사는 것이 어렵다고 느낀다.(H)	×2	정체성 위기
9	나의 감정을 상대방에게 전달하는 것이 힘들다.(I)	×1	자기 감정 부정
10	나에게는 자유가 없다고 느낀다.(J)	×1	권리의 억압
11	지금 나는 잘못되었고 새로운 사람이 되어야 한다고 느낀다.(K)	×2	자기부정
12	다른 사람이 나를 보는 것이 싫다.(L)	×1	수치심
13	사회적인 교류를 즐기고 있다.(M)*	×1	대인공포, 집단부적응
14	부모님과의 소통을 거부하고 있다.(N)	×2	억압에 대한 저항
15	나는 다른 사람을 피한다.(O)	×1	대인공포
16	친구들과의 교류를 스스로 끊었다.(P)	×1	비교 감정, 수치심
17	하루 종일 거의 집에서 보낸다. (Q)	×2	공간적 고립
18	나의 방에 틀어박혀 있다.(R)	×2	가족관계 회피
19	늘 죄책감을 느끼고 힘들다.(S)	×1	자기부정감
20	아무것도 안 하고 있는 것이 편하지 않고 괴롭다.(T)	×2	자기부정감, 우울증
21	방 청소나 샤워, 수면을 하는 데 어려움이 있다.(U)	×2	강박증, 우울증
22	실패할까 봐 두려워 아무것도 할 수가 없다.(V)	×1	자기신뢰감 결여
23	외출하는 데 어려움을 느끼지 않는다.(W)*	×1	대인공포, 우울증
24	모든 일에 의욕이 없고 무엇을 하려고 해도 힘이 들고 몸이 내 말을 안 듣는다.(X)	×2	무기력, 우울증
25	일을 하는 것이 두렵거나 자신이 없다.(Y)	×1	대인공포, 경제적 고립

주: 1. 응답은 '1. 그렇다' '2. 조금 그렇다' '3. 어느 쪽도 아니다' '4. 별로 그렇지 않다' '5. 전혀 그렇지 않다'에 각각 4점, 3점, 2점, 1점, 0점을 부과하여 집계한다.

2. 표의 1, 6, 13, 23번 문항(* 표시)은 역채점 문항으로 각각 0점, 1점, 2점, 3점, 4점을 부과한다.

출처: K2 인터내셔널 코리아(2021). 저자 오오쿠사 미노루의 허락을 받아 인쇄됨.

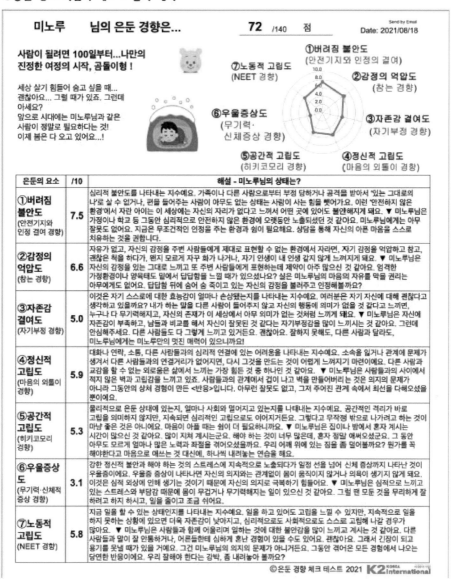

[그림 4-1] 은둔 경향 체크 테스트 결과 예시

출처: K2 인터내셔널 코리아(2021). 저자 오오쿠사 미노루의 허락을 받아 인쇄됨.

이 경향), '공간적 고립도'(히키코모리 경향), '우울증상도'(무기력, 신체적 증상 경향), '노동적 고립도'(NEET 경향)를 제시하였다. 일곱 가지 은둔 요소에 대한 자세한 설명과 계산식 및 각 질문의 계산 비중은 부록에 첨부하였다([부록 4-1]).[2]

(4) 고립청년 척도

고립청년 척도는 청소년위원회(2005)에서 우리나라 '은둔형 부적응 청소년' 위험군 실태조사를 위해 개발한 설문지를 고립청년을 대상으로 하기 위해 연구진 및 전문가 평가를 통해 수정·보완 과정을 거친 것이다. 점수의 합이 높을수록 고립청년의 고립 정도가 심각함을 의미하는데, 이러한 척도도 은둔형 외톨이를 평가하기 위해 사용해 볼 수 있다. 자료는 보건복지부 홈페이지(mohw.go.kr)의 '정보' 탭에 있는 '연구/조사/발간자료'에서 찾아볼 수 있다.

2) 심리평가

상담 초기에 실시하는 심리평가는 내담자의 상태를 보다 빨리 이해하는 데에 도움을 주어 조기 개입을 할 수 있도록 도와준다. 은둔형 외톨이는 진단명이 아니라 사회적 위축을 포함하여 나타나는 현상이다. 은둔형 외톨이 정의에서 정신병이 있는 경우를 제외하고 있지만 최근에는 다양한 정신장애가 관련되어 있다는 연구 결과들이 나오고 있는 것도 사실이므로 (아직 진단되지 않은) 정신병의 가능성도 인식하고 있어야 한다. 정신병으로 인해 은둔형 외톨이가 증상적으로 나타나는 경우도 있지만, 역으로 은둔형 외톨이 상태가 오래 지속되면서 정신병이나 우울증이 발병하는 경우도 있다. 때로는 어느 것이 선행되었는지 불분명하고 모호한 경우도 많다. 정신장애의 결과로 은둔하는 것으로 확인될 경우 정신과적 치료를 권고하고, 필요시 약물의 도움을 받으며 심리치료를 병행하도록 해야 한다. 단, 진단은 종합적으로 이루어져야 하므로 한두 가지 검사 결과만으로 진단하지 않도록 주의한다. 발달장애가 확인될 경우 인지적 능력에 맞춘 프로그램이나 생활과 취업을 위한 지원이 필요하다(三重県ひきこもり地域支援センタ一, 2015). 은둔형 외톨이 내담자의 심리 내적 상태를 평가하기 위해서는 일반 상담에서 사용되는 다양한 심리검사를 사용할 수 있다. 상담자는 교육을 받고 자신이 잘 이해하고 활용할 수 있는 심리검사를 선택하여 활용하면 된다. 심리검사 실시 자격이 없는 경우는 임상심리사나 검사 자격이 있는 다른 전문가에게 심리검사 및 해석을 의뢰해야 한다.

---

2) [부록 4-1] 은둔경향 체크 테스트의 일곱 가지 은둔 요소: 오오쿠사 미노루가 개발한 은둔의 일곱 가지 요소에 대한 자세한 설명과 계산식임.

(1) 성격검사

은둔형 외톨이 내담자의 기본 성향을 이해하기 위해 기질 및 성격 검사(TCI)나 성격 유형 검사(MBTI, 에니어그램 등)를 실시할 수 있다. 상담자는 종종 문제에 초점화되어 내담자의 강점을 찾는 데에 소홀할 수 있다. 기질 및 성격 검사(TCI)는 내담자의 타고난 기본 성향을 이해하고 성격적 장점을 찾아가는 데에 도움이 된다. 예를 들어, TCI에서 위험회피는 위험하다고 느끼거나 혐오스러운 자극에 노출될 때 이를 회피하며 행동을 억제하는 유전적 경향이다. 위험회피가 높은 사람은 안전을 지향하며 사전에 위험에 대비하고 계획하는 준비성 있는 모습으로 나타나기도 하지만 위협적으로 느끼지 않을 만한 상황에서도 과도하게 걱정하고 행동하지 않는 모습으로 나타날 수 있다. 은둔형 외톨이는 위험회피가 높아 사회적 상황에서 지나치게 염려하고 과도하게 두려워하여 위축되고 사회적 관계에서 철수하는 모습으로 나타날 수 있다. 한편 사회적 민감성은 다른 사람들과의 관계 속에서 얻어지는 보상 신호에 민감하게 반응하는 경향성이다. 사회적 민감성이 높은 사람은 타인이 보이는 감정을 민감하게 알아차리고 반응하여 관계를 잘 맺는 장점이 있지만 타인의 영향을 지나치게 받으며 사회적 보상이 좌절될 때 쉽게 상처받고 우울해지기 쉽다. 사회적 민감성이 높은 은둔형 외톨이는 조금이라도 자신에게 호의적이지 않은 사회적 보상 신호에 과민하게 반응하며 상처받고 관계를 단절하게 되었을 수 있다. 자신이 가진 유전적 기질을 잘 이해하고 성숙하게 발달시키지 못하면, 자신을 충분히 존중하고 사랑하지 못하고 타인과 성숙한 관계 맺기에도 실패하여 자율성과 연대감이 모두 낮은 성격을 발달시키며 은둔형 외톨이가 될 수 있다.

(2) 개인용 검사

상담 현장에서 많이 사용하는 MMPI-2나 PAI, 성격진단검사 같은 검사들이 이에 해당한다. 불안이나 우울을 측정하는 척도들도 사용할 수 있다. MMPI-2-RF(재구성판)은 임상적으로 중요한 특성들을 잘 포착하여 평가하므로 유용하게 활용할 수 있다. 은둔형 외톨이 내담자를 평가할 때 MMPI에서 유의해서 보면 좋은 척도들은 우울, 불안, 충동 조절, 약물 관련 문제와 관련된 척도들이다. 은둔형 외톨이는 행동적/외현화 문제(BXD)[3]보다는 정서적/내재화 문제(EID)[4]를 주로 나타낸다. 은둔형 외톨이는 타인이 자신에 대해 비판적이라고 느끼며 자기 자신도 자신에 대해 비관적인 태도를 보이기 때문에, 전반적으로 삶에 대해 무력감을 호소하는 경우가 많다. 따라서 의기소침, 낮은 긍정정서, 역기능적 부정정서, 무력감/무망감, 자기회의, 효능감 결여 등과 같은 척도에서 높은 점수가 나타날 수 있다. 가족에게 공격적인 태도를 보이며 폭언이나 폭력을 행사하는 은둔형 외톨이는 분노 경향성, 반사회적 행동 척도가 다소 상승할 수 있으나 외현화 문제가 두드러지는 경우는 많지 않다. 은둔형 외톨이에게는 대인관계에서의 문제가 두드러지게 나타나는데, 이를 확인하기 위한 척도들로는 사회적 회피, 수줍음, 관계단절, 내향성 등이 있다. 마지막으로, 은둔형 외톨이는 많은 경우에 가족관계에서의 갈등과 어려움을 보고하므로 가족 문제 척도도 유심히 보아야 한다. 사회적 관계망이 탄탄하지 못하고 가족 내 지지가 없거나 소원한 은둔형 외톨이는 PAI에서 비지지 척도(NON)가 높게 나타날 수 있다.

(3) 투사검사

투사검사로 활용할 수 있는 검사들은 문장완성검사, 그림검사(HTP), 가족동작화(KFD), 주제통각검사(TAT) 등이다. 문장완성검사에서는 두려움, 자기 미래에 대한 관점, 부모상에 대한 문장들과 표현들을 유심히 살펴볼 필요가 있다. 가족동작화에서는 가족들의 상호작용이 없는 모습이 드러나거나 가족들의 표정이 생략되기도 하고, 가족 구성원 간에 구획이 그려져 있어 상호작용이 단절된 상태가 암시되기도 한다.

(4) 기타

은둔형 외톨이 내담자의 인지적 능력을 평가하기 위해서 지능검사(ABC, KWAIS, KWISC 등)를 실시할 수 있다. 인지 발달의 문제가 의심되면 발달적 차원의 치료적 접근이 우선되도록 해야 할 수 있다. 또한 다양한 심리검사를 포함하는 종합심리검사를 실시하여 내담자를 종합적으로 이해할 수 있다. 그 외에도 은둔형 외톨이의 평가 목적으로 개발된 것은 아니지만, 한국어판 루벤 사회적 관계망 척도(Lubben Social Network Scale: LSNS) 설문지(이경우 외, 2009)나 한국판 사회공포증 척도(K-SAD)와 한국판 부정적 평가에 대한 두려움(K-FNE)(이정윤, 최정훈, 1997)도 은둔형 외톨이 내담자에게 사용해 볼 수 있다.

---

3) 행동적/외현화 문제(BXD): Behavioral/Externalizing Dysfunction
4) 정서적/내재화 문제(EID): Emotional/Internalizing Dysfunction

3) 진전도 평가

상담 진행 중에 내담자의 상태가 진전되는 정도를 알아보기 위해 간단한 검사를 지속적으로 실시하는 것은 매우 유용하다. 10문항 내외의 자아존중감 척도(전병재, 1974), 우울증 선별도구(안제용, 서은란, 임경희, 신재현, 김정범, 2013)나 상태불안 척도(김정택, 1978) 등을 활용할 수 있다. 그 외에 은둔형 외톨이 간단 체크리스트도 진전도(progress) 평가를 위해 활용할 수 있다. 매 상담회기 직전에 검사를 실시하고 그래프화하여 지속적으로 모니터하면 증상이나 상태의 개선 정도를 쉽게 파악할 수 있다. 진전도 평가는 2주마다 혹은 한 달에 한 번씩 할 수도 있다. 상담자가 정기적으로 실시하여 내담자의 상태를 모니터하는 것이 중요하다.

4) 사전·사후 평가

심리평가에 사용했던 검사 도구를 상담 초기와 종결 시점에 각각 실시하여 상담의 사전과 사후 내담자의 변화를 측정할 수 있다. 이는 상담자와 내담자 모두에게 상담을 통해 어떤 변화가 있었는지, 즉 상담의 성과를 확인할 수 있도록 도와준다. 앞서 진전도 평가에서 소개한 간단한 문항으로 구성된 자아존중감 척도(전병재, 1974), 우울증 선별도구(안제용 외, 2013)나 상태불안 척도(김정택, 1978) 등을 활용하여 상담의 사전·사후를 비교해 볼 수도 있다.

[부록 4-1]

은둔경향 체크 테스트의 7가지 은둔 요소(경향)

① 버려짐 불안도(안전기지와 인정 결여 경향)

"세상은 안전한가? 어떤 나라도 받아 줄 수 있는가?"

– 심리적 불안도를 나타내는 지수예요. 가족이나 다른 사람으로부터 부정당하거나 공격을 받아서 있는 그대로의 나로 살 수 없거나 편을 들어 주는 사람이 아무도 없는 상태는 사람이 사는 힘을 뺏어 가요. 이런 안전하지 않은 환경에서 자란 아이는 이 세상에는 자신의 자리가 없다고 느껴서 어떤 곳에 있어도 불안해지게 돼요.

– 계산식: $=[(A+B+C\times2+D+E\times2+F+G)/3.6]$

 *1. 나는 사랑과 보호를 받고 있다고 느낀다…… ×1

 2. 아무도 나를 이해해 주지 않는다…… ×1

 3. 나를 항상 부정하고 억압하는 사람이 있다…… ×2

 4. 다른 사람이 나를 싫어하는 것 같다고 늘 느낀다…… ×1

 5. 이 세상에 내가 있을 자리가 없다고 느낀다…… ×2

 *6. 자신이 안고 있는 문제에 대해서 안심하고 상담할 수 있는 사람이 있다…… ×1

 7. 다른 사람들과 말이 잘 안 통하는 것 같다…… ×1

② 감정의 억압도(참는 경향)

"하고 싶은 말을 할 수 있는가?"

– 자유가 없고, 자신의 감정을 주변 사람들에게 제대로 표현할 수 없는 환경에서 자라면, 자기 감정을 억압하고 참고, 괜찮은 척을 하다가, 왠지 모르게 자꾸 화가 나거나 자기 인생이 내 인생 같지 않게 느껴지게 돼요.

–계산식: $=[(C+E+F+G+I\times3+J\times2+N\times2+O\times2+P)/5.6]$

 3. 나를 항상 부정하고 억압하는 사람이 있다…… ×1

 5. 이 세상에 내가 있을 자리가 없다고 느낀다…… ×1

 *6. 자신이 안고 있는 문제에 대해서 안심하고 상담할 수 있는 사람이 있다…… ×1

 7. 나는 따른 사람처럼 사는 것이 어렵다고 느낀다…… ×1

 9. 나의 감정을 상대방에게 전달하는 것이 힘들다…… ×3

 10. 나에게는 자유가 없다고 느낀다…… ×2

 14. 부모님과의 소통을 거부하고 있다…… ×2

15. 나는 다른 사람을 피한다…… ×2

16. 친구들과의 교류를 스스로 끊었다…… ×1

③ 자존감 결여도(자기부정 경향)

"나 자신에 대해 괜찮다고 생각하고 있는가?"

– 이것은 자기 스스로에 대한 효능감이 얼마나 손상됐는지를 나타내는 지수예요. 여러분은 자기 자신에 대해 괜찮다고 생각하고 있을까요? 내가 하는 말을 다른 사람이 들어 주지 않고 자신의 행동에 의미가 없을 것 같다고 느끼면, 누구나 다 무기력해지고, 자신의 존재가 이 세상에서 아무 의미가 없는 것처럼 느끼게 돼요.

– 계산식: $=[(B+D\times2+G+H\times2+I+J+K\times3+L+M+P+S\times2+T\times2+V)/7.6]$

2. 아무도 나를 이해해 주지 않는다…… ×1

4. 다른 사람이 나를 싫어하는 것 같다고 늘 느낀다…… ×2

7. 다른 사람들과 말이 잘 안 통하는 것 같다…… ×1

8. 나는 다른 사람처럼 사는 것이 어렵다고 느낀다…… ×2

9. 나의 감정을 상대방에게 전달하는 것이 힘들다…… ×1

10. 나에게는 자유가 없다고 느낀다…… ×1

11. 지금 나는 잘못되었고 새로운 사람이 되어야 한다고 느낀다…… ×3

12. 다른 사람이 나를 보는 것이 싫다…… ×1

*13. 사회적인 교류를 즐기고 있다…… ×1

16. 친구들과의 교류를 스스로 끊었다…… ×1

19. 늘 죄책감을 느끼고 힘들다…… ×2

20. 아무것도 안 하고 있는 것이 편하지 않고 괴롭다…… ×2

22. 실패할까 봐 두려워 아무것도 할 수가 없다…… ×1

④ 정신적 고립도(마음의 외톨이 경향)

"심리적으로 고립되어 있는가?"

– 대화나 연락, 소통, 다른 사람들과의 심리적 연결에 있는 어려움을 나타내는 지수예요. 소속을 잃거나 관계에 문제가 생겨서 다른 사람들과의 연결거리가 없어지면, 다시 그것을 만드는 것이 어렵게 느껴지기 마련이에요. 다른 사람과 교감을 할 수 없는 외로움은 삶에서 느끼는 가장 힘든 것 중 하나인 것 같아요.

　　－계산식: =[(B+E+F+G+H+L×2+M×2+N+O×2+P×2+Q+R)/6.4]

　　2. 아무도 나를 이해해 주지 않는다…… ×1

　　5. 이 세상에 내가 있을 자리가 없다고 느낀다…… ×1

*6. 자신이 안고 있는 문제에 대해서 안심하고 상담할 수 있는 사람이 있다…… ×1

　　7. 다른 사람들과 말이 잘 안 통하는 것 같다…… ×1

　　8. 나는 다른 사람처럼 사는 것이 어렵다고 느낀다…… ×1

　　12. 다른 사람이 나를 보는 것이 싫다…… ×2

*13. 사회적인 교류를 즐기고 있다…… ×2

　　14. 부모님과의 소통을 거부하고 있다…… ×1

　　15. 나는 다른 사람을 피한다…… ×2

　　16. 친구들과의 교류를 스스로 끊었다…… ×2

　　17. 하루 종일 거의 집에서 보낸다…… ×1

　　18. 나의 방에 틀어박혀 있다…… ×1

⑤ 공간적 고립도(히키코모리 경향)

"공간적으로 고립되어 있는가?"

　　－물리적으로 은둔 상태에 있는지, 얼마나 사회와 멀어지고 있는지를 나타내는 지수예요. 공간적인 격리가 바로 고립을 의미하지 않지만, 지속되면 심리적인 고립으로도 이어지거든요. 그렇다고 무작정 밖으로 나가려고 하는 것이 마냥 좋은 것은 아니에요. 마음이 아플 때는 쉼이 더 필요하니까요.

　　－계산식: =((E+N+Q×2+R×2+U+W×2)/3.6)

　　5. 이 세상에 내가 있을 자리가 없다고 느낀다…… ×1

　　14. 부모님과의 소통을 거부하고 있다…… ×1

　　17. 하루 종일 거의 집에서 보낸다…… ×2

　　18. 나의 방에 틀어박혀 있다…… ×2

　　21. 방 청소나 샤워, 수면을 하는 데 어려움이 있다…… ×1

*23. 외출하는 데 어려움을 느끼지 않는다…… ×2

⑥ 우울증상도(무기력 신체적 증상 경향)

"정신적 억압 증상이 신체 증상까지 나타났는가?"

- 강한 정신적 불안과 해야 하는 것의 스트레스에 지속적으로 노출되다가 일정 선을 넘어 신체 증상까지 나타난 것이 우울증이에요. 우울증 증상이 나타나면 자신의 의지와는 관계없이 몸이 움직이지 않거나 의욕이 생기지 않게 돼요. 이것은 심적 외상에 인해 생기는 것이기 때문에 자신의 의지로 극복하기 힘들어요.

- 계산식: =[(S+T+U×2+W+X×3)/3.2]

19. 늘 죄책감을 느끼고 힘들다······ ×1

20. 아무것도 안 하고 있는 것이 편하지 않고 괴롭다······ ×1

21. 방 청소나 샤워, 수면을 하는 데 어려움이 있다······ ×2

*23. 외출하는 데 어려움을 느끼지 않는다······ ×1

24. 모든 일에 의욕이 없고 무엇을 하려고 해도 힘이 들고 몸이 내 말을 안 듣는다······ ×3

⑦ 노동적 고립도(NEET 경향)

"난 일할 수 있는 상태인가?"

- 지금 일을 할 수 있는 상태인지를 나타내는 지수예요. 일을 하고 있어도 고립을 느낄 수 있지만, 지속적으로 일을 하지 못하는 상황에 있으면 더욱 자존감이 낮아지고, 심리적으로도 사회적으로도 스스로 고립해 나갈 경우가 많아요.

- 계산식: =[(G+H+O+V×2+W×2+Y×3)/4]

7. 다른 사람들과 말이 잘 안 통하는 것 같다······ ×1

8. 나는 다른 사람처럼 사는 것이 어렵다고 느낀다······ ×1

15. 나는 다른 사람을 피한다······ ×1

22. 실패할까 봐 두려워 아무것도 할 수가 없다······ ×2

*23. 외출하는 데 어려움을 느끼지 않는다······ ×2

25. 일을 하는 것이 두렵거나 자신이 없다······ ×3

참고문헌

김정택(1978). 특성불안과 사회성과의 관계: Spielberger의 STAI를 중심으로. 고려대학교 대학원 석사학위논문.

안제용, 서은란, 임경희, 신재현, 김정범(2013). 한국어판 우울증 선별도구(Patient Health Questionnaire-9, PHQ-9)의 표준화 연구. 생물치료정신의학, 19(1), 47-56.

이경우, 김수영, 정우빈, 황교순, 황예원, 황인홍(2009). 한국어판 Lubben Social Network Scale 설문지 개발. 대한가정의학회. 30(5), 352-358. DOI: https://doi.org/10.4082/kjfm.2009.30.5.352 Published online May 10, 2009.

이정윤, 최정훈(1997). 한국판 사회공포증 척도(K-SAD, K-FNE)의 신뢰도 및 타당도 연구. 한국심리학회: 임상, 16(2), 251-264.

전병재(1974). 자아개념 측정가능성에 관한 연구. 연세논총, 11(1), 107-130.

청소년위원회(2005). 은둔형 외톨이 등 사회부적응 청소년 지원방안.

K2 인터내셔널 코리아(2021). 은둔청년[은둔형 외톨이] 발굴 및 지원사업 결과 보고서.

三重県ひきこもり地域支援センター(2015). ひきこもり相談支援マニュアル （相談支援者向け）.

境泉洋, 石川信一, 佐藤寛, 坂野雄二(2004). ひきこもり行動チェックリスト(HBCL)の開発および信頼性と妥当性の検討. カウンセリング研究, 37(3), 12-22.

McGoldrick, M., Gerson, R., & Petry, S. (2011). 가계도: 사정과 개입(Genograms: Assessment and Intervention). 이영분, 김유숙, 정혜정, 최선령, 박주은 공역. 서울: 학지사. (원저는 2008년에 출판).

Teo, A. R., Chen, J. I., Kubo, H., Katsuki, R., Sato-Kasai, M., Shimokawa, N., Hayakawa, K., Umene-Nakano, W., Aikens, J. E., Kanba, S., Kato, T. A. (2018). Development and validation of the 25-item Hikikomori Questionnaire (HQ-25). Psychiatry Clin. Neurosci., 72, 780-788.

제5장

은둔형 외톨이 당사자 상담의 과정 및 주제별 개입

이 장에서는 은둔형 외톨이 내담자를 상담할 때 과정별, 주제별로 어떤 개입이 필요한지에 대해 다루고자 한다. 은둔형 외톨이 상담의 목표와 과정은 다른 상담과는 차이가 있다. 이에 대해 이 장에서는 은둔형 외톨이 상담의 과정별(초기, 중기, 후기)로 어떤 목표에 초점을 두어야 하는지와 상담자가 어떤 개입을 해야 하는지에 대해 다룰 것이다. 다음으로 은둔형 외톨이 내담자를 상담할 때 많이 제기되는 주제별로 어떤 상담적 개입이 필요한지 살펴본다.

1. 과정별 개입

1) 첫 만남과 상담자

(1) 첫 만남

첫 만남은 상담실 밖에서부터 시작된다고 할 수 있다. 상담실 밖에서 내담자가 상담자를 기다리는 모습, 인사하는 모습, 말을 건네는 모습 등에서 상담에 대한 내담자의 동기, 성격, 정서 상태, 사고 과정, 행동 등의 다양한 측면에 대해 여러 가지 정보를 얻을 수 있다. 상담자는 이러한 정보를 기초로 내담자에 대한 잠정적인 가설을 세울 수 있다. 이와 같이 상담은 내담자가 첫 단어를 말하기 전에 비언어적 행동의 관찰에서부터 시작한다고 할 수 있다.

(2) 상담자에게 필요한 태도

은둔형 외톨이를 만날 때 상담자에게 필요한 태도는 다음과 같이 정리할 수 있다.

첫째, 은둔형 외톨이를 한 개인을 넘어 사회적 문제로 바라보는 태도가 필요하다. 2000년대 초 입시경쟁이 극심해지면서 등교 거부, 은둔, 고립의 특성을 보이는 청소년들이 발견되었는데, 그 시기가 은둔형 외톨이의 사회적 문제로서의 시작이라고 할 수 있다. 이후 청년과 청소년의 인구 감소 속에서도 삶의 다원적인 측면에서 누려야 할 권리와 기회를 얻지 못한 청소년과 청년은 증가하고 있다. 'N포세대' '이태백' '캥거루족' 'NEET족' 등의 용어는 청소년과 청년의 어려운 현실을 대변해 주는 용어이다. 청년들에게 '평범한 삶'은 고도의 능력과 노력을 요하는 과업이 되었다(이지민, 김영근, 2001). 이러한 사회 변화와 어느 하나의 안정도 보장해 주지 않는 시대 속에서 청년들은 은둔이나 고립을 택할 수밖에 없는 상황에 내몰린 경우가 많다(김홍중, 2015). 이러한 사회현상 속에서 은둔형 외톨이 상담자는 이를 한 개인이나 가정의 문제로가 아니라 전체 사회문화적 구조 속에서 생긴 현상으로 이해하는 태도가 필요하다.

둘째, 은둔형 외톨이 내담자가 보이는 어려움을 단편적 관점에서 문제시하지 않아야 한다. 그들의 삶과 생활에 관심을 기울이고 실제적인 그들의 삶을 볼 수 있어야 한다. 단순한 사회 부적응으로 그들의 어려움을 보기보다는 맥락적인 관점으로 접근한다. 즉, 어떠한 상황과 환경 속에서 그들의 은둔적 특성이 구체적으로 어떻게 발현되었는지를 보려는 노력이 필요하다. 또한 은둔형 외톨이들이 생애 과정 중 어떤 현상을 보였고, 어떤 시점에서 은둔 상황이 더 악화되고 개선되었는지를 넓은 시각에서 살펴본다.

셋째, 은둔형 외톨이 현상에 대해 많이 배우고 알려는 노력이 필요하다. 은둔형 외톨이를 이해할 수 있는 연구와 자료는 1~2년 전에 비해 늘었지만, 여전히 매우 부족한 상태이다(노가빈, 이소민, 김제희, 2021). 이에 대한 연구는 진행 중이지만 지속적인 연구와 임상 경험을 통해 더 많은 증거수집과 가설검증이 요구된다. 이렇게 관련 자료가 부족한 상황에서 상담자는 상담을 진행하며 사례별로 서로 다른 은둔형 외톨이의 원인 및 일상을 탐색하려는 노력을 기울여야 한다. 또한 문화와 사회경제적 배경이 나라마다 다르기 때문에, 한국 고유의 사회문화적 맥락에서 한국의 은둔형 외톨이를 바라보아야 한다. 향후 이들이 구성해 나갈 사회의 모습을 예측하고 나아가 은둔형 외톨이 현상을 예방하기 위해서는 지속적인 연구가 필요한데, 상담자 한 명 한 명이 이러한 연구의 주체가 될 수 있을 것이다.

넷째, 자신의 은둔형 외톨이를 바라보는 시각을 점검할 필요가 있다. 우리 사회에는 심리적 어려움이나 장애를 가진 사람을 낙인찍어 그들을 고정적으로 바라보는 시각이 여전히 존재한다(강주승 외, 2021). 은둔형 외톨이의 경우도 그럴 수 있는데, 상담자가 이러한 시각을 가질 경우 은둔형 외톨이의 상담효과에 큰 부정적 영향을 주게 된다. 은둔형 외톨이가 매우 취약한 순간에 만나는 사람이 상담자일 것이다. 상담자는 이러한 자신의 위치와 은둔형 외톨이에게 미치는 영향을 인식하는 것이 필요하다. 상담자는 은둔형 외톨이가 단지 대인관계에서 기능의 손상을 경험하고 있는 사람으로 보는 것이 중요하다. 이와 달리 그들의 상태가 변하지 않을 거라고 단정 짓거나 심각한 사회 부적응자 혹은 정신질환자로 보고 있지는 않은지 자신의 시각을 점검한다.

읽을거리 5-1

'은둔형 외톨이'…… 손 놓고 방치한 사회

34세 Y씨의 방문은 하루에 네댓 번만 열린다. 70대 부모님과 함께 살고 있지만 밥 먹을 때나 화장실을 이용할 때를 빼곤 거의 밖으로 나오지 않는다. 하루의 대부분을 컴퓨터로 만화를 보거나 게임을 하며 보낸다. 한때 부모의 의뢰를 받아 상담을 했던 정신과 전문의도 3년 전부터 발을 끊었다. 방구석에 틀어박힌 그의 외톨이 생활은 14년째 이어지고 있다. Y씨는 20대 초반부터 세상과 절연 상태이다. 고3이던 2001년 학업 스트레스로 자퇴했고 세 번의 대학 입시에 실패했다. 공무원 시험을 준비했지만 계속 떨어졌다. 그는 의사와의 상담에서 "아무것도 할 수 없겠다는 생각에 방문을 잠갔다"고 했다.

2000년대 초반 사회 문제로 떠올랐던 '은둔형 외톨이'가 장년이 됐다. 우려의 목소리가 잠잠해진 수년 동안 그들의 '격리 생활'은 계속되고 있었다. 청년기에 잠시 정상적으로 지내다가 좌절을 겪고 다시 집으로 숨어든 이도 적지 않다. 일본에서 사회학 석사 과정을 마치고 2008년 귀국한 이모(41)씨는 취업 실패가 잇따르자 "사회에 불필요한 사람이 된 것 같다"며 방에서 게임만 하고 있다.

출처: 중앙일보(2017. 1. 19.).

2) 상담 초기와 실제

(1) 첫 회기 주의할 사항

아쉽게도 은둔형 외톨이 상담은 첫 회기로 끝나는 경우도 비일비재하다. 하지만 이런 경우라 해도 다른 내담자보다는 첫 회기가 의미가 있다는 것을 기억해야 한다. 첫 회기는 매우 중요하고 다음과 같은 점에 주의해서 은둔형 외톨이 내담자를 만나는 것이 필요하다.

첫째, 첫 만남에서 은둔형 외톨이 당사자가 어떤 불안을 느끼고 있다는 것을 알게 된다면 반드시 다룬다. 이들은 불안을 있는 그대로가 아니라 위축된 모습이나 과도하게 긴장하거나 과도하게 반응하는 것으로 표현한다. 상담자는 이를 민감하게 관찰하고, 이러한 행동의 이면에 있는 마음을 읽어 주는 것으로 그들의 불안을 다룬다.

둘째, 내담자가 위축되어 있을 가능성이 높으므로 긍정적인 측면이나 강점에 대해서 언급한다. 은둔형 외톨이와의 첫 만남에서 그들의 긍정적인 측면이나 강점을 함께 찾아보는 활동으로 시작하는 것이 좋다. 때로는 자신이 긍정적이라고 생각하는 것 자체가 무엇인지를 나누어 볼 수도 있다.

셋째, 상담 의뢰와 관련된 내용을 우선 다룰 것을 권한다. 상담 의뢰는 주로 메일이나 전화로 이루어지지만, 의뢰 배경이나 경로를 자세하게 듣고 그 과정 중에 생긴 기대나 이미지가 있다면 그것이 무엇인지 함께 나눈다.

넷째, 첫 회기에서 종종 상담자는 은둔형 외톨이의 대화나 행동양식을 보고 당황하거나 놀라는 경우가 있다(강주승 외, 2021). 이러한 언행은 은둔형 외톨이 내담자가 사회활동에 대한 감각이 부족하거나 오랜 기간 대인관계 경험이 적었던 이유로 인해 생길 수 있다. 이때 상담자는 가능한 한 자연스럽게 대하고 넘기는 것이 좋다. 은둔형 외톨이는 상대방의 반응에 매우 예민하고 이를 민감하게 알아차리기 때문에 상담자가 화들짝 놀라거나 부정적으로 반응할 때 상담에 대한 신뢰를 형성하기 어렵게 된다.

다섯째, 은둔형 외톨이의 상담 경험이 많지 않은 상담자는 자신의 불안에 대해 주목한다. 자신이 이런 특성을 가진 대상자를 만나 본 경험이 적고, 어떤 반응을 어떻게 보여야 할지 매우 불안해한다면 이는 고스란히 상담 과정에서 노출될 것이다. 이러한 상담자의 불안이 상담에 어떤 영향을 미치는지는 익히 예측할 수 있을 것이다. 현재 은둔형 외톨이에 대한 상담 경험이 풍부한 사람은 매우 소수이기 때문에 상담자는 과도한 불안을 내려놓고 현재에 집중하며 그들의 이야기에 집중하는 것이 필요하다.

(2) 상담목표의 공유와 합의

상담에서 상담목표의 합의는 매우 중요하다. 하지만 은둔형 외톨이 상담에서는 합의하여 목표를 설정하고 달성하기 위해서 함께 노력하는 것보다 우선되어야 하는 것이 상담목표의 공유이다. 목표의 공유는 상담자, 내담자로서 두 사람이 함께 나아가고자 하는 방향이 어디이고 무엇을 함께 이루고자 하는지를 구체적으로 인식하는 것이다. 이렇게 은둔형 외톨이 상담에서는 목표 달성보다 목표 자체를 함께 세워 보는 시도 자체가 매우 중요한 의미를 갖는다. 이들이 이루고자 하는 목표를 갖는 것만으로도 무기력하게 지내던 이전과는 매우 다른 상태가 되는 것이기 때문이다.

(3) 구조화

상담에서 구조화는 경계를 세우는 과정이다. 은둔형 외톨이와 같이 비자발적인 내담자에게는 상담을 유지할 수 있을 정도로 구조화를 하는 것이 필요하다. 때로는 정해진 시간 약속을 지키는 것에만 초점을 맞출 수도 있다. 외부활동이 거의 없었던 은둔형 내담자에게는 상담을 받기 위해 정해진 시간에 상담실을 찾는 것이 매우 어려운 과제일 수 있다. 일반 상담에서는 다양한 부분에 대해 구조화를 하는 경우가 보통이지만(예: 시간, 공간, 상담료, 시간 변경방법, 과제 등), 은둔형 외톨이 상담에서는 가능한 한 내담자가 지킬 수 있는 부분에 대해서만 간략하게 구조화하는 것을 권한다.

(4) 초기에 꼭 다루어야 할 내용

은둔형 내담자와의 상담 초기 과정에 꼭 다루어야 하는 내용은 다음과 같다.

첫째, 은둔형 외톨이 내담자와의 초기 상담 중에는 은둔생활의 시작 계기 및 실태, 은둔생활의 경험, 은둔생활에 대한 상황 인식에 대해 다루는 것이 적절하다. 이러한 내용을 다루는 것은 이들에게 상담에서의 반응을 적극적으로 하게 만든다. 자신들이 잘 알고 있는 내용이기 때문에 자신의 은둔 경험을 말하는 것을 쉽게 생각할 가능성이 높다.

둘째, 자연스러운 대화가 일어날 수 있는 주제를 다루는 것이 좋다. 이에 대한 가장 간단한 방법은 그들의 일상생활을 다루는 것이다. 일상생활이나 일과표를 다루게 되면 그들의 입장에서는 쉽게 대답할 수 있기 때문에 긴장하거나 위축되지 않은 상태에서 말할 수 있다. 이와 반대로, 해 보고 싶은 것, 하지 못하는 이유나 걸림돌 등의 주제는 정리하기 매우 어려운 주제이므로 이들을 긴장하게 만들기 쉽다.

셋째, 많은 격려와 구체적이고 긍정적인 피드백을 주는 것이 필요하다. 반복해서 언급했지만 은둔형 외톨이는 타인의 반응과 피드백에 매우 예민한 사람들이다. 따라서 이들이 아주 작은 것이라도 자신의 생각이나 감정을 표현했을 때 이러한 시도에 대해 분명하게 피드백을 한다. 또한 이들은 자신의 경험을 어떻게 해석해야 할지 몰라 불안해하는 경우가 많기 때문에, '어떤 생각이나 감정도 나쁜 것은 없고 느껴지는 대로 느끼고 표현할 수 있다'는 것을 분명하게 알려 주는 것이 필요하다.

(5) 공감적 이해와 지지

비자발적인 내담자를 상담하는 것은 언제나 어렵다. 은둔형 외톨이들은 이렇게 상담을 거부할 가능성이 높기 때문에 보다 효과적인 상담기법과 접근법 모색이 필요하다. 공감적 이해와 지지는 어떤 내담자에게나 필수적이지만 은둔형 외톨이 내담자에게는 더욱 그렇다. 그들은 자신을 조건 없이 수용하고 인정해 주는 관계를 경험하지 못한 경우가 많기 때문에 상담자의 공감적 이해와 지지가 더욱 중요하다. 특히 상담 초기에 상담자가 내담자 자신의 상황에 대해 평가가 아닌 이해와 수용의 자세를 보이는가 그렇지 않은가는 이후 상담 과정의 성패를 좌우할 수 있다.

3) 상담 중기와 실제

(1) 상담자의 태도

상담 중기에 들어선다는 것은 은둔형 외톨이 내담자와 조금이라도 관계가 형성되었다는 것을 의미한다. 사례별로 다르지만 일단 이들과 조금이라도 안정적인 상담을 지속할 수 있다면 그것만으로도 큰 성과라 할 수 있다. 일반 상담에서 상담 중기는 상담자와 내담자 간에 촉진적인 관계가 형성되었다는 것을 의미하지만, 은둔형 외톨이 상담에서는 반드시 그렇게 보기는 어렵다. 이들은 상담 중기 어떤 순간에라도 신뢰가 깨졌다고 느끼거나 기타 다양한 이유로 상담자가 이해할 수 없는 순간 상담을 포기하기도 한다. 따라서 서로 상담목표를 공유했거나, 상담목표를 서로 동일하게 이해하고 있거나, 내담자의 상담동기가 조금 높아졌거나, 내담자가 변화를 하겠다는 마음을 가졌다면 상담 중기에 들어섰다고 볼 수 있다. 상담 중기에 상담자가 가져야 할 몇 가지 중요한 태도는 다음과 같다.

첫째, 중기에 들어섰다 해도 상담자는 계속해서 작고 소소한 변화에 초점을 두는 것이 좋다. 다른 대상들보다 은둔형 외톨이들에게는 작은 변화가 모여 큰 변화를 이룰 수 있다. 예를 들어, 상담에 참여하기, 시간 약속 지키기 등을 목표로 하면 그것으로도 큰 의미가 있다. 계속해서 구체적 행동의 변화에 초점을 두고 그것이 이뤄지고 있는지를 점검한다. 또는 상담 초기에 자신이 원했던 것과 지금의 차이, 혹은 자신을 부정적으로 보았던 것에서 현재 자신에 대한 시각의 변화 등이 있다면 그러한 변화를 확인하고 그의미를 다루는 것도 도움이 된다.

둘째, 은둔형 외톨이 상담자는 언제나 자신의 조급함이나 불안을 객관적으로 바라보아야한다. 때로는 상담 회기가 길어지고 있는데 내담자의 은둔 상태가 나아지지 않고 뚜렷한 성과가 보이지 않으면 상담자는 불안할 수 있다. 대부분의 경우 은둔형 외톨이의 변화는 매우 더디고 분명하지 않기 때문에 이런 불안을 느낄 수 있다. 이때 앞서 언급한바와 같이 성과의 기준에 대해 다른 시각을 갖는 것이 중요하다. 은둔형 외톨이 상담자는 자신의 불안으로 인해 조급하게 상담의 규칙을 세우려 한다거나 변화를 위한 목표를 세우는 등의 조급한 반응을 보여, 중기까지 이어온 내담자와의 관계를 해치는 실수를 범하지 않아야 한다.

(2) 상담 이면의 동기 탐색

상담 중기라 하더라도 은둔형 내담자의 동기를 알아차리는 것은 쉽지 않다. 상담자는 중기까지 오는 동안 내담자의 동기를 찾아내어 의미를 부여하는 작업을 하게 되는데, 이때 표면적으로 보이는 동기 이면에 숨어 있는 욕구를 발견하는 것이 중요하다. 구체적으로, 부정적인 경험이나 부정적인 감정 표현을 그대로 할 수 있도록 한다. 또한 부정적인 경험 이면에 긍정적 동기가 있음을 인식하고 이를 확인시켜 주는 것이 필요하다. 더불어 은둔형 외톨이가 갖고 있는 긍정적 동기를 확인시켜 내담자의 자존감을 높여준다.

(3) 활용할 상담기법

은둔형 외톨이 상담의 중기 과정에서 활용할 수 있는 상담기법은 다음과 같다.

첫째, 즉시성 반응을 사용하는 것이다. 적절한 즉시성의 활용은 상담 전반에 커다란 영향을 주기 때문에 내담자의 아주 작은 표현이라도 그것을 '지금-여기'에서 다룬다. 즉시성을 활용할 때, 때로는 내담자가 약간의 거부나 불쾌한 반응을 보일 수 있으므로, 반응을 살피며 적절한 타이밍을 찾는 것이 필요하다. 즉시성 기법의 예는 다음과 같다. "○○ 씨 지금 하던 이야기를 잠깐 멈추고, 지금 나와 ○○ 씨 사이에 어떤 일이 일어나고 있는지 살펴보고 싶어요." "○○ 씨는 자신의 은둔 경험에 대해 얘기하면서 멋쩍은 표정을 짓고 집중을 못하고 있는 모습이 보여요. 그렇게 불편해하면서도 제 이야기를 들으려하는 점도 보여, 저는 조금 안타깝네요."

둘째, 피드백 기법이다. 피드백을 활용할 때 인정 피드백과 교정 피드백의 균형을 맞추어야 한다. 인정 피드백은 내담자의 현재 모습과 변화를 지지하는 피드백을 말한다. 반면 교정 피드백은 내담자로 하여금 현재의 모습을 교정하게 하고 새로운 모습과 변화를 격려하는 피드백을 의미한다. 상담자는 이 두 반응에 대해 잘 인식해서 인정과 교정의 균형을 맞추는 것이 필요하다. 또한 은둔형 외톨이 내담자와 일반 내담자 간의 변화는 앞서 언급한 바와 같이 차이가 있음을 고려해야 한다.

셋째, 대화법이다. '이마고 대화법'(문정화, 2020), '나 관점 전달하기' '비폭력 대화'처럼 기존에 개발된 효과적인 대화방법을 익히고 적절히 적용한다. 다음은 은둔형 외톨이 내담자에게 활용할 수 있는 이마고 대화법의 주요 내용을 제시한 것이다.

- 이마고 대화법에서는 반영하기, 인정하기, 공감하기의 반응을 한다.
- 반영하기와 인정하기 단계에서는 당사자에게 상담자가 자신의 말을 제대로 이해하고 있음을 제시한다.
- 반영하기와 인정하기를 통해 서로 연결되어 있는 관계라는 인식을 할 수 있도록 한다.
- 공감하기 단계에서는 은둔형 외톨이의 어린 시절 부모에게 충족되지 못했던 미해결 과제와 감정을 느끼게 할 수 있다.
- 이러한 대화 연습을 통해 가정 내에서도 대화법을 활용하도록 시도할 수 있다.

넷째, 바꾸어 말하면서 스토리텔링하기이다. 당사자가 어떤 이야기를 하였을 때 그 이야기의 스토리를 변화시키는 것이다. 스토리를 변화시켜서 새로이 이야기를 구성한 다음 자신에게 들려주는 것이다. 예를 들어, 간략하게는 등장인물이나 물건을 변화시킬 수도 있고 관점을 이동시키거나 맥락을 변화시킬 수도 있다. 상담 시간에 내담자와 함께 이야기를 구성하고 그것을 내담자가 읽고 자신의 목소리를 들을 수 있게 한다. 이 과정을 반복할 수도 있다.

다섯째, 인지 기록지를 이용하는 것이다. 예를 들어, '생각을 중얼거리며 말하기'를 이용한다면, 5~10분 동안 떠오르는 지속적인 생각을 말로 표현하게 하는 것으로 자유연상과 비슷하다. 충분히 표현하는 것에 초점을 맞추는 것이 아니라 언어적으로 보고한 것과 실제 생각의 차이를 객관적으로 보게 하는 것에 그 중요함이 있다. 보통은 초기 정보 평가에서 활용하는 인지 기록지가 은둔형 외톨이 상담에서는 상담기법으로 활용될 수 있다.

(4) 대인관계와 진로의 주제

은둔형 외톨이 내담자가 힘들어하면서도 마음속에서 다루고 싶어 하는 주제 중 하나는 대인관계와 진로이다. 대인관계나 진로에 대해 관심을 갖는 것 자체가 이들에게는 때로 중요한 상담목표가 될 수 있다. 이때 은둔형 외톨이가 대인관계나 진로에 대해 갖고 있는 두려움을 다루는 회기 또한 필요하다. 많은 경우 이들에게 세상 속에서 관계를 맺고 독립적인 삶을 산다는 것은 매우 불편하고 두려운 사항이기 때문에 이에 대해 찬찬히 살펴보는 시간을 갖는 것이 좋다.

(5) 행동 연습과 수행

은둔형 외톨이에게는 아주 작은 시행이라도 시도 자체에 의미가 있다. 때로는 연습을 하고 싶은 행동이 마음속에 생긴 것만으로도 상담의 성과라 할 수 있다. 작은 것이라도 새롭게 해 보고 싶은 행동을 정하고, 그것을 상담 과정 중에 연습하고, 지속적으로 시도해 보는 것을 함께 할 수 있다. 이때 자신의 습관이나 행동에 대한 자각을 분명히 하도록 돕는다. 또한 조금씩 실행력을 높이는 결정을 할 수 있도록 돕고 함께 좋은 방안을 고민하는 것도 적절하다.

(6) 개인상담, 가족상담, 방문상담

은둔형 외톨이 상담에서는 부모나 가족원과의 상담이 함께 이루어지는 경우가 대부분이다. 이들을 도우려는 가족구성원, 상담실로 데리고 오는 부모, 상담 진행 과정을 궁금해하며 함께하려는 부모 등 은둔형 외톨이를 상담할 때 부모나 가족원은 늘 그들 곁에 맴돈다고 해도 과언이 아니다. 따라서 때로는 부모와 전화로 상담하거나, 한 회기를 부모와 상담하거나, 은둔형 외톨이 당사자와 부모를 함께 상담하는 것도 흔하게 일어난다. 간혹 은둔형 외톨이의 자발성이 매우 낮을 때 가정방문 상담을 하는 경우도 생긴다. 따라서 상담자는 상담 중기에도 이러한 다양한 상담 형태에 융통성 있게 대응할 준비를 갖출 필요가 있다.

4) 상담 후기 및 종결과 실제

(1) 상담 과정 탐색

초기, 중기를 지나오는 동안의 상담 과정을 상담자가 구체적으로 떠올릴 수 있다면, 이제는 상담이 종결을 향해 가고 있다는 것을 의미한다. 일반 상담에서도 그렇지만 특히 은둔형 외톨이와의 상담은 한 순간도 그들과 함께하지 않으면 안 된다. 상담을 통해 상담자도 내담자도 처음 보는 낯선 길을 함께 걸어가는 것이다. 상담 후기에는 이렇게 걸어온 길을 돌아보고 그 의미를 확인한다. 특히 내담자 자신이 조금이나마 변화할 수 있었던 것이 어떤 것이었는지를 탐색하게 하는 것이 좋다. 또한 가족을 포함하여 주변의 협력체계가 자신에게 어떤 의미였는지를 자세히 이야기하며 정리한다. 이렇게 의미 있는 타인의 참여가 자신의 변화 및 변화의 동기 향상에 어떤 기여를 했는지 살펴보는 기회를 갖도록 한다.

(2) 상담실 밖에서의 실행

상담 후기에는 상담 과정 중 상담자와 함께 연습하고 시도했던 것을 상담실 밖에서 더 많이 이룰 수 있도록 안내하는 것이 필요하다. 어떤 작은 행동이라도 이것에 초점을 맞추어 새로운 생각이나 새로운 기분이 들 수 있도록 자신의 삶에서 실천해 보도록 권할 수 있다. 이때 새로운 시도 시 생길 수 있는 정서적인 갈등, 두려움 또는 상담실 안과 밖의 차이점에 대해 함께 다룬다. 또한 규칙이나 세워 놓은 계획은 언제든지 수정이 가능함을 강조해서 내담자의 불안을 낮추어 주어야 한다. 이와 함께 실행할 때 혼란감이나 불편함이 동반되는 것은 매우 자연스러운 일임을 또한 말해 주어야 한다.

(3) 종결 시 과제

앞서 언급했듯이 은둔형 외톨이 상담에서는 언제 갑작스럽게 상담이 종결될지 알기 어렵다. 또한 매우 짧은 회기 동안만 상담이 진행될 수 있어 종결 과제를 잘 다룰 수 있도록 늘 준비하는 것이 필요하다. 은둔형 외톨이 상담에서 종결 시 다뤄야 할 과제는 다음과 같다.

첫째, 상담목표와 다룬 주제에 대해 간략하게 요약해 보는 것이 필요하다. 상담목표가 이루어졌는지는 아주 작은 변화를 통해 확인할 수도 있다. 예를 들어, 아침에 제시간에 일어나기 위해 침대에서 한 발 빼 보는 연습을 하고 있거나, 사람이 없는 곳에서 산책을 하는 것을 실천하고 있다면, 이는 큰 상담효과일 수 있다. 또는 상담목표가 잘 이뤄지지 않았다면 그 이유와 이에 대한 마음을 다루는 것이 필요하다. 구체적으로 다음과 같은 질문을 통해 확인할 수 있다.

- 상담에서 공유한 작은 목표를 어느 정도 성취했는가?
- 상담 중에 다룬 주제에 대해서 어떻게 정리하였는가?
- 상담 초기에 공유한 주제가 잘 요약되지 않는다면 그 이유는 무엇인가?
- 종결 이후 연습하는 자신의 모습을 어떻게 응원할 것인가?

둘째, 종결하면서 느껴지는 감정을 다루는 것이 필요하다. 마무리를 하면서 어떤 느낌이 드는지, 그 느낌이 이전의 감정과 다른지 같은지, 다르다면 어떤 것이 다르게 느껴지는지, 같다면 어떤 점에서 같은지를 다룬다. 다음과 같은 질문을 함께 다루면 도움이 될 것이다.

- 종결 시 느끼는 감정은 상담 초기와 어떤 점이 같고 어떤 점이 다른가?
- 종결 시 감정은 상담 이전과 어떤 점이 같고 어떤 점이 다른가?
- 종결하면서 이제 스스로 할 수 있는 또는 하고 싶은 것이 생겼는가?
- 생겼다면 그것을 어떻게 수행해 볼 것인가?

(4) 추후상담과 그 이후

다른 어떤 상담보다 은둔형 외톨이 상담에서는 추후상담이 반드시 필요하므로 함께 계획해서 실천하는 것이 좋다. 은둔형 외톨이 상담의 경우는 종결 이후에도 내담자가 상담에서 일어난 변화를 지속시킬 수 있도록 돕는 것이 필요하다. 이러한 필요성과 중요성을 내담자에게 전달하고, 상담자가 계속 도움을 주고 싶다는 의지를 밝히는 것이 좋다. 또한 이를 위해 구체적인 약속을 정하고 실천할 수 있게 계획을 수립하는 것이 필요하다.

2. 주제별 개입

1) 은둔형 외톨이 당사자가 상담을 거부할 경우

은둔형 외톨이 당사자가 상담을 원하는 경우는 드물기 때문에, 대부분 부모나 가족원이 먼저 상담을 한 후에 당사자의 상담이 이루어진다. 이후 당사자와 상담이 이루어진 경우라도 상담의 높은 동기를 기대하기는 어렵다.

☞ 상담적 개입

일반 상담에서는 대부분 이런 경우 상담을 거부하는 이유를 물어보지만, 은둔형 외톨이의 경우에는 자신의 거부 욕구가 어떤 것인지를 구체적으로 나누는 것이 필요하다. 거부한다는 것도 자신의 욕구이므로 그러한 욕구는 어디서부터 오는지, 어째서 발생한 것 같은지, 그것이 이전에 느꼈던 것과는 어떤 차이가 있는지를 다루는 것이 좋다. 즉, 그들에게 상담이 어떻게 비춰지고 받아들여지는지를 말할 기회를 주는 것이 중요하다.

다른 경우는 당사자는 극한으로 상담을 거부하지만 부모는 당사자를 설득해서 상담을 할 수 있도록 무리한 요청을 한다. 또 어떤 경우는 은둔 시간이 길고 부모와도 거의 말하지 않는 당사자에게 무엇이라도 해야 하지 않겠느냐고 읍소하기도 한다. 이러한 경우에 당사자 상담은 현실적으로 어려움에도 불구하고 부모는 상담자를 향해서 '전문가이니 얼른 무엇이라도 해 보라'고 도움을 청한다. 상담자는 긴장하거나 조급해지지 않아야 할 것이다. 상담에서 도와주거나 다룰 수 있는 것을 명확히 하는 과정을 거친다. 당사자가 조금이라도 하였던 행동이 있다면 상담보다는 그 행동을 할 수 있도록 한다. 예를 들어, 자전거, 농구라도 해 보았다면 그 활동을 이전보다는 더 할 수 있도록 시도하자. 동기를 조금이라도 가졌던 것을 이전과는 다른 방식으로 시작할 수 있도록 하는 것이 우선이다.

2) 상담 시간에 지속적으로 늦을 경우

상담에 조금씩 늦거나 때로는 연락 없이 오지 않을 때도 있다. 상담자 입장에서는 그 이유가 상담 역동상 굉장히 중요하다고 생각할 수 있을 것이다. 그러나 은둔형 외톨이 당사자에게는 생각보다는 단순한 이유일 수 있다. 지속적으로 약속을 지키는 일을 한 지가 오래되었기 때문에 그 자체가 힘들 수 있는 것이다.

☞ 상담적 개입

늦거나 오지 않은 이유를 물어보고 힘들다면 구체적으로 어떤 것이 힘든지에 대해 상담을 시작하는 것이 좋다. 그러한 과정 속에서 공감거리를 찾아내거나 약속 시간을 기억하는 것, 그것을 반복하는 것, 의지를 가진 행동이 실제 수행으로 일어나는 것의 어려움 등을 나눌 수 있다. 하지만 이 과정에서 늦게나마 오게 된 것에 초점을 맞추는 것이 중요하다. 상담자는 이번과 같이 반복해서 늦거나 오지 않으면 어쩌나 하는 걱정을 할 수 있지만, 이들에게는 간헐적으로라도 상담을 지속하는 것이 의미가 있기 때문에, 이러한 성과에 초점을 맞추는 것이 좋다. 또한 지각과 노쇼(no-show)에 대해 이를 구조화되거나 패턴화된 문제로 보기보다는 그 당시 상황에서 일어난 일회적 일로 보고 다시 기회를 주는 것이 필요하다. 즉, 상담자가 은둔형 외톨이의 불안정한 행보를 넉넉히 바라봐 주는 것이 이들이 세상으로 나오는 데 도움을 줄 수 있다.

3) 침묵으로 일관하는 경우

은둔형 외톨이 내담자가 극히 비자발적인 경우에는 침묵이나 몇 개의 단어만을 갖고 반응하는 경우도 많다. 많은 경우 침묵은 상담자에게 힘든 경험이지만, 그 자체로 중요한 의미를 갖는다. 침묵도 하나의 반응이므로 상담자는 최대한 기다린다. 은둔형 외톨이 유형에 따라 개인차가 있지만, 대부분의 경우 상담장면에 나타난 것만으로도 충분한 의미가 있다. 이들은 지금 사람을 만나는 시도를 시작하고 있기 때문이다.

☞ 상담적 개입

은둔형 외톨이 내담자가 침묵하는 경우 그들이 불편하지 않게 느긋하게 바라봐 주는 것이 필요하다. 여러 가지 질문을 하기보다는 조금 기다려 주었다가, 보이는 그대로 그들의 모습을 읽어 주는 것이 좋다. 이때 상담자가 다른 행동을 하거나 어수선하게 행동하지 말아야 한다. 이러한 시간을 가진 후에 침묵하는 이유를 탐색해 보는 것도 가능하다. 침묵하는 이유를 탐색할 때 매체나 동영상, 카드, 게임 등을 활용하는 것도 하나의 방법이다. 이러한 매체나 놀이는 은둔형 외톨이 당사자의 연령에 따라 적절하게 다르게 사용할 수 있다. 한편, 몇 개의 단어만으로 단답형으로 말하는 경우는 초조해하지 말고 그대로 상담을 진행하는 것이 좋다. 이러한 반응에 대해 상담자가 기다려 주고, 그래도 반응하고 있다는 것에 초점을 맞추면 된다. 어쩌면 은둔형 외톨이의 시간은 상담자의 시간과 매우 다르게 흘러가고 있을지 모른다.

4) 자신의 변화보다는 부모나 가족원의 문제만을 부각시키려 할 때

은둔형 외톨이 중에는 자신보다는 주변의 사람이 먼저 변화해야 한다거나, 모든 것이 가족원의 탓이라고 설명하려는 당사자들이 꽤 있다. 특히 은둔을 하게 된 이유로 부모나 가족원이 많은 요구나 강요를 했고 자신이 그것을 따라가다 보니 어느 순간 무망감에 휩싸이면서 포기해 버렸다고 말한다. 따라서 주변 사람이 먼저 변화해야 하고, 또는 부모가 변한다 해도 이미 망가진 자신의 삶은 변할 수 없다고 말하는 경우도 많다.

☞ 상담적 개입

부모나 가족원의 탓으로 자신의 어려움과 은둔생활의 이유를 돌리려고 할 때, 우선 자신의 어려움이 무엇인지를 다루는 것이 좋다. 이 경우 상담자 입장에서는 내담자의 감정을 먼저 다루는 것이 필요하다고 여겨지겠지만, 이들은 감정보다는 상황이나 에피소드를 먼저 이야기하고 싶어 할 것이다. 이때 상담자는 그냥 내담자가 원하는 방식을 따라가 주는 것이 좋다. 내담자가 경험한 다른 사람의 강요나 요구가 구체적으로 무엇이었는지를 탐색하고, 강요나 요구가 지금은 어떻게 다가오는지 즉시성 기법을 활용할 것을 권한다. 또한 말할 수 있다면 이전에 강요나 요구를 경험할 때와 지금의 감정은 어떤 것이 비슷하고 어떤 것이 다른지를 함께 다룰 수 있다. 이런 과정을 통해 내담자 스스로 이전과 현재의 감정 강도나 변화를 인식할 수 있다.

5) 분노나 폭력이 발생하고 있을 때

은둔형 외톨이 당사자가 자신의 문제를 가족원이나 부모 탓으로 돌리면서 극단적인 분노나 폭력적인 반응을 하는 경우도 적지 않다. 부모나 가족원이 계속해서 밥을 먹으라고 하거나 용건이 있어 문을 두드리는 것과 같이 아주 사소한 자극에도 폭발적인 분노 반응을 보이기도 한다. 처음에는 짜증이나 신경질적인 반응으로 시작하지만, 점점 수위가 높아지면서 문을 쾅 닫거나 큰 소리를 지르거나 무엇을 던지는 등의 격한 반응으로 이어진다. 급기야는 몸싸움이 일어나거나 누군가를 향해 의도적으로 위험한 물건을 던지는 등의 극단적인 행동 표출이 일어나기도 한다.

☞ 상담적 개입

이런 경우 일단 두 가지의 접근이 가능한데, 하나는 **몸싸움이나 격렬한 분노 반응의 이유부터 다루기 시작하는 것이 좋다. 두 번째는 분노 반응을 지금 여기서 언급하는 이유에 대해 말할 수 있도록 한다.** 만일 분노 반응의 이유를 물었는데 아무 이유도 말하지 않을 때는 반응이 일어났을 때의 상황이나 감정만을 다룰 수 있다. 또는 자신의 분노 반응을 상담에서 언급하는 것 자체에 의미를 두고 상담을 이어 나갈 수도 있다. 이때 분노 반응이 시작된 시점에 머물러 구체적으로 다루는 것이 좋다. 즉, 분노가 시작되었을 때 어떤 일이 있었는지, 분노를 커지게 만든 것은 무엇이었는지(어떤 말, 어떤 눈빛, 어떤 행동 등)를 나눌 수 있다. 이러한 접근을 하다 보면 내담자 입장에서는 자신의 분노라는 감정이 어떻게 지속되었고, 어떻게 진행되어 왔는지를 들여다볼 수 있게 된다. 또한 자신의 짜증, 신경질, 분노, 억울함 등 참아 왔던 감정들을 표출하는 계기가 될 수도 있다. 더불어 자신이 분노했을 때 가족들의 반응은 어떠했는지에 대해서도 다루는 것이 필요하다. 자신이 격하게 분노할 때만 가족들이 자신을 가만히 두거나 원하는 대로 할 수 있게 했다고 여긴다면, 이러한 상호작용이 현재 자신과 가족들에게 어떤 영향을 미치고 있는지를 함께 탐색한다.

참고문헌

강주승, 장혜인, 황수진, 안지현, 김명현, 홍진표(2021). 정신건강 실무자들의 은둔형 외톨이에 대한 낙인. *Journal of Korean Neuropsychiatric Association, 60*(4), 284-290.

김홍중(2015). 서바이벌, 생존주의, 그리고 청년세대. 한국사회학, 49(1), 179-212.

노가빈, 이소민, 김제희(2021). 청년 은둔형 외톨이의 경험과 발생원인에 대한 분석. *Korean Journal of Social Welfare, 73*(2), 57-81.

문정화(2020). 상담을 거부하는 학업중단 은둔형 외톨이 청소년 자녀의 문제해결을 위한 가족치료 사례연구. *Korean Journal of Family Social Work, 67*(3), 73-99.

이지민, 김영근(2021). 은둔형 외톨이 경험이 있는 청소년의 은둔 경험에 관한 현상학적 연구. *Korean Journal of Child Psychotherapy, 16*(2), 61-91.

중앙일보(2017. 1. 19.). 40대 아재가 된 은둔형 외톨이: 손놓고 방치한 사회. https://www.joongang.co.kr/article/21143382

Hill, C. E.(2012). 상담의 기술(*Helping Skills: Facilitating Exploration, Insight, and Action*, 3th ed.). 주은선 역. 서울: 학지사. (원저는 2001년에 출판).

Heaton, J. A. (2006). 상담 및 심리치료의 기본기법(*Building Basic Therapeutic Skills: A Practical Guide For Current Mental Health Practice*). 김창대 역. 서울: 학지사. (원저는 1998년에 출판).

제6장

은둔형 외톨이 당사자 상담의 프로그램 예시

이 장에서는 은둔형 외톨이들의 현 상태와 욕구를 파악하고, 그들이 자기에 대한 정확한 이해를 할 수 있도록 돕는 프로그램들을 소개하고자 한다. 은둔형 외톨이들은 대부분 비자발적인 내담자로 라포를 형성하는 것이 힘들 수 있다. 또한 이들은 자신의 현 상태를 회피하고 자신의 욕구와 감정을 억압하는 형태를 보이기 때문에 상담에 대한 적극적인 참여를 기대하기 어렵다. 이런 경우 이 장에서 소개하는 다양한 개입과 프로그램을 통해 내담자가 따뜻한 자극을 경험하고 자신의 내재된 욕구와 감정을 표출하도록 도울 수 있을 것이다. 이 장에 소개하는 프로그램들은 개인상담과 집단상담 모두에 사용 가능하고, 제시된 형태 그대로가 아니라 내용 중 일부만을 시행할 수도 있다. 대상과 상황에 맞게 변형하면 보다 좋은 효과를 볼 수 있을 것이다.

1. 나의 발자취

1) 목표 및 기대효과

• 나의 삶을 되돌아보고 그때의 상황과 감정을 객관적으로 조망하게 한다.
• 자신의 현 상태를 파악하고 은둔생활에 대한 진솔한 이야기를 나눌 수 있다.
• 자신의 과거와 현재의 모습 그리고 미래를 그려 보며 자신의 인생 전반을 통찰할 수 있다.

2) 과정 및 내용

- 자신이 살아온 삶을 다양한 색깔을 이용해 [활동지 6-1] ①에 표현해 본다.
- [활동지 6-1] ②에 그중 가장 의미가 있었던 부분 세 지점에 표시를 해 본다.
- 세 지점에서 느껴지는 감정 단어를 찾아보고 감정 단어에 순위를 정한다.
- 표현한 색깔과 함께 감정 단어에 대한 의미를 이야기해 본다.
- [활동지 6-1] ③에 그러한 감정들이 현재 나에게 어떤 영향을 미치는지 이야기해 본다.
- 미래의 삶은 어떤 색으로 채우고 싶은지 표현해 본다.

3) 상담으로의 적용

- 지금까지의 삶을 색으로 표현한 부분 중 가장 중요했던 세 지점은 자신에게 어떤 의미가 있을까요?
- 그때의 '나'는 어땠나요?
- 그때의 감정으로 잠시 돌아가 보겠습니다. [활동지 6-1] ①에 칠한 색깔과 감정 단어는 어떤 의미인지 말해 줄 수 있나요?
- 지금의 내가 그때를 다시 돌아보니 어떻게 보이고 느껴지나요?
- 그 감정들이 현재의 '나'에게 어떤 영향을 미치고 있나요?

활동지 6-1 내 인생의 스펙트럼

① 나의 어린 시절을 떠올리며 아래에 색을 칠해 주세요. 다양한 색을 이용하여 스펙트럼처럼
표현하셔도 좋습니다. 이제 자신이 걸어온 길을 소개해 주세요. 그리고 내가 앞으로 원하는
삶은 어떤 삶인지 색으로 표현해 보세요.

예시〉

| 0 | 5 | 10 | 15 | 20 | 25 | 30 | 35 | 40 | 45 | 50 |

| 0 | 5 | 10 | 15 | 20 | 25 | 30 | 35 | 40 | 45 | 50 |

② 활동 ①에서 색을 칠한 부분 중 자신에게 의미가 있다고 생각하는 지점 3개를 찾고 거기에
대한 감정 단어를 써 보세요. 그리고 감정에 순위를 매겨 보세요.

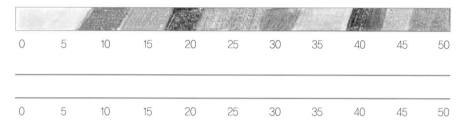

③ 내가 적어 놓은 감정 단어를 보면서 그러한 감정이 현재 나에게 어떤 영향을 미치고 있는지
얘기해 주세요.

2. 내 머릿속 풍경 그리기

1) 목표 및 기대효과

- 신체적·정서적 안정과 이완을 돕고, 무의식 속에 억제된 감정을 언어로 표현할 수 있게 한다.
- 그림을 통해 자신의 무의식 속에 잠재되어 있는 심상을 표출하는 데 도움을 준다.

2) 과정 및 내용

- 내담자가 자유롭게 그림을 그리도록 한다.
- 그림의 형태나 색깔을 통해 떠올려지는 것들을 표현해 본다.
- 그중에서 반복되는 생각이나 색깔, 선 등을 보며 이야기한다.

3) 상담으로의 적용

- 내가 그린 그림을 보면서 어떤 생각이 드는지 말해 주세요.
- 그림에 표현된 부분 중 이야기하고 싶은 부분이 있다면 어떤 것이 있을까요?
- 그림을 보면서 떠오르는 감정이 있다면 어떤 것이 있을까요?
- 그 감정은 주로 언제 많이 느껴지나요?
- 그 감정은 어디서 온 것일까요?
- 그 감정이 내 삶에 어떤 모습으로 표출되고 있나요?

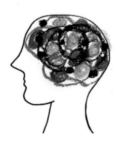

[그림 6-1] 내 머릿속 풍경 그리기 예시

활동지 6-2 **내 머릿속 풍경 그리기**

내 머릿속에 풍경을 자유롭게 표현해 보세요. 그리고 내가 그린 그림을 보며 떠오르는 생각이나 감정을 표현해 보세요.

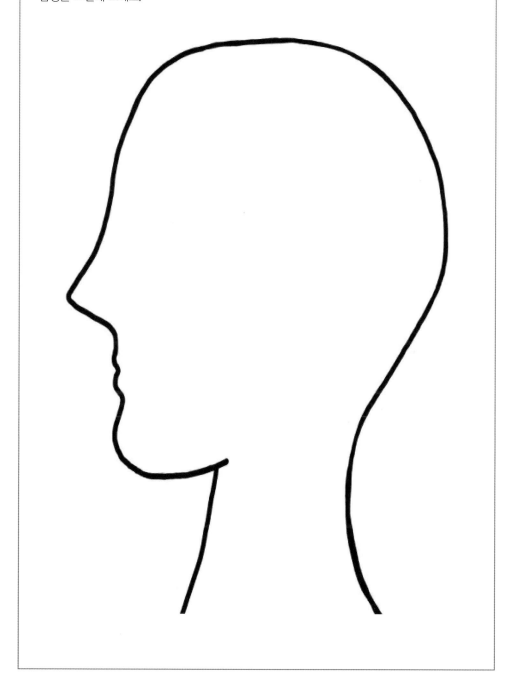

3. 관계 돌아보기

1) 목표 및 기대효과

- [활동지 6-3]을 통해 나의 대인관계를 조망할 수 있다.
- [활동지 6-4]에서 가족 내 나의 역할을 통해 내재화된 나의 관계 패턴을 인식할 수 있다.
- '나'와 내 가족(주변 사람들)과의 관계를 조망함으로써 내가 그들에게 미치는 영향과 그들이 나에게 미치는 영향을 살펴볼 수 있다.

2) 과정 및 내용

- [활동지 6-3]에 나의 가족과 나의 지인들을 마인드맵으로 그려 본다.
- 가장 가까운 사람부터 순서대로 번호를 매겨 본다.
- 그리고 그들에게서 떠올려지는 생각과 감정을 그 옆에 적어 본다.
- '나'와 그들의 관계를 점검하며 현재 '나'에게 위안이 되고 내가 편안하게 느낄 수 있는 지지 자원을 찾아본다.
- [활동지 6-4]에서 가족이나 주변 사람들과의 관계에서 주로 '나'의 역할은 무엇이었는지 떠올려 본다.
- 그 역할이 '나'에게는 어떤 영향을 미쳤는지 생각해 본다.
- 내가 진정으로 원하는 역할이 무엇인지 생각해 본다.

3) 상담으로의 적용

- [활동지 6-3]에 마인드맵으로 그려진 그들에게서 느껴지는 생각과 감정은 어떤 것일까요?
- 내 주변 사람들 중 '나'에게 지지가 되는 사람들과 '나'를 불편하게 하는 사람들은 누구일까요?

- '나'에게 지지가 되는 사람의 말과 행동 중 어떤 말과 행동이 나에게 도움이 되나요?
- '나'에게 지지가 되는 사람의 말과 행동이 '나'에게 어떻게 느껴지나요?
- '나'를 불편하게 하는 사람의 말과 행동 중 어떤 말과 행동이 나를 불편하게 하나요?
- '나'를 불편하게 하는 사람의 말과 행동이 어떻게 느껴지나요?
- [활동지 6-4]에서 '나'의 역할은 무엇이었으며, 그 역할이 지금 어떻게 보이나요?
- 그러한 역할을 했어야 하는 이유가 있었나요?
- 그 역할에 대해 '나'는 어떻게 느끼고 있나요?
- 그 역할이 당신에게 미치는 영향은 무엇이었나요?
- 내가 그들에게 하고 싶었던 역할은 어떤 것이었나요?

활동지 6-3 **나의 주변 사람 살펴보기**

내 삶에서 나에게 중요했던 사람들을 마인드맵으로 그려 보세요. 그리고 가까이하고 싶은 사람은 가깝게, 멀리하고 싶은 사람은 멀리 그려 보세요.

나

활동지 6-4 **나는 가족의 ○○○이다.**

① 가족 내에서 '나'는 어떤 역할이었나요? 그리고 그들은 '나'에게 어떤 역할이었나요? 아래의
　내용들 중 골라 보세요.

가족의 카운슬러	문제아	아빠의 희생양	잃어버린 아이
가족의 행복	바보짓 하는 아이	아픈 아이	있으나 마나 한 아이
가해자	반항아	악당	자학하는 아이
거짓말쟁이	보모	애어른	조정자
걱정거리	보호자	어린 왕자	종교적 아이
대리인	부모의 부모	엄마의 기쁨	주인공
공격자	성자	엄마의 친구	지정된 환자
공주	성취도 낮은 아이	엄마의 희생양	착한 아이
광대	성취도 높은 아이	연인	책임감 강한 아이
귀염둥이	소년 · 소녀 가장	영악한 아이	천재
나쁜 아이	스타	영웅	총아
눈치 보는 아이	승자	예쁜이	패자
대리 배우자	심각한 아이	완벽한 아이	피해자
막역한 친구	아빠의 기쁨	왕따	햇살
모범생	아빠의 친구	운동선수	사고뭉치
가족을 돌보는 사람	보호받는 사람	가족의 희생자	정서적 배우자
작은 부모	돈 내주는 사람	챙겨 주는 사람	화풀이 대상자
뒤집어쓰는 사람	대신 혼나 주는 사람	까불이	잊힌 아이
없는 아이	천사	우는 아이	말없는 아이

> 나의 역할

> 그들의 역할

② 그러한 역할이 지금 나의 삶에 어떠한 영향을 미치고 있나요?

③ 내가 그들에게 하고 싶었던 역할은 무엇일까요?

출처: 오제은(2009)을 참조하여 저자가 재구성함.

4. 나의 초기 부적응 도식

1) 목표 및 기대효과

- 초기 부적응 도식을 통해 현재 내가 갖고 있는 관계에 대한 도식을 점검하고, 그러한 도식이 내 삶에 미치는 영향에 대해 인식할 수 있다.
- 관계에서 오는 초기 부적응 도식을 확인하고, 나의 성장과 행복을 가로막고 있는 장애물이 무엇인지 인식할 수 있다.

2) 과정 및 내용

- Jeffrey E. Young의 초기 부적응 도식 검사지를 활용한다.
- 초기 부적응 도식 검사지에 나타난 자신의 초기 부적응 도식을 확인한다.
- 나의 도식과 관련된 일화를 생각하며 그때의 생각, 느낌, 행동을 떠올려 본다.
- 지금이라도 그 일화를 수정할 수 있다면 나의 생각, 느낌, 행동을 바꾸어 본다.
- 나의 도식을 통해 새롭게 알게 된 나의 또 다른 면을 생각해 본다.

3) 상담으로의 적용

- 자신의 초기 부적응 도식을 보면서 어떤 생각이 들었는지 말씀해 주세요.
- 어린 시절 일화 중 내가 가지고 있는 도식과 관련하여 기억에 남는 일화가 있다면 어떤 것이 있을까요?
- 그 일화와 관련하여 그때로 돌아가 보세요. 그 순간 '나'는 무엇을 생각하고 어떻게 행동했나요?
- 그때 '나'는 어떤 감정을 느꼈나요?
- 그때의 일들이 지금 '나'에게 어떻게 보이나요?
- 만약 그때로 돌아갈 수 있다면 지금의 '나'는 무엇을 하고 싶은가요?

활동지 6-5 **나란 사람은……**

① 자신의 초기 도식에 나타난 결과를 적어 주세요. 그러한 도식이 나의 삶에 어떤 영향을 미치고 있는지 이야기해 주세요.

_____

② 나의 도식과 관련된 일화를 떠올리면서, 그때 그 순간 내가 생각하고 느끼고 행동한 것은 무엇이었나요?

생각	느낌	행동

③ 그때의 생각과 느낌, 행동을 떠올리면서, 그때로 돌아가 생각과 느낌, 행동을 바꿀 수 있다면 어떻게 바꾸고 싶은가요?

생각	느낌	행동

④ 나의 도식과 관련하여 나의 또 다른 면을 발견했다면 어떤 것이 있을까요? 그리고 '나'는 앞으로 어떻게 변화하고 싶은가요?

아무도 모르고 있던 나는 _____

그리고 지금 여기 있는 나는 _____

5. 내 안에 잠들어 있는 욕구 표현하기

1) 목표와 기대효과

- 나의 내면에 억제되어 있던 기본적인 욕구를 표출할 수 있다.
- 나의 드러나지 않았던 욕구들을 살펴보고, 그러한 욕구를 억제해 왔던 이유를 찾아본다.

2) 과정 및 내용

- 눈을 감고 내가 좋아하는 것들을 머릿속으로 떠올려 본다.
- [활동지 6-6]에 제시된 시각, 후각, 미각, 청각, 촉각, 내가 하고 싶은 일, 내가 가고 싶은 곳을 떠올리며 적어 본다.
- 그중에서 가장 의미 있는 것을 찾아본다.
- [활동지 6-6] ②에 내가 하고 싶고 즐겨 하는 일을 동사로 표현한다.
- 그 일을 할 때 생각과 감정을 표현해 본다.

3) 상담으로의 적용

- [활동지 6-6] 나의 욕구를 천천히 생각나는 대로 따라가 보세요.
  (시각, 청각, 후각, 미각, 촉각을 자극하는 욕구)
- 지금까지 말한 욕구들 중 즐거운 일화가 있다면 이야기해 주세요.
- 지금까지 말한 욕구들 중 슬프거나 불쾌한 일화가 있다면 이야기해 주세요.
- 지금까지 말한 자신의 욕구들을 보면서 어떤 느낌이 드나요?
- 최근 '나'는 주로 무엇을 보고 듣나요?
- 내가 보고 듣는 것에 '나'는 어떤 의미를 만들어 내나요?
- 내가 부여한 의미에 대해 '나'는 어떤 감정을 느끼나요?
- 이러한 감정들에 대해 '나'는 어떤 느낌이 드나요?

• [활동지 6-6] ② 내가 좋아하는 일을 할 때 나의 몸과 마음은 어떤가요?

• 좋아하는 일을 할 때의 나의 신체에 초점을 맞추세요. 그리고 느껴지는 감각을 말해 주세요.

• 내가 지금까지 살아오면서 표현하지 못했지만 지금이라도 표현하고 싶은 욕구가 있다면 어떤 것일까요?

• 내가 지금까지 살아오면서 나의 욕구를 충분히 표현하지 못했다면 그 이유는 무엇일까요?

활동지 6-6 **나의 감각 깨우기**

① 나의 욕구를 따라가 보세요. (시각, 청각, 후각, 미각, 촉각을 자극하는 욕구)

나는 무엇을 볼 때 즐겁지? _____

내가 좋아하는 색은 뭐야? _____

내가 좋아하는 냄새는? _____

내가 좋아하는 소리는? _____

내가 좋아하는 음식은? _____

내가 좋아하는 감촉은? _____

내가 하고 싶은 취미는? _____

내가 가장 가고 싶은 곳은 어디야? _____

내가 가장 원하는 것은 뭐야? _____

② 내가 하고 싶은 일을 푯말에 동사로 표현해 보세요.

걷다
쓰다
가르치다
그리다
춤을 추다

③ 내가 지금까지 살아오면서 나의 욕구를 충분히 표현하지 못했다면 그 이유는 무엇일까요?

사실 '나'는 괜찮지 않았지만 괜찮다고 했던 것은 (　　　　　　　)입니다.

사실 '나'는 싫었지만 그냥 좋다고 했던 것은 (　　　　　)입니다.

'나'는 (　　　　　　　　　　　)이 싫었습니다.

출처: 리딩큐어연구소(2013)를 참조하여 저자가 재구성함.

6. 나의 강점 파악하기

1) 목표 및 기대효과

- 나의 강점과 흥미 등을 알아보고 나의 강점을 활용하여 미래의 모습을 볼 수 있다.
- 내가 알지 못했던 강점을 파악하고 은둔을 하면서 경험했던 부정적 자아상에 대해 새로운 면모를 살펴볼 수 있다.

2) 과정 및 내용

- 강점 검사지를 실시한다.
- 검사지를 통해 나의 강점을 파악한다.
- 그중 세 가지 강점을 적고, 그 강점을 통해 내가 하고 싶은 일들을 표현해 본다.
- 만약 내가 죽기 전에 꼭 해야 하는 일이 있다면 어떤 것들을 해 보고 싶은지 구체적으로 생각해 본다.

3) 상담으로의 적용

- '나'의 강점에는 어떤 것이 있을까요?
- 그중 마음에 드는 강점 세 가지만 적어 보세요.
- 그 강점 중에서 새롭게 알게 사실이 있다면 어떤 것일까요?
- 강점들을 통해 실현하고 싶은 것이 있다면 어떤 것이 있을까요? (구체적이고 특정한 직업이 아니어도 좋음. 밑에 제시된 예(〈표 6-1〉)처럼 '나'는 나의 강점을 가지고 이런 사람이 되었으면 좋겠다고 표현해도 좋음)
- '나'의 강점을 살리는 데 방해가 되는 걸림돌에는 어떤 것이 있을까요?
- 그 걸림돌을 뛰어넘기 위해 해야 할 일은 무엇인가요?
- 만약 '나'의 삶이 일주일밖에 남지 않았다면 죽기 전에 하고 싶은 일을 이야기해 보세요.

표 6-1   '이런 사람이 되고 싶다'의 예

성격이 좋은 사람	여러 사람과 잘 어울리는 사람
지위가 높은 사람	돈이 많은 사람
공부를 잘하는 사람	자신의 분야에서 최고인 사람
포기할 줄 모르는 사람	상상력이 풍부하고 창의적인 사람
자기 자신을 지킬 줄 아는 사람	도전 정신이 강한 사람
성실하고 지혜로운 사람	명석하고 진취적인 사람
실패를 두려워하지 않는 사람	정직하고 성실한 사람
꿈을 잃지 않는 사람	봉사 정신이 강한 사람
자신감이 넘치는 사람	작은 일에도 감사할 줄 아는 사람
다정다감한 사람	명랑하고 웃음이 많은 사람

출처: 서울특별시 교육연구정보원(2011).

활동지 6-7 **'나'의 강점 알아보기**

① '나'의 강점에는 어떤 것이 있을까요? 그중에서 마음에 드는 세 가지만 적어 보세요.

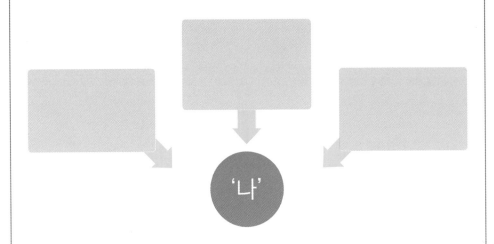

② '나'의 강점을 활용해서 하고 싶은 일이 있다면 어떤 것이 있을까요?

_____

_____

_____

_____

③ '나'의 강점을 살리는 데 방해가 되는 걸림돌에는 어떤 것들이 있을까요? 그리고 그 걸림돌을 뛰어넘기 위해 해야 할 일은 무엇인가요?

④ 만약 '나'의 삶이 일주일밖에 남지 않았다면 죽기 전에 하고 싶은 일은 무엇일까요? 하루에 한 가지씩 써 보세요.

출처: 서울특별시 교육연구정보원(2011)을 참조하여 저자가 재구성함.

7. '나' 돌보기

1) 목표 및 기대효과

- 지금까지 살아오면서 내가 '나'를 돌보았던 경험을 통해 나의 돌봄 방식을 점검해 본다.
- 현재 '나'의 삶에서 내가 '나'를 어떻게 돌보고 있으며 그러한 돌봄이 '나'에게 어떤 영향을 미치고 있는지 살펴본다.

2) 과정 및 내용

- '나'를 돌보는 방식에는 어떤 것들이 있는지 생각해 본다.
- 기존의 돌봄 방식이 '나'를 돕는 데 도움이 되었는지 생각해 본다.
- 나의 돌봄 방식이 도움이 되었다면 어떤 점이 도움이 되었는지 생각해 본다.
- '나'를 위한 새로운 돌봄 방식이 있다면 어떤 것이 있는지 열거해 본다.

3) 상담으로의 적용

- '나'를 돌본다는 의미는 무엇일까요?
- 기존의 '나'를 돌보았던 방식은 '나'에게 도움이 되었나요?
- 내 인생에서 가장 힘들었던 시기, 그 시기 나의 돌봄 방식은 어떠했나요?
- '나'를 돌보기 위해 애썼던 방식이 나와 주변 사람들에게 어떤 영향을 미치고 있나요?
- 만약 새로운 방식으로 '나'를 돌본다면 어떤 방법이 좋을까요?
- '나'를 잘 돌보기 위해 '나'에게 당부하고 싶은 것이 있다면 어떤 것이 있을까요?

활동지 6-8   **내가 '나'를 위해 해 줄 수 있는 일이 있다면……**

① '나'는 '나'를 돌본 경험이 있나요? 나를 돌보기 위해 했던 일이 있다면 어떤 것이 있을까요?

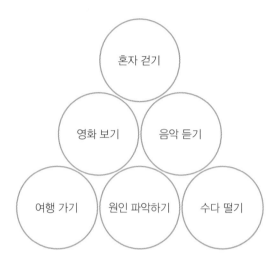

_____

_____

② 내 인생에서 가장 힘들었던 시기에 '나'는 '나'를 어떻게 돌보았나요?

_____

_____

③ '나'를 좀 더 잘 돌보기 위해 '나'에게 당부하고 싶은 것이 있다면 어떤 것이 있을까요?

_____

_____

8. 내가 그려 보는 미래의 '나'

1) 목표 및 기대효과

• 상담을 통한 자신의 변화를 이야기하고 자신의 미래를 생각해 볼 수 있다.
• 그동안의 상담 회기를 되돌아보고 생각의 변화가 있었다면 그 생각을 반영하여 미래에 대한 희망을 가질 수 있다.

2) 과정 및 내용

• 미래의 모습을 머릿속으로 그려 본다.
• 현재의 모습과 미래의 모습은 어떻게 다른지 표현해 본다.
• 앞으로 살아갈 '나'에게 어떤 말이 도움이 될지 생각해 본다.
• 그 말을 담아 '나'에게 격려의 편지를 쓴다.

3) 상담으로의 적용

• 미래의 '나'는 어떤 모습인가요?
• 미래의 '나'는 지금의 나와 어떻게 다른가요?
• 미래의 '나'는 누구와 있나요?
• 미래의 '나'는 어떤 감정을 느끼고 있나요?
• 현재 내가 고민하고 있던 문제들은 미래에 어떻게 되었나요?
• 그 문제를 해결하는 데 '나'는 어떤 노력을 기울였나요?
• [활동지 6-5]에서 나의 도식을 확인하였습니다. 그 도식을 바탕으로 '나'에게 해 주고 싶은 말이 있다면 무엇일까요?
• 과거의 '나'도, 현재의 '나'도, 미래의 '나'도 '나'입니다. 그런 '나'에게 격려의 편지를 쓴다면 어떤 말을 해 주고 싶은가요?
• 그 말을 지금 '나'에게 말로 전해 주세요.

활동지 6-9 **세상으로 나아갈 '나'에게……**

여기서 당신은 자신의 미래를 영화의 한 장면처럼 연출할 수 있습니다. 카메라에 보이는 '나'는
어떤 모습이며 '나'는 어떤 감정을 느끼고 있나요?

출처: 서울특별시 교육연구정보원(2011)을 참조하여 저자가 재구성함.

활동지 6-10 **삶이 지칠 때 '나'에게 보내는 격려 편지**

앞에서 우리는 나의 도식과 나의 욕구들을 만나 보았습니다. 과거의 '나'도, 현재의 '나'도, 미래의 '나'도 나입니다. 그런 '나'에게 격려의 편지를 쓴다면 어떤 말을 해 주고 싶은가요?

(＿＿＿＿＿＿)며 살아온 '나'에게

＿＿＿＿＿＿＿＿＿＿＿＿＿＿＿＿＿＿＿＿＿＿＿＿＿＿＿＿＿＿＿＿

＿＿＿＿＿＿＿＿＿＿＿＿＿＿＿＿＿＿＿＿＿＿＿＿＿＿＿＿＿＿＿＿

＿＿＿＿＿＿＿＿＿＿＿＿＿＿＿＿＿＿＿＿＿＿＿＿＿＿＿＿＿＿＿＿

＿＿＿＿＿＿＿＿＿＿＿＿＿＿＿＿＿＿＿＿＿＿＿＿＿＿＿＿＿＿＿＿

＿＿＿＿＿＿＿＿＿＿＿＿＿＿＿＿＿＿＿＿＿＿＿＿＿＿＿＿＿＿＿＿

＿＿＿＿＿＿＿＿＿＿＿＿＿＿＿＿＿＿＿＿＿＿＿＿＿＿＿＿＿＿＿＿

＿＿＿＿＿＿＿＿＿＿＿＿＿＿＿＿＿＿＿＿＿＿＿＿＿＿＿＿＿＿＿＿

＿＿＿＿＿＿＿＿＿＿＿＿＿＿＿＿＿＿＿＿＿＿＿＿＿＿＿＿＿＿＿＿

＿＿＿＿＿＿＿＿＿＿＿＿＿＿＿＿＿＿＿＿＿＿＿＿＿＿＿＿＿＿＿＿

＿＿＿＿＿＿＿＿＿＿＿＿＿＿＿＿＿＿＿＿＿＿＿＿＿＿＿＿＿＿＿＿

＿＿＿＿＿＿＿＿＿＿＿＿＿＿＿＿＿＿＿＿＿＿＿＿＿＿＿＿＿＿＿＿

＿＿＿＿＿＿＿＿＿＿＿＿＿＿＿＿＿＿＿＿＿＿＿＿＿＿＿＿＿＿＿＿

참고문헌

리딩큐어연구소(2013). 중학생을 위한 리딩큐어: 자아정체감형성. 서울: 리딩큐어연구소.

서울특별시 교육연구정보원(2011). 초등학교 심성수련 프로그램: 자아존중감.

오제은(2009). 자기사랑노트. 서울: 샨티.

제**7**장
은둔형 외톨이 당사자 상담의 사례 연구

이 장에서는 앞에서 학습했던 것을 재확인하고 정리하는 시간을 갖기 위해 은둔 경험이 있는 내담자의 사례를 사례개념화 및 상담 과정과 함께 제시한다. 실제 사례를 접함으로써 은둔형 외톨이 사례가 다른 대상 사례와 어떤 부분에서 차이가 있으며 그것이 그들의 어려움과 어떤 관련성이 있는지를 이해하는 계기가 되었으면 한다. 조금 더 힘든 사례도 있었지만 동의를 얻기 어려워, 동의를 얻은 두 사례를 제시한다. 두 사례의 공통점은 은둔 경험이 있는 남학생이며, 은둔에서부터 벗어나서 날갯짓을 준비하는 과정에 있는 내담자라는 점이다.

1. 은둔형 외톨이 당사자 사례 I

1) 내담자 기본정보

(1) 인적사항
민경진(가명), 남, 만 21세, 대학교 2학년 휴학.

(2) 내방경위
어머니가 상담자의 지인을 통해서 자녀의 상담을 의뢰하였다. 어머니의 보고에 의하면 아들은 상담 경험이 여러 번 있으며, 상담에 대한 생각이 나쁘지 않고 상담에 대한 동기는 있다. 어머니 자신이 기존에 만났던 상담자들에 대해 상담자마다 자신은 잘못

되었고, 자녀의 편만을 들어 주는 느낌을 받아 신뢰가 안 생겼고, 그래서 이번에는 자신이 직접 알아봐서 상담자를 선택하였다. 아들이 현재 대학을 휴학하고 있는데, 고등학교 때 은둔 경험이 있기 때문에 다시 은둔을 할까 봐 두렵다고, 아들의 고2의 시간을 경험하는 것은 끔찍하고 제일 피하고 싶다고 하였다.

(3) 주 호소문제
"휴학을 하고 다시 학교로 돌아가는 것이 두려워요."
"기대했던 대학생활에서도 친구관계를 망쳤고, 또다시 문제가 생길 것 같아요."
"관계를 어떻게 해야 하는지 모르겠고, 사람들이 모두 다 나를 너무 싫어하는 것 같아요."
"노력해 보았자 소용이 없어요."
"나를 좋아하는 사람은 없어요."
"술을 한번 먹으면 많이 먹게 돼요. 그러면서도 건강을 신경 써야 한다고 생각해서 영양제를 사게 돼요. 몸을 망가뜨리고 괴롭히는 행동과 내 건강을 생각하는 행동이 동시에 일어나요."

(4) 이전 상담 경험
중·고등학교 다닐 때 청소년상담복지센터에서 줄곧 상담을 받았으며, 고등학교 시절에도 지속적으로 위클래스, 위센터에서 상담을 받았다. 내담자는 상담자가 몇 번째인지 거의 기억이 나지 않는다고 했으며, 거의 5~6번째 정도라고 하였다. 상담이 가장 길게 지속된 것은 15회기였는데, 상담자가 다른 곳으로 이동하면서 다른 상담자에게 의뢰되었다. 중학생부터 시작되었던 상담 경험은 은둔 경험을 벗어나는 데 도움이 되었는데, 상담자가 자신의 이야기를 진짜로 진정성 있게 들어 주었던 것이 도움이 된 것 같다고 하였다. 상담으로 친구관계는 별로 도움이 안 되었으며, 이 부분은 스스로 알아서 해야 하는 것 같다고 말했다.

(5) 인상 및 행동 특성
180cm 이상의 큰 키에 90kg을 육박하는 거대해 보이는 큰 체격을 가지고 있으나, 아주 자세히 보면 올 블랙 의상이 깔끔하면서도 패션 센스가 있다. 위생 상태는 중간 정

도였지만, 상담이 진행되면서 관찰된 바에 의하면 이 내담자의 당시 마음 상태에 따라서 위생 상태가 달라졌다. 처음에는 상담 내내 눈맞춤이 거의 없었고 주로 옆을 보았다. 특히 자신의 이야기를 할 때는 상대를 거의 쳐다보지 않았다. 시선은 아래쪽보다는 주로 옆쪽이었다. 말 속도는 빠른 편으로 계속 쉼 없이 이야기를 하고 같은 이야기를 반복하였다. 전반적으로 두서없이 말하면서 어수선하게 정리되지 않은 말투였고, 내용도 일부 일관성이 없었다.

(6) 가족관계

- 아버지(?): 별로 설명하고 싶지 않은 대상이다. 부모가 이혼만을 하지 않았지 이혼을 한 것이나 다름이 없다. 책임감이 전혀 없으며 이기적이고 자신만 생각한다. 일례로 자신이 은둔하고 있는 시간 동안 자신에게 말을 한번 걸어보지도 않았다. 함께 살기만 하지, 사람 같지 않다는 생각이 많이 든다. 무시 대상이다.
- 어머니(?): 어머니가 경제적인 부분을 모두 책임지셨다. 그렇지만 또한 자신의 어려움을 알아달라고 자신에게 많이 요구하셨다. 아버지에게 요구하여야 하는 것들은 나에게 요구했다는 생각이 많이 든다. 안타깝지만 지겹다.
- 여동생(15세): 어머니에게 예쁜 딸이다. 자신에 비해서 엄마에게 잘하고, 엄마가 하라는 대로 한다. 나도 가족 중에서 여동생이 가장 좋다. 말이 통한다.

내담자가 부모의 나이를 모른다고 일관하여 정확하게 탐색되지 못했다. 어머니가 외관상으로는 나이가 들어 보이지만, 말하는 시기를 보고 판단하면 실제로는 어릴 것으로 사료된다. 어린 나이에 내담자를 출산하고 그 후 혼인을 한 것으로 보인다.

(7) 발달 과정

무책임하고 자신만 생각하는 아버지 그리고 결혼한 지 20여 년이 지나도록 남편에게 속아서 결혼했다고 귀에 딱지가 않도록 말하는 어머니 사이에서 태어난 내담자에게 가장 기억에 남는 말은 사기결혼이라는 말이다. 제발 아버지와 어머니가 이혼하기를 바랐던 적이 많았다. A지역에서 거주하던 내담자는 초등학교 5학년 때 B지역으로 이사를 하였고, 이 시절 어머니가 전적으로 풀타임 일을 시작하였다. 어머니는 밤 10시가 넘어서야 귀가하셨기에 내담자와 동생은 어머니를 기다리면서 외로운 시간들을 보내게 되었다. 아버지는 특별히 하는 일도 없었고, B지역으로 이사한 후로는 주말이나 한 달에 한 번 정도 집에 왔다. 내담자는 부모님이 이혼하기를 항상 바랐다고 생각했지만, 사실은 아버지를 가끔 보는 것이 두려웠다. 초등학교 때도 중학교에 다닐 때도 친한 친구는 없었기에 내담자는 혼자 노는 것이 익숙해졌다. 학업 성적이 서서히 상승하였는데, 내담자에게 성적은 엄마와 다른 친구들이 자신에게 관심을 갖게 하는 유일한 길이었다. 친구들이 공부에 대해서 물어보면 잘 설명해 주었고 고맙다는 말을 들은 적도 있고 선행상을 받은 적도 있다. 그러나 이상한 냄새가 난다는 피드백과 함께 모든 친구가 없어지는 경험을 하였다. 생각을 안 하려고 했고, 괜히 괜찮은 척을 하면서 살아온 내담자는 언제나 혼자였던 느낌이 많은 편이다. 중학교 3학년 때부터 서서히 이전보다 성적이 떨어졌고, 그로 인해서 어머니와의 갈등도 심해졌다. 우여곡절 끝에 우수한 학생들이 모이는 고등학교에 진학하였지만, 성적은 더 급격히 떨어졌다. 학원도 별로 다녀 본 적이 없고, 엄마에게 학원을 바란다는 것은 쉽지 않았다. 또 학원을 간다고 해도 친구들과의 관계가 쉽지 않았기 때문에 포기했다. 고등학교 1학년이 지나고 2학년으로 올라가면서 '전따'라는 말과 함께 내담자는 거의 일 년 동안 학교에 가지 않았다. 아버지의 무관심과 무책임, 남편 때문에 자신의 인생이 망쳐졌다는 어머니의 말 속에서 자신의 존재감을 느낄 수도 표현할 수도 없는 시간들을 보냈다. 여동생과는 친밀한 시간을 보냈지만, 대인관계가 원만하였던 여동생과의 점점 소원해지는 관계 속에서 어느 관계에도 속하지 못한 소외감만 더해 갔다. 다행히 위클래스 교사와 상담자들이 도와주어서 고등학교를 자퇴하지 않고 졸업할 수 있었다.

2) 사례개념화와 상담 방향

(1) 상담자가 파악한 내담자 문제

무책임하고 자신의 관점만이 중요한 미성숙한 부모에게서 태어나서 초등학교 때까지는 유일하게 여동생과의 관계가 행복한 관계였다. 내담자는 사기결혼을 당한 어머니가 자신에게 보상받고 싶어 한다는 것에 대해서 과도한 부담감을 가지고 있다. 어머니는 경제적으로 최선을 다했고 노력했지만, 내담자는 항상 외로웠고, 전학 간 학교에서 따돌림을 당하였으며 그것이 너무 싫어서 괜찮은 척하고 다니기도 하고 성적을 높이려고 처절하게 노력하기도 하였다. 어머니가 늦게 오는 동안에 여동생과 가정에서 방치된 상태였으며, 위생 상태도 좋지 않았기 때문에 아이들에게는 이상한 냄새가 난다는 소리를 들어 가면서 학교생활을 유지했다. 친구도 없었으며 겉으로는 아무렇지 않은 듯 했지만 실제로 학교에 들어갈 수 없을 만큼 두려웠고 낯설었다. 아무것도 제대로 할 수 없어서 은둔을 하게 되었고, 유일하게 여러 명의 상담자를 거치면서 많은 상담 경험과 그들과의 관계 경험은 이 내담자의 친구관계 경험과는 질적으로 달랐다. 내담자는 어렵게 들어간 대학에서 한번 잘 해 보겠다고 오리엔테이션에서 주도적인 행동을 좀 했는데, 이후 처음 만난 동기와 선배에게 자신을 드러내기 위해서 몸부림치는 사람 같다는 말을 들으면서 실속 없는 사람으로 찍힌 것같이 느껴졌다. 또한 첫눈에 반해 버린 여학생이 있어서 바로 고백을 했는데, 거의 미친놈이라는 말까지 듣게 되었다. 상대방이 처음에는 좋다고 해서 한 달 정도 사귀었고, 공을 들이고 여러 번 생각하고 말했는데, 갑자기 미친놈이라고 하니 내담자는 이를 이해할 수가 없었다.

(2) 상담 목표와 전략

목표를 처음에 합의하는 것은 쉽지 않았다. 상담 경험이 많이 있는 내담자는 목표를 합의하는 과정 자체를 너무도 잘 알고 있었고, 그 과정을 거부하였다. 목표보다는 상담의 방향이나 목적을 정하는 것으로 시작하였다. 목적은 결과에 대한 것으로 상담을 받고 난 이후 원하는 것은 어머니의 행동이 잘못 되었다는 것을 어머니나 다른 사람들이 아는 것이었으므로, 이런 부분이 어째서 중요한지, 그렇게 되면 자신에게 돌아오는 것은 무엇이라고 생각하는지에 대해서 논의하였다. 상담의 목표는 상담 초기를 지나서 상담 중기에 논의되었다.

① 합의된 상담목표

• 어머니의 강요로부터 벗어난 생활을 시작한다.

② 상담전략

• 어머니와의 관계에서 진정으로 바라는 것이 무엇인지 자신의 욕구를 이해한다.
• 어머니 이외의 관계에서 진정으로 바라는 것이 무엇인지 자신의 욕구를 이해한다.

3) 상담 진행 과정 및 내용

(1) 전반적 흐름

상담 과정은 접수면접 포함 총 11회기 진행되었다. 상담이 시작되고, 2회기 동안은 상담에 대한 몰입이 떨어졌으며, 어머니가 의뢰한 상담에 대한 거부감과 불편감을 표현하였다. 주로 상담은 내담자의 주 호소문제를 포함하여 과장하거나 왜곡된 부분들을 구체화하고 객관화하는 데 초점을 맞추었다. 예를 들어, '노력을 해 보았자 소용이 없다고 생각한다고 말할 경우'에 어떤 노력을 했는지, 소용이 없다는 것은 어떤 것인지, 그럴 때 느껴지는 마음은 어떤 것인지, 그것이 때마다 다른지 또는 같은지 등이었다. 기존에 상담 경험이 많았던 내담자여서 그런지 머무는 것은 충분히 가능했지만, 구체화하거나 객관화하는 것에는 합리화하면서 은근슬쩍 넘어가려고 하는 경우가 많았다. 이 부분에 대해서도 그 회기는 넘어갔다고 하더라도 다음 회기에 비슷한 이야기가 나오면 잊지 않고 다루었다. 상담 과정을 초기, 중기, 후기로 나누어 간략히 설명하고자 한다.

(2) 상담 초기(접수, 1~3회기)

기존에 상담의 경험이 많았지만, 어머니가 소개한 사람은 처음이었기 때문에 상담자에게는 까칠하기도 하고 반항적인 모습으로 다가왔다. 상담 세팅에 대해서 불편한 느낌을 많이 보였다. 예를 들어, 상담자가 어머니와는 어떤 관계인지 궁금해하거나 어머니가 소개한 병원보다는 자신이 인터넷으로 찾아서 간 병원이 더 저렴하고 약도 훨씬 더 좋다고 하였다. 상담자는 내담자의 말에 집중하면서, 내담자의 말이나 반응에 머물러서 다루려고 하였다. 예를 들어, 인터넷으로 찾는 행동은 많이 하는 행동인지, 병원에 가려고 한 마음은 어떤 것인지, 어떤 약을 먹고 있는지, 까칠하고 반항적인 모습으로 비추어지기도 하는데 그것은 평소 자신의 모습에 비추어 볼 때 어떤 것인지 등을 표현할 수 있도록 하였다.

초기에 두 가지에 초점을 맞추었는데, 하나는 관계에 대한 것이 나오면 사소한 것이라도 관계 속에 있는 마음을 언급하려고 한 것이었고, 다른 하나는 일상생활에 대한 것이었다. 이전의 고립된 생활과 지금의 일상생활에 어떤 차이가 있는지, 일상생활 속에서 변화라는 것을 떠올리면 무엇이 생각나는지 등이었다. 상담자가 어떻게 보이는지에 대해서 내담자는 상담자가 어머니 또래의 어른으로 보인다고 반응하였다. 상담 초기에는 상담에 대한 거부감을 보였는데, 상담 자체보다는 상담내용이 어머니에게 전달되는 것에 대한 불편함이었다. 관계 탐색을 하면서 현재 어머니와는 싸움에 지쳐서 관계는 악화되어 있었고, 많은 오해와 갈등이 내담자 마음속 깊이 뿌리박혀 있어서 마음을 푼다는 것이 쉽지 않아 보였다. 병원에서 실시한 심리검사 결과지를 가지고 와서 해석을 요청하였는데, 긍정적인 면이나 세부적인 부분을 연결해서, 그것이 생활속에서 어떻게 드러나고 있는지를 설명하였다. 그때부터 내담자는 조금씩 상담관계에 몰입하게 되었다.

(3) 상담 중기(4~8회기)

밀착된 어머니와의 관계를 조금은 객관적으로 볼 수 있게 되었고, 이로써 어머니의 잔소리와 퍼붓는 욕을 일상생활 속에서 어떻게 처리하고 있는지 자신의 모습을 확인할 수 있도록 하였다. 언급하고 싶지 않다고 말은 하면서 지속적으로 어머니에 대해서 말을 하고 있는 자신의 모습을 즉시 다룸으로써 그 문제에 걸려 있는 자신을 볼 수 있도록 하였다. 냉소적이고 사이코패스라서 친구 한 명이 없는 병신 같은 놈이라는 말이 자신을 얼마나 힘들게 했는지를 조금은 깊게 느끼고 그 감정에 머무는 경험을 함께 하였다. 스토리텔링 기법을 활용했는데, 내담자가 꾸었던 악몽이나 부정적인 경험들을 다시 직면하고 그것을 새로운 스토리로 구성할 수 있도록 하였다. 새로운 스토리를 만드는 시간을 보내면서 내담자는 자신이 상처를 많이 다루었다고 생각했는데, 부모님, 특히 어머니에 대한 미움이 이렇게까지 클 줄은 몰랐다고 말하였다. 어머니가 퍼붓는 욕을 피하기 위해서 처음에는 문을 잠가서 들어오지 못하게 하였더니 어머니는 문고리를 아예 빼서 없애고 자유자재로 들락날락하였다고 하였다. 나중에 어머니에게 확인하였는데, 어머니는 아이가 자살할까 봐 그랬다고 이야기하였다. 그것이 진심이라고 하더라도 내담자가 느끼는 공포는 상상 이상으로 컸고 이로 인해 관계가 많이 악화되어 있었다.

어머니의 언어적 폭력, 어머니가 경계 없이 자신의 방에 드나드는 비밀도 없는 열악한 환경 속에서 내담자는 어머니의 존재를 아예 없는 것으로 생각하는 행동을 하면서 집에서 시간을 보냈다. 어머니가 욕을 멈춘다면, 자신의 일상생활에서 조금이나마 변화할 수 있는 것은 무엇인지에 대해서 다루었고, 그러는 과정 중에 아르바이트를 구하게 되었다. 아르바이트를 구하는 과정에서 상담자는 면접 준비를 약간 도왔다. 자신이 원하는 햄버거 가게에서 햄버거 굽는 일을 가장 낮은 단계부터 시작했는데, 아르바이트를 하면서 일상생활에 변화가 생기기 시작했다.

어머니는 상담이 끝날 때마다 아들과 어떤 이야기를 나누었는지를 상담자에게 몰아치듯 물어보았는데, 상담자는 아들에게 물어보도록 안내하였다. 어머니는 아들이 상담 과정 중에 자신에 대해서 어떻게 반응하고 있는지를 매우 궁금해하였다. 상담자는 어머니에게 상담을 권하였지만 거부하였고, 자신의 아들이 집에서는 말을 하지 않고, 자꾸 자신과의 관계가 더 나빠지는데 그것이 상담 때문인 것 같다고 말하였다. 이에 상담자는 어머니와의 상담을 한 회기 가졌고, 오해가 있다면 오해를 가지게 된 배경과 맥락을 이야기할 수 있도록 하면서 어머니도 이전 상담자와의 아픈 경험이 있음을 알게 되었다. 상담자는 어머니가 아들과의 관계를 조금 더 객관적으로 볼 수 있도록 하였다. 8회기에 내담자는 어머니와 함께 상담을 해 보고 싶다고 하였고, 상담자가 그 역할을 해 줄 수 있는지 물어보았다.

(4) 상담 후기(9~10회기)

내담자는 일상생활에서 큰 변화는 없지만, 일주일에 3일은 아르바이트를 하면서, 작은 관계지만 자신이 친구나 동료들과의 관계를 처음으로 하기 시작하였다고 하였다. 내담자는 친구가 전혀 없다고 하였지만, 결국 중학교 때 동네 친구가 한 명 있었다는 것을 기억해 내고, 메신저로 대화를 시작하였다. 아르바이트를 하는 시간에는 늦지 않게 가게 되고, 그곳에서 만나는 사람들과 약간의 소통을 하게 되면서 아주 조금씩 다른 사람이 나에게 관심을 줄 수 있구나 하는 생각을 하게 되었다. 또한 이전에 책에서 읽었던 것을 함께 나눌 수 있을 만큼의 관계가 되었다. 내담자는 상담에서 아르바이트에서 있었던 이야기를 하였고, 대처나 처치적 개입보다는 친구의 마음이 어떤 것인지, 의도가 무엇이었는지를 이야기하였다. 관계 속에서 자신의 마음은 어떤 것인지를 볼 수 있도록 하고 그것들을 다루었다. 9회기는 어머니와 함께 하는 회기로 이루어졌고, 조금씩 서로 마음을 풀어 가고 있음을 확인하는 회기를 가졌다.

애초 상담은 10회기 이상 예정했지만, 내담자가 상담 과정 중에 어머니의 파산과 매우 쪼들리고 있는 현 경제적 상황을 알게 되었다. 이전에 비하면 충분히 자신의 삶을 잘 살고 있기에 조금이라도 더 꾸려 본 후에 다시 만날 것을 기약하면서 10회기(접수면접 제외)로 마무리를 짓는 것으로 합의하게 되었다. 상담목표를 어느 정도 달성한 부분도 있었고, 마무리하면서 다시 시작해 보겠다는 마음에 진정성이 느껴졌는데, 이는 이전에 느껴 보지 못한 것이었다. 이 부분에 대해서도 자세히 다루었다.

4) 상담의 평가

(1) 상담에 대한 상담자의 평가

은둔 경험이나 은둔 과정에 대해서 좀 더 깊이 있게 다룬 점은 긍정적이다. 상담 과정에는 자세히 밝히지 못했지만, 은둔형 외톨이로 지내면서도 그것을 벗어나기 위해 했던 아주 소극적인 작은 노력들을 끄집어냄으로써 자신이 바라고 원했던 것을 명확하게 그릴 수 있게 하였다. 나오고 싶은 마음이 자신에게는 있지만, 어느 순간 습관이 되어서 떨치고 나오는 것이 쉽지 않았다. 대학생이 되기 위한 노력을 기억해 내고 자신이 원하는 학과에도 들어갔으며, 중학교 때 친구를 기억해 내고 그 친구와 다시 연락하고 관계를 유지하면서 자신을 싫어하는 사람만 있는 것은 아니라는 자신의 마음을 신뢰하기 시작하였고, 이로 인해 어머니와의 관계를 이해하는 계기가 생기게 되었다.

내담자가 사용하는 단어나 말에 대해서 의미를 부여하고, 다시금 맥락적으로 이해하게 하였는데, 이는 친구관계가 거의 단절된 상태로 살아왔기 때문이다. 막상 친구와 만났을 때 무슨 말을 어떻게 해야 하는지도 모르겠고 너무 어색했는데, 그 친구와의 관계 속에서 온라인 친구와 실제 친구는 말투나 말의 내용 자체가 다른 점이 있다는 것을 알게 되었다고 하였다. 자신이 사용하는 말이 상대방에게는 어떻게 이해되는지 확인하는 과정에서 상대방의 관점에 대한 이해를 좀 더 빨리 할 수 있었다. 관계도 노력을 통해서 나아질 수 있으며 이것이 연습을 통해서 지속될 수 있다는 것을 조금은 깨달을 수 있도록 하였다. 상담이 진행되면서 두서없이 말하는 것에 대해서 보게 하는 과정이 있었고, 의사표현을 하는 부분이 가장 변화가 많이 된 점이다.

(2) 수퍼바이저의 총평

이 사례는 은둔 경험과 파생된 어려움을 재경험하는 것을 두려워하는 내담자와 총 11회기의 상담으로 종결된 사례이다. 내담자의 삶의 대부분에서 친구들과의 관계에 온 신경을 쏟고 있으며 외로운 일상에서 벗어나 타인의 관심을 받는 데에 초점을 맞추고 있으나 실제로는 친구관계가 좋지 않았다. 어머니를 포함한 상담교사나 상담자의 도움으로 그나마 고등학교를 졸업하여 대학에 진학하였다. 이제는 누구의 도움보다는 혼자서 사회생활에 적응을 하여야 하는 시점에서 대인관계 문제로 휴학을 하고 이전 은둔 경험을 반복하게 될까 하는 불안으로 인한 어머니의 의뢰로 상담을 시작하였다.

이 상담에서 보완되어야 하는 점을 중심으로 논평을 정리하고자 한다.

첫째, 목표를 합의하는 것은 쉽지 않았지만, 어머니의 강요로부터 벗어난 생활을 시작해 보는 것으로 합의하였다. 전반적으로 내담자가 어머니에게서 받았을 강요나 부담이 많이 느껴지는데, 읽으면서는 이해가 되지만 구체적으로 명확하지가 않다. 최소한 이것을 상담목표로 삼았다면 조금은 명확하게 드러냈어야 했을 것이다. 어머니로부터 벗어난 생활이라는 것은 결국은 독립인데, 이것은 아버지와의 관계와는 어떻게 연관 지을 수 있느냐이다. 내담자가 아버지를 생각하고 싶지 않다고 했다고 상담자가 그대로 따라간다. 그렇다면 상담목표는 어머니와의 경제적인 독립을 포함하여 독립은 어떤 것인지 명확히 하고, 아버지와의 관계 정립 속에서 드러날 수 있도록 해야 했을 것이다. 독립은 어떤 것을 의미하는지 그리고 그것이 집에서 있으나 마나 한 것처럼 보이는 아버지와는 어떤 관련이 있는지가 구체적이고 연결 지어 드러나도록 했으면 좋았겠다는 아쉬움이 있다.

둘째, 상담자가 내담자를 얼마나 정확하게 이해하고 있는지에 대한 것이다. 내담자가 호소하는 현재 문제에 대해 자세한 상황 검토를 해야 할 것이다. 대학에 와서 친구관계를 망쳤다고 하는데 그것이 어째서 휴학까지 갔는지, 휴학을 했는데 상담은 아르바이트를 하면서 끝을 내고 있다. 최소 은둔형 외톨이라는 상태는 내담자 인생의 한 과정을 그런 상태로 보낸 것이니 그것의 내용이나 과정이 다른 사람들과는 달랐을 것이다. 내담자의 생애의 굵은 사건에 대해서 좀 더 자세하게 탐색했어야 어머니가 어떻게 개입되고 내담자가 그 경험 속에서 느꼈을 감정에 상담자가 좀 더 함께 머물 수 있었을 것이다.

2. 은둔형 외톨이 당사자 사례 II

1) 내담자 기본정보

(1) 인적사항
이치현(가명), 남, 만 21세, 고1 초에 자퇴 후 고졸 검정고시. 현재 구직 중.

(2) 내방경위

최근에 SNS를 통해서 알게 된 형들이 상담을 권해서 요즘 상담은 좀 변화했나 하는 마음에서 와 보게 되었다.

(3) 주 호소문제

"특별한 문제는 없는데, 게으르고 무기력해져서 아무것도 힘이 나지 않아요."

"무기력하고 에너지가 없어 최소한의 생계 유지를 위한 활동 외에는 아무것도 할 수 없어요."

"물론 중학교 다닐 때에 비해서는 죽고 싶지는 않아요."

(4) 이전 상담 경험

내담자는 중학교 2학년 때부터 고등학교 1학년 초 자퇴를 하기 전까지는 몇 달씩 은둔생활을 하다가 학교에 다시 가는 형태를 반복했다. 자퇴 이후에는 약 2년 동안 집 밖으로 거의 나오지 않았는데, 인기척이 있으면 특히나 더 그랬다. 내담자는 중학교 2학년 때부터 자퇴하기 전까지 집중적으로 청소년상담센터, 교회 사람, 학교 선생님 등 여러 사람과 상담을 했다. 내담자는 힘듦을 알아주는 것은 괜찮았지만, 결국은 상담을 통해서 내담자의 변화를 유도했던 것 같고, 스스로도 변화를 하는 것이 필요하지만 무언가를 하도록 변화를 강요받는 느낌이어서 힘들기만 했다고 한다. 강요받는 느낌은 내담자가 가장 피하고 싶은 느낌인데, 무엇을 하고 싶은데 할 수 없는 마음을 많이 공감받지는 못했던 것 같다고 하였다. 상담자들은 공감을 해 주었지만, 결국은 자신들이 원하는 방식으로 내담자를 변화시키려 했기에 상담에 대해 좋지도 나쁘지도 않은 인상을 가지고 있다.

(5) 인상 및 행동 특성

170cm 초반의 키에 통통한 체격이다. 숱이 많은 편인데, 온통 머리를 거의 흰색으로 탈색해서 언뜻 보면 여학생인지 남학생인지, 연령과 성 구분이 쉽지 않다. 이런 적이 없었는데 최근에 거의 6개월 동안 강박적으로 머리 색깔을 탈색하는 데 많은 시간을 보내고 있다고 한다. 무기력하지만 자극을 주기 위한 방편으로 염색, 탈색을 반복한다고 한다. 들어올 때와 나갈 때 깍듯하게 인사를 하는 것이 인상적이다. 오랜 시간 은둔생

활을 하였다는 것이 와 닿지 않는 모습이었다. 상담실에 들어와서 앉아서 그 자리가 불편해 보이지 않고, 자연스럽고 익숙해 보인다. 상담의 경험은 보고하는 것보다 더 많아 보인다. 눈맞춤은 자연스러우나, 자세히 보면 긴장되고 경직된 태도가 보이기도 한다. 관계 경험을 이야기할 때 감정 접촉은 거의 되지 않지만 얼굴은 붉어진다.

(6) 가족관계

- 아버지(50세): 원가족에서 1남 4녀 중 막내아들이다. 직장생활은 꾸준히 하지만 한 직장에 오래 머물지는 않으며 지금 다니는 직장이 처음으로 1년이 넘은 직장이다. 명문대학교를 졸업했지만, 실제로 허드렛일에 가까운 일들을 주로 짧게 짧게 하였다. 첫째, 둘째 누나가 어머니 역할을 해 왔다. 아버지는 고모들에게 매우 의존적이어서 혼자 할 수 있는 것이 별로 없어 보이며 지금도 고모들에게 붙어서 살려고 하는 아버지를 내담자는 이해하기 싫다고 한다. 아버지는 고모들에게는 자신의 의견이 없는데 고모들이 아버지를 의존적으로 만들었다고 생각한다. 생각이 없는 사람이다.
- 친어머니(45세): 3세 때 헤어졌고 친어머니에 대한 기억은 전혀 없다. 내담자는 어렴풋이 아주 어렸을 때 어떤 여성이 자신의 손을 잡았는데 그 손이 매우 따뜻했던 기억이 있다. 하지만 고모는 그 여성이 엄마가 아니라 자신들이라고 주장한다. 네 명의 고모 중 어떤 고모도 친어머니에 대해서 좋게 이야기하지 않아서, 친어머니의 존재는 내담자에게 의미가 별로 없다.
- 새어머니(?): 초등학교 저학년 때부터 함께 살다가 내담자가 중학교 1학년 때쯤 집을 나갔다. 내담자에게 언어적·신체적 폭력을 가했다.
- 이복 여동생(12세): 초등학생.

(7) 발달 과정

내담자가 3세경이었을 때 친어머니가 집을 나가고 내담자는 아버지와 생활했다. 4명의 고모가 있었지만 내담자에게 전혀 신경을 쓰지 않았고 방치된 채로 성장하였다. 친어머니가 집을 나간 이후 어머니를 만난 적은 없고 어머니에 대한 기억도 전혀 없다. 초등학교 저학년 때부터 새어머니가 들어와 함께 살기 시작했다. 새어머니는 고모들 앞에서는 최소한 상냥하고 착한 척을 하지만, 실제로는 그렇지 않았다. 내담자는 처음에는 엄마가 없던 상태였기 때문에 새어머니에게 정서적으로 많이 의지했다. 새어머니의 언어적 · 신체적 폭력이 약간씩 있었는데, 그것에 대해서 내담자는 다른 아이들도 그렇게 자라는 것이라고 생각했다. 초등학교 1학년 때부터 중학교 1학년 때까지 새어머니의 학대는 지속되었다. 여동생이 생겨서 너무 좋았고 동생을 안아 주고 돌보고 그랬는데 그럴 때마다 새어머니는 매서운 눈으로 내담자를 쳐다보면서 "때리려고 그런 것은 아니니?"라고 쏘아붙이듯이 말하곤 했다. 내담자는 맞으면서도 새어머니에게 잘 보이려고 매우 노력하였다. 그러나 동생을 돌보고 새어머니에게 사랑받기 위해서 노력했던 시도들은 항상 학대나 거절로 되돌아왔고, 피하거나 참거나 할 수밖에 없는 비참하고 힘든 시간 속에서 부정적인 감정만이 크게 자리 잡았다. 또 다른 어린 시절의 기억으로 새어머니가 내담자를 막대기나 손으로 때릴 때, 어린 여동생이 옆에서 울고 있었던 장면이 있다. 새어머니가 내담자에게 언어적 · 신체적 학대 행동을 하였는데도 아버지는 별로 관심이 없다가 고모들이 문제를 삼는 경우에만 반응을 하였다. 아버지도 공부 때문에 내담자를 때리고 공격하였다. 초등학교 4학년 때쯤 얼마나 맞았는지 다리에 멍이 든 채로 학교에 갔는데, 담임교사가 그것에 대해서 물어보았고, 엄마에게 맞았다는 말을 해서, 새어머니와 아버지가 학교에 오셨다. 당분간 폭력은 없었지만, 내담자가 중학교 1학년 때쯤 새어머니가 집을 나가기 전까지 새어머니의 폭력은 지속되었다. 여동생이 5세쯤 되었을 무렵, 내담자가 중학교 1학년 때쯤, 새어머니가 아버지의 적으나마 모든 재산을 가지고 도망을 갔다. 새어머니가 집을 나간 직후에 내담자는 많이 외로워서 새어머니에게 메시지를 하기도 했다. 메시지를 주고받은 적은 있지만 이후로 새어머니도 여동생도 보거나 만난 적은 없다.

2) 사례개념화와 상담 방향

(1) 상담자가 파악한 내담자 문제

내담자는 어린 시절부터 아버지와 새어머니로부터 신체적 · 언어적 폭력을 당했다. 아버지와 새어머니의 신체적 · 언어적 폭력과 강압으로 인해 내담자는 자신의 존재감에 손상을 입었고 강한 양육 방식 때문에 자신의 욕구를 억압한 채로 살 수밖에 없었다. 적절하게 감정을 표현하지 못하고 감정을 느끼는 순간 감당하기 힘든 상황에 직면하면서 어릴 때부터 감정을 차단하는 방법으로 자신을 보호하며 지내왔다. 내담자는 자신의 욕구는 언제나 좌절되었다는 생각을 가지고 있으며 가족과 세상에 대한 부정적인 사고(내가 하고 싶은 것은 다 못하게 함/폭력/강요)와 분노가 내재화되어 있다. 기질적으로 순하고 사람을 좋아하는 내담자는 학대를 했던 새어머니나 아버지에게도 감정을 억압하고, 도리어 그들에게 사랑받기 위해서 노력한 시간이 더 많았다. 아버지는 공부 때문에 내담자를 때리고 공격했으며, 새어머니는 내담자가 조금이라도 거슬리기만 해도 바로 큰 소리, 잔소리, 회초리, 옥박, 비난이 이어졌다. 늘 공부에 대한 강요가 있으며 내담자는 자신이 하고 싶어서 했던 기억이 거의 없고, 아버지와 새어머니가 하라는 대로 일단 수동적으로 행동하고 그렇게 대처하며 지내왔다. 내담자는 초등학교 시절부터 감정을 감당하기 어려운 상황이 생길 때마다 감정을 차단하고 느끼지 않으며 견뎌왔다.

중1 때 새어머니가 아버지의 재산을 가지고 집을 나가면서 가정의 경제적 수준은 나락으로 떨어졌고, 내담자는 중2 때 처음으로 은둔생활을 시작하였다. 고등학교 1학년 초에 자퇴를 하기까지 몇 개월씩 은둔생활이 이어지고, 자퇴 이후에는 2년간 은둔생활을 하였다. 당시에는 방에서도 잘 나오지 않았다. 은둔을 하던 시기가 길어졌을 때는 둔마된 감각을 경험하기도 하였다. 혼자만의 공간에 들어가면, 아버지는 내담자를 방에서 끄집어내려고 잔소리하고 이전의 방식대로 때리려고 하였다. 어느 날 내담자가 뒷꿈치로 아버지 목을 누르며 힘으로 아버지를 제압한 이후에는 각자 생활을 했다. 어느 날 내담자는 아버지가 자신을 완전히 무시한다는 생각이 들었고, 최소한 고졸은 해야겠다는 생각이 들어 고졸 검정고시를 3개월 인터넷 강의로 준비했고 합격했다. 하지만 또다시 소용이 없다는 마음이 들고 무기력한 생활에 빠지게 되었다.

(2) 상담 목표와 전략

① 합의된 상담목표

규칙적인 수면 시간과 식사를 하면서 일상생활을 유지한다. 구직활동에 대해서 다른 사람들은 어떻게 하고 있는지 확인하고, 자신이 할 수 있는 만큼 하루에 조금씩 계획을 세워서 시도한다.

② 상담전략

상담에서 무언가를 해야 한다는 마음이 느껴지면 내담자는 일단 피하려고 하기 때문에 일상생활의 생활습관부터 규칙적으로 할 수 있도록 한다.

3) 상담 진행 과정 및 내용

(1) 전반적 흐름

접수 포함 12회기 상담을 진행했으며, 수면 시간과 식사와 관련된 일상생활이 적절하게 유지되었고, 감정을 조금이나마 인식하고 그것을 느껴 보는 과정을 통해서 자신에게 긍정적인 정서도 있다는 것을 확인하면서 힘을 내기 시작하였다. 하루에 아르바이트 하는 시간을 조금씩 늘려서 하루 7시간을 일하면서 상담을 종결하였다. 내담자는 일단 아르바이트에 집중해 보고자 하였으며, 일을 하면서 힘들더라도 긍정적인 힘을 지속적으로 발굴하고자 하였는데, 이것을 말하는 표정이 정말로 길을 찾은 듯 편해 보였다. 접수면접을 포함하여 상담 회기를 간단히 정리하였다.

(2) 상담 초기(접수, 1~4회기)

상담에 대해서 의미를 부여하고 싶지 않다. 단지 게으르고 아무것도 안 하고 있어서, 상담을 통해서 작은 계획이라고 하고 싶었다. 호소문제가 힘을 내고 싶다는 구체적인 말이었으며, 2년간의 은둔 시간을 이제는 종결하고자 하는 마음이 절실함을 알 수 있었다. 상담 경험이 많았던 내담자는 상담을 끊을 수 없다는 것이 더 힘든 것임을 알게 되었다. 상담을 끊을 수 없다는 것이 무엇인지 자세히 탐색하였고 의존이라는 것 자체에 불편함이 있음을 알게 되었다. 의존 자체의 불편함은 의존적인 아버지에 대한 분노와 연결되고, 이러한 분노는 밖으로 표출되는 형태가 아니라 항상 좌절이나 무기력으로 드러나고 있었다. 실생활에서 아버지에게 얹혀 살고 있는데, 아버지의 경제적인 압박도 있고 돈을 내고 살아야 한다는 잦은 말로 힘들어하고 있었다. 그러나 자신을 버리지 않은 유일한 사람이 아버지라고 생각하기 때문에, 아버지에 대한 분노가 제대로 표현되고 있지 못하였다. 원망이나 답답한 것을 조금씩 표현할 수 있도록 하였고, 아침에 일어나는 시간이 오전으로 조금씩 앞으로 당겨지고 상담에서 그 부분에 대해서 충분히 다루면서 마음이 편해진다는 말을 하게 되었다. 편하다는 것이 구체적으로 어떤 것인지를 물어보았을 때는 모른다고, 단지 가벼운 것 같다고 하였다. 긍정적인 감정에 좀 더 머무를 수 있는 시도를 하였다.

(3) 상담 중기(5~9회기)

상담 중기에 들어서면서 고깃집에서 아르바이트를 시작하였는데, 코로나 시기인데도 장사가 잘 되는 집을 선택하게 되어서 다행이라고 하였다. 두 번째 아르바이트이고 토, 일요일만 하는데 일을 더 늘려 나가는 것은 당분간 어려울 것 같다고 하였다. 상담의 효과인 것 같다고 말을 하여서 할 수 있는 만큼만 해도 괜찮을 것 같다고 말하였다. 고깃집 아르바이트를 시작하기 위해서 스스로 자신이 한 노력에 대해서 돌볼 수 있는 기회를 가졌다. 물론 어느 회기에서는 약속을 했으니까 상담에 왔다고 퉁명스럽고 적절치 않은 반응을 하기도 했지만, 자신의 감정에 머물면서 마음속에 일어나는 것을 아주 조금 지각할 수 있게 되었다. 밖에 나가서 일을 하니까 아버지가 경제적인 것으로 잔소리하는 것 자체는 줄었다. 내담자는 줄지 않을 줄 알았던 아버지의 잔소리가 줄어든 게 의외였다고 말하였다. 이제는 아버지에게서 독립하거나 분리해서 생각하는 시도를 하는 것이 가장 적절한 대처방법임을 깨닫고 일단 그런 시도를 해 보겠다고 하였다. 상담목표에 초점을 맞추면서도 주변 사람들에 대한 자신의 생각을 정리하는 시간을 가졌는데, 내담자는 초등학교나 중학교 때와는 다른 자신을 발견하고 사람이 변화할 수 있다는 것에 대해서 희망을 아주 조금 가지게 되는 느낌을 받았다.

(4) 상담 후기(10~11회기)

내담자는 부정적인 것만 느꼈고 또 그것을 표현하지도 못했는데, 지금은 긍정적인 감정에 머무는 시간이 늘었고, 자신에게 이러한 기분이 있을 수 있다는 것이 신기하다고 표현하였다. 이제는 주말 알바에서 평일 하루를 더 일하게 되었다. 상담목표의 달성에 대한 이야기를 나누었는데, 성공 경험은 처음인 것 같다고 하였다. 탈색했던 머리도 자신의 머리색으로 돌아왔는데, 그 부분에 대해서 물어보았을 때 막상 해 보고 겪어 보니 탈색이 자신에게 어울리지 않다는 것을 알게 되었다고 하였다. 경험해 보고 나니 보이는 것들도 있다고 이야기하며 그것이 자신의 이야기가 될 줄 몰랐다고 하였다. 또한 강요받지 않는 것이 마음을 움직이게 했다고 이야기하였다. 상담의 아쉬움을 다루었고, 추후상담에 대해서 안내하면서 상담을 종결하였다.

2. 은둔형 외톨이 당사자 사례 II | 145 |

4) 상담의 평가

(1) 상담에 대한 상담자의 평가

상담을 끊을 수 없다는 것과 상담이 강요처럼 느껴졌다는 것에 초점을 맞추었다. 상담에서 무언가를 해야 하는 강요가 가장 힘들었다는 내담자의 말을 있는 그대로 받아들이면서 차단된 감정과 접촉시키려는 시도를 거듭하였다. 자신도 은둔에서 벗어나려고 하는 자신의 마음을 알아주려는 노력을 하였고, 중학교 시절보다는 비극적이지 않게 살아야겠다는 마음을 이야기할 때, 마음속에 작은 감동이 느껴졌다.

긍정적인 감정에 머물러서 좋았다는 말이 지금도 떠오른다. 아이다운 즐거운 표정이었는데 스스로 대견해하는 모습이었다. 내담자는 조금씩 다른 사람의 감정에 관심을 보이기 시작하고 자신의 생각의 틀을 유연하게 하면서 계획을 짜고 계획대로 조금씩 실행해 보는 과정을 연습하였다. 이러한 연습을 통해서 작은 실천이 조금씩 커지고 있음을 상담관계에서 서로 경험하였다. 부모의 학대와 유기불안과 관련해서는 거의 다루지 못하였다. 내담자가 거부한 것도 있었고 합의한 상담목표 내에서 상담을 진행할 수밖에 없었다. 2년간의 은둔생활로부터 벗어나고자 하는 내담자는 그것에만 초점을 맞추기를 바랐다. 상담자가 보기에는 다루어야 할 순위가 바뀐 것 같았는데, 내담자를 넉넉히 바라보면서 원하는 대로 상담을 진행하려고 했다. 상담자로서는 다루어야 할 문제가 떠다니는데, 내담자의 속도대로 따라가는 것이 당연함에도 불구하고 마음속에는 뭔가 못한 기분이 많이 드는 사례였다.

(2) 수퍼바이저의 총평

이 사례는 게으르고 무기력해져서 아무것도 힘이 나지 않지만 이제는 은둔에서 벗어나려는 시도를 하는 내담자와 11회기(접수면접 제외) 상담으로 종결된 사례이다. 아쉬운 점에 대해서 간략히 언급하고자 한다.

첫째, 상담자가 이 내담자의 외상에 대해서 간과한 부분이다. 외상이 행동에 미치는 영향은 내담자에게 어떤 잘못이 있어서가 아니라 내담자에게 무슨 일이 있었느냐이다. 물론 상담자가 물어봐 주지 않았다는 것은 아니다. 내담자가 보고하는 이면에 있는 외상과 관련된 부분을 상담자가 통찰력 있게 품어 주었으면 하는 아쉬움이 있다. 내담자에게 구체적으로 어린 시절에 무슨 일이 있었는지에 초점을 맞춘 시각으로 바라보았어야 했다. 좀 더 민감하게 내담자의 경험에 초점을 맞추어서, 대인관계에서 안전감을 느끼고 정서적인 상태를 조절할 수 있는 경험이 상담 중에 충분히 다루었어야 했다.

둘째, 이 내담자에게 심리검사를 실시하지 않았다면 그 이유는 무엇이었는지를 확인해 보는 것이 좋을 듯하다. 참고 견뎠던 내담자가 지속적인 학대를 하고 결국에는 자신을 버리고 갔던 새어머니에게까지도 메시지를 보내고 매달렸던 그 슬픔과 외로움을 상담자가 품어 주기 위해서는 내담자도 자신의 마음을 이해하기 위한 근거가 필요했을 것이다.

제**8**장

은둔형 외톨이 부모의 특징

이 장에서는 은둔이나 고립을 하는 가족구성원으로 인해 상담을 요청하는 내담자들의 특징에 대해 살펴보고자 한다. 이들 대부분은 은둔 자녀로 인해 상담을 요청하는 부모이지만, 동생 혹은 오빠나 형의 문제로 상담실을 찾는 경우도 있다. 부부가 함께 상담을 받는 경우도 많고, 부모와 자녀 한 명이 함께 상담을 받으며 대응방법을 찾는 경우도 있다. 각 가정의 상황과 구성원들의 특성이 다르기 때문에 획일적으로 말하기는 어렵지만, 이들 내담자가 갖는 일반적인 특징에 대해 살펴보기로 하자.

1. 인지적 특징

1) '~해야 한다'는 당위적 사고

가족구성원 중 은둔하는 사람이 있어 상담실을 찾는 내담자들은 자녀 혹은 자신의 삶에 대해 '반드시 ○○○여야 한다' '꼭 △△△해야 한다'와 같은 고정적 생각을 하는 경우가 많다. 예를 들면, '우리 사회에서는 반드시 대학을 졸업해야 먹고 살 수 있다.' '사람들과의 관계가 좋아야만 사회생활을 할 수 있다.' '남자가 유능하려면 외향적이고 자기주장을 할 수 있어야 한다.' '부모는 반드시 자녀의 사회적 독립을 책임져야 한다.' 등의 생각이 이에 해당된다.

이들의 생각이 전체적으로 잘못된 것은 아니다. 우리 사회에서 대학을 졸업하면 취업 기회가 넓어지고, 대인관계를 잘하고 외향적인 사람이 사회생활에 유리하고, 일반적으로 부모는 자녀의 독립을 돕기 위해 애를 쓴다. 하지만 문제는 생각 속에 '반드시, 꼭, 언제나, 필연적으로'와 같은 당위성이 들어간다는 점이다. 당위적 사고를 하는 경우 그 생각대로 결과가 나오지 않을 때 파국 혹은 인생의 끝이라고 생각하게 되는 문제가 생긴다. 또한 파국적인 결과가 나오지 않도록 하기 위해 극도로 긴장하고 불안한 가운데 상황을 대하기 때문에 오히려 좋지 않은 결과가 생기기도 한다.

2) 잘못한 부분에 대한 자책

은둔이나 고립 자녀를 둔 부모들은 '아이를 잘못 키운 내 잘못이다.' '~ 때 그랬어야 했다.' '그렇게 하지 말았어야 했다.' 등과 같이 자신이 잘못한 부분에 대한 자책을 많이 한다. 자책에는 자신이 좋은 양육 방식을 몰랐고 삶의 지혜가 부족했다는 '무지'에 대한 자책이 많다. 자녀 양육이나 부모 역할 혹은 가정을 꾸려 살아가는 전반에서 그때는 모든 것이 처음이라 잘 몰랐고 모르고 한 것들이 많았다는 생각이다. 이렇게 자신이 의도하지 않았고 잘해 보려 한 것이 오히려 나쁜 결과로 이어졌다는 점에서 부모들은 가슴을 치며 큰 안타까움을 토로하기도 한다.

또한 과거 자녀가 힘들어했을 당시 전혀 몰랐다고 자책하는 경우도 많다. 이 또한 무지에 대한 후회일 수 있는데, 그 당시 힘듦을 표현했을 텐데 민감하게 알아차리지 못했고 적절하게 대응해 주지 못했다고 자책하는 것이다. 다음의 예들이 그에 해당된다(파이교육그룹, 2020).

> "나는 살기 힘들었고 그래서 내가 살아온 방식대로 열심히 살아야만 한다고 생각했다. 돈을 잘 벌었기 때문에 내가 못 받은 것을 아이에게는 해 주려고 했던 것 같다. 그런데 지금은 그런 것보다 그때 아이가 아팠구나…… 하는 생각이 든다."

> "가정적으로 무관심했으며 자기중심적이었고 아내가 이해하지 못하는 행동을 하기도 했다. 아이가 세게 나오면 나도 세게 나가고 나의 관점으로 아이를 보거나 피곤하면 욱하기도 해서 많이 싸웠다. 아이가 부모 자격이 없다고 했다. 결혼을 하고 아이를 낳을 자격이 없다고."

"참…… 미안한 게…… 물론 기질적으로 내성적이고 타고난 건 맞는데…… 이 아이와 좀 더 정서적인 교류를 하기 위해서 어떻게 하면 상호작용을 많이 할 수 있을지…… 그런데 무심했고 공부 잘할 때만 칭찬해 주고 반응해 주고 그랬다. 얘는 공부를 잘하는 게 제일 장점이었다고 생각한 거 같고 나도 공부 잘하면 크게 문제없다고 생각했던 거 같다. 대화 자체도 원래 말이 적으니까 원래 그런 앤가보다 했다. 지금은, 반성을 많이 했다."

자녀의 은둔생활을 이해하고 해결해 나가기 위해 과거의 양육 방식이나 관계 방식을 되돌아보는 과정에서 부모로서의 자신을 자책하는 시간을 많이 갖게 된다. 지금까지 부모로서 당연히 해 오던 행동들, 살기 바빠 남들이 하는 정도의 양육을 했다고 생각했는데 그것이 아이에게는 상처가 되고 성장을 막는 행동이었다는 것을 알게 되었을 때, 자녀가 겪는 어려움을 자녀의 입장에서 보게 되었을 때 큰 죄책감을 느끼게 된다. 부모님의 이러한 인식은 지금까지 자녀를 부족한 존재로만 보고, 부모의 성향에 맞춰 살아가는 것을 당연하게 여겼던 인식을 전환하는 계기가 될 수 있다. 그 순간은 아프지만 반면에 자녀의 현재 모습에 비춰 본 부모로서의 자신을 바라볼 수 있는 계기가 될 수도 있다.

3) 과거 경험에 대한 세부적인 반추

자녀가 힘들었을 때 자신이 했던 부적절한 반응에 대해 자책하며, 이러한 과거 특정한 사건의 세부사항을 비교적 구체적으로 기억하고 계속해서 반추하는 경우가 많다. 예를 들어, 가족 간 불화가 심했을 때 자신이 경험한 사건의 세부내용이 자꾸 떠올라 괴롭다고 호소하는 경우도 있다. 또는 어린 시절 자녀가 친구 문제로 어려움을 호소했을 때 자신이 차분하게 들어 주고 수용해 주지 못했던 날의 기억을 끊임없이 떠올리며, 자녀의 눈빛이나 자신의 말투 등을 세세하게 기억하고 하나하나에 괴로워하며 시간을 보내는 경우도 있다. 다음의 예들이 그에 해당된다(파이교육그룹, 2020).

"뭘 갖고 싶다는 것이 없던 아이였는데 중학교 때인가 카메라를 갖고 싶다고 했다. 사 달라는 것도 아니었는데 바로 그런 거 사 줄 돈도 마음도 없다고 거절했다. 사 달라고 조른 것도 아니고 있으면 좋겠다는 거였는데…… 처음으로 그런 말을 했는데 그걸 거절했다. 그런 걸 몰랐다. 그게 자꾸 생각이 난다."

"초 6학년 때 햄스터를 키워서 팔고, 토끼도 키우고 싶다고 했는데 내가 그것이 지저분하고 징그럽고 감당이 안 돼서 못하게 했다. 진짜 좋아하는 것을 못하게 한 것이 후회가 된다. 그때 원하던 눈빛과 내가 못하게 했던 장면이 자꾸 생각난다."

물론 이러한 반추는 자녀의 은둔에 대한 원인을 찾으면서 후회 감정과 함께 자연스럽게 생겨날 수 있다. 하지만 이러한 기억과 감정 속에만 묻혀 있는 것이 과연 자녀를 위하는 것인지 혹은 자신의 감정에만 충실한 것인지 생각할 필요가 있다. 과거 경험을 자녀와 나누고 부모로서 잘못한 부분을 사과하는 것은 매우 중요하다. 하지만 자녀에게 반복해서 잘못을 빌고 지난 세월에 대한 부모의 후회, 절망, 무기력감을 끊임없이 호소하는 경우 은둔 자녀는 '지긋지긋하다'와 같은 격한 반응을 보이는 경우가 많다. 이런 경우는 부모가 의식하지 못하더라도 은둔 자녀를 돕기 위한 태도를 넘어 부모 자신의 감정을 애도하고 다룬다고 봐야 할 것이다.

2. 정서적 특징

1) 불안

은둔 및 고립 자녀를 둔 부모의 가장 큰 특징 중 하나는 매우 심한 불안을 느낀다는 것이다. 이들은 가장 흔하게 자녀가 지금 같은 상태로 계속 살아가게 될 것 같아 불안하다고 호소한다.

"아이의 미래를 생각하면 너무 불안해요."
"내가 쌓아 온 인생이 다 무너지는 것 같아서 불안해요."

자녀가 희망과 자신감을 잃고 세상과 단절한 채 살아가는 모습을 매일 지켜봐야 하는 부모에게는 당연한 감정일 수 있다. 또한 하루가 다르게 변하는 사회에 맞춰 모두가 앞을 향해 달리는 가운데 자신의 자녀만 정체되고 더 이상 세상에 합류하지 못할 것 같은 불안은 이해할 만한다. 하지만 불안한 마음은 어떻게 해서라도 빨리 자녀를 사회적 궤도에 다시 올려놓아야 한다는 조급함으로 이어지기 쉽다. 이런 걱정과 불안한 마음을 참다가 한꺼번에 자녀를 다그치는 일도 빈번하게 생겨 문제를 더 악화시키기도 한다.

2) 우울, 무망감

자녀의 변화를 위한 다양한 시도에도 불구하고 나아지지 않을 때 부모들은 깊은 우울에 빠지게 된다.

> "내가 할 수 있는 게 아무것도 없어요. 나아질 기미가 보이지 않아요."
> "할 수 있는 건 다 해 봤지만 모두 소용없었어요. 변할 것 같지 않아요."
> "아이도 잘 키우지 못하는 내가 다른 뭘 더 할 수 있겠어요."
> "아침에 나도 잠 깨기가 싫어요. 살아서 뭐 하나 싶어서……."

이들은 자녀의 은둔 상황을 막기 위해 노력하는데도 은둔 기간이 점점 길어지면서, 지금까지 자신이 살아온 방식이 크게 잘못되었다고 느끼는 경우가 많다. 따라서 새로운 정보도 모으고 배우려고 애를 쓰지만 어떻게 해야 이 상황을 벗어날 수 있을지 길이 보이지 않을 때 무능감, 혼란감, 무기력을 느끼게 된다. 이런 경우 은둔 자녀의 문제를 다루기 이전에 부모의 심리적 회복에 초점을 맞추는 것이 필요하다. 결국 부모나 가족의 도움 속에서 세상으로 나가는 일이 가능할 텐데, 가족구성원 대부분이 좌절하고 우울해져 있는 상태에서는 누구도 도움을 제공할 수 없기 때문이다.

3) 원망

자신을 포함한 가족구성원이 그토록 애를 쓰는데도 자녀에게 변화가 없을 경우, 절망과 함께 원망과 미움의 감정을 느끼는 경우도 많다. '저렇게 잔인할 정도로 나와 가족을 고통스럽게 해야 하나……. 그 정도로 내가 잘못한 것이 많은가?' 하며 삭힐 수 없는 분노를 느끼는 경우도 있다. 때로는 '원수를 갚아 주고 싶을' 정도의 감정을 느끼고, '같이 죽고 싶을' 정도의 격한 감정을 느끼는 때도 많다고 호소한다. 입장을 바꿔 보면 계속적인 노력에도 미동도 없이 은둔하는 자녀에게 원망과 미움을 느끼는 것은 당연할 수 있다.

하지만 대부분의 부모는 자신이 계속해서 사과하고, 수용하고, 지지해야만 자녀가 은둔에서 벗어날 거라는 생각에 사로잡혀 자신의 부정적 감정을 억누른다. 이 경우, 자신의 솔직한 감정을 가감 없이 탐색하고 인정하도록 하는 것이 중요하다. 수용되는 감정(예: 미안함, 사랑함)만을 인정하는 반면 수용되지 않는 감정(예: 미움, 원망)을 지속적으로 억누를 때 이것이 자녀와의 소통에서 폭발적으로 나타날 수 있기 때문이다. 만일 부모에게 이러한 부정적인 감정이 가득 차 있다면, 자녀에 대한 도움과 소통에 초점을 두기 이전에 부모의 감정을 탐색하고 다루는 상담이 먼저 이루어질 필요가 있다.

4) 안쓰러움, 불쌍함

대부분의 부모는 은둔하는 자녀에 대한 감정이 원망과 미움으로 끝나지 않아 더 큰 괴로움을 호소한다. "젊은 애가 저렇게 은둔하고 있는 모습이 안쓰럽기만 하다." "착하고 자기 할 일 잘하던 애였는데 저렇게 다운되어 있는 모습이 너무 불쌍하다." "자기도 많이 힘들 것 같아 생각하면 눈물이 멈추지 않는다."라고 감정을 토로하곤 한다. 이런 호소는 내담자가 상대(은둔하는 가족구성원)를 이해하고 공감하는 태도를 취하는 것을 의미하기도 한다. 따라서 이런 감정을 보일 경우 어떤 부분이 힘들 것 같은지, 그 사람의 현재 생각과 감정이 어떨 것 같은지 등을 보다 구체적으로 다룸으로써 은둔하는 자녀를 좀 더 깊이 이해하는 계기로 만들 수 있다.

5) 두려움, 공포

부모들은 은둔하는 자녀에 대해 두려움과 공포를 느끼는 경우도 의외로 많다. 무엇보다 자녀가 분노 폭발을 하고 자신에게 원망을 쏟아 내는 것에 두려움을 느끼는 경우가 많다. 특히 직간접적으로 자녀의 폭력을 경험하거나 목격한 경우는 신변의 안전에 대한 두려움을 느끼기도 한다. 심지어는 거실을 지나가는 자녀의 발걸음 소리만 들어도 떨리고, 자녀만 있는 집에 혼자 들어가는 것이 무서워서 밖에서 배회하다가 다른 가족과 함께 들어가기도 한다. 세상에서 가장 귀하고 나에게 의지하던 사랑스럽던 자녀를 이제는 '두려운 대상'으로 여길 수밖에 없는 경우, 부모들은 자신의 두려움과 공포를 인정하기 어려워한다. 미움이나 원망과 마찬가지로 자식을 두려워한다는 것이 스스로 용납되지 않는 것이다. 이때 상담자는 우리가 경험하는 어떤 생각과 감정도 잘못된 것은 없고 평가하기 이전에 인정해야 함을 전달할 필요가 있다. 특히 은둔하는 자녀가 폭력적이고 끊임없이 비난을 쏟아 내는 경우 누구라도 두려울 수 있다는 것을 타당화시켜 주는 것이 중요하다.

6) 수치심

은둔이나 고립 자녀를 둔 부모들은 자녀의 상태를 주변에 알리는 것에 대해 매우 큰 수치심을 느낀다. 이에 자녀 및 가족 상황에 대해 개방하는 것을 극도로 꺼리고 친척이나 형제자매에게도 말하지 않는 경우가 많다. 따라서 상담장면에서도 중요한 이슈를 처음부터 내놓지 않는 경우가 많기 때문에, 내담자의 준비도를 살피면서 조심스럽지만 구체적인 문제 상황에 대한 탐색을 이어 가는 것이 필요하다.

7) 위로받고 싶어 함

은둔하는 자녀와 오랫동안 함께 생활하는 부모들은 정신적 에너지가 고갈 상태에 이른 경우가 많다. 자녀의 마음을 건드릴까 두려워 거실에 나가는 것조차 조심하고 거실에서 TV를 보거나 식탁에 앉아 식사하는 것을 포기하는 경우도 많다. 웃음소리나 통화소리도 크게 내지 않고 가족 간의 대화도 당사자에게 들릴까 봐 조심 또 조심하는 경우도 많다. 상담자가 이러한 상황을 구체적으로 확인하며 어려움을 알아줄 때, 부모들은 크게 감정이 흔들리며 오열하는 경우가 많다. 긴 시간 동안 자신도 위로받기를 원했기 때문이다. 자녀를 은둔에서 벗어나게 하는 데만 초점을 두느라 어디에서도 받아 보지 못한 위로를 상담자가 하는 경우 매우 감동하며 감정을 토로하는 경우가 많다.

8) 큰 감정기복

이상에서 보았듯이 은둔 자녀의 부모들은 극단적이고 격한 감정들이 수시로 변화되고 자주 오르내리는 경험을 하는 경우가 많다. 우울하고 무기력해서 다운되어 있다가 불안하고 초조해서 격하게 감정이 올라가기도 한다. 또한 자녀가 밉고 원망스럽지만 다시 불쌍하고 안쓰럽고 때로는 무섭게도 느낀다. 이들이 가장 힘들어하는 것은 이러한 불안정한 감정을 통제할 수 없어 힘들고 미칠 것 같은 것이다. 상담자는 이 모든 감정이 당연하고, 그럴 수 있고, 이상하지 않음을 분명하게 전달할 필요가 있다. 눈에 넣어도 아프지 않을 사랑스러웠던 자녀의 은둔 앞에서, 긴 시간 동안 노력했음에도 큰 효과가 나타나지 않는 현실을 매일매일 마주쳐야 하는 부모로서 이러한 복잡하고 다양한 감정은 너무나 당연하기 때문이다.

3. 행동적 특징

1) 초조한 표정, 불안정한 눈마주침

모든 은둔 자녀와 부모가 그런 것은 아니지만, 초조해하는 감정이 표정이나 몸짓에서 드러나는 경우가 많다. 차분하게 앉아 있는 것을 힘들어하거나 손가락을 많이 움직이거나 눈동자가 흔들리는 등의 행동이 자주 일어난다. 준비되지 않은 내담자에게 이러한 상태를 직면시키는 것은 받아들이기 힘들 수 있다. 하지만 신체적 반응에 함께 주목하며 친절하게 그것이 내적 감정의 표현임을 알려 줄 때, 내담자 스스로도 자신의 감정을 보다 분명히 인식하는 계기가 될 수 있다.

2) 비일관적인 태도와 행동

은둔이나 고립 자녀를 둔 부모들은 자녀에게 바라는 것을 다 내려놓았다고 보고하다가, 다시 일상의 회복을 넘어 취업, 친구관계, 결혼 등 다양한 것을 바라기도 한다. 또한 은둔에 영향을 미친 원인을 잘 인식하고 통찰하다가도, 자녀의 행동은 있어서도 안 되

고 있을 수도 없는 일이라고 강하게 거부하고 수용하기 어려워하기도 한다. 또한 상담
장면에서 의존과 공격의 비일관적 태도를 보이는 경우도 많다. 상담자가 전적으로 문
제를 해결해 주기를 바라며 강하게 의존하다가도, 동시에 그러한 변화가 빠르게 나타
나지 않을 때 감정적인 반응을 보이며 공격하기도 한다.

　이러한 태도는 갑작스러운 행동으로 이어지기도 한다. 예를 들어, 상담 일정을 갑작
스럽게 변경하거나 상담을 중단하기도 한다. 이러한 심리적 불안감, 비일관성 등으로
인해 상담에 지긋하게 참여하는 것을 힘들어하고 빠르게 변화가 나타나지 않을 때 효과를
의심하며 상담을 중단하는 경우가 많다.

3) 사회적 철수

　앞서 언급했듯 은둔 자녀의 부모들은 '우리 집만 겪는 독특하고 수치스러운 상황'이
라고 생각하며 많은 사회활동을 멈추는 경우가 많다. 자식의 근황이 노출되는 것을 꺼
려 명절모임, 동창회, 동우회. 친구모임에 참석하는 것을 줄이거나 아예 모든 연락을
끊는 경우도 많다. 또한 은둔 자녀만을 빼놓을 수 없다는 이유로 외출, 외식, 여행을 최
소화하거나 몇 년간 하지 않는 경우도 많다. 이런 생활이 지속되면 사실상 당사자뿐 아
니라 가족구성원 모두가 사회로부터 격리되어 외딴 섬에 고립된 것과 같은 상태가 된다. 상담
자는 내담자와 가족들이 현재 어느 정도 사회적 철수를 하고 있는지 구체적으로 확인
하는 것이 좋다. 또한 이러한 격리가 은둔 당사자의 변화에 어떤 도움을 주고 있는지
다루는 것이 필요하다. 만일 이러한 각고의 노력이 은둔 당사자에게 어떠한 변화도 주
고 있지 못하다면 가족 모두가 격리와 사회적 철수를 계속해야 하는지를 검토할 필요
가 있다.

참고문헌

파이교육그룹(2020). 고립청년(은둔형 외톨이) 실태조사 최종보고서.

제9장

은둔형 외톨이 부모 상담의 의뢰 및 접수

이 장에서는 은둔과 고립을 경험하는 자녀의 부모가 상담을 시작하기 위한 상담 의뢰와 접수 단계를 다루고자 한다. 은둔 자녀를 둔 부모들은 이미 크고 작은 마음의 상처가 있다. 지푸라기라도 잡고 싶은 절박한 심정으로, 자녀가 은둔과 고립 생활에서 벗어나 일상으로 복귀하기를 간절히 원한다. 상담으로 연결되는 일련의 과정은 은둔 자녀를 둔 부모 상담의 첫 번째 단추를 꿰는 중요한 시기이다. 어렵게 한 발 내딛고 도움을 요청하는 부모들의 생생한 말과 함께 상담 의뢰에서 접수면접 과정을 살펴보기로 하자.

1. 상담 의뢰

1) 상담으로 이어지는 시발점

(1) 상담을 위한 전화 의뢰

보통의 경우 상담센터를 방문하기 전 전화 문의를 통해 상담을 의뢰한다. 은둔 자녀를 둔 부모는 은둔과 관련하여 전문적으로 상담이 가능 곳인지 상담센터 여러 곳을 사전에 알아보게 된다. 현재 은둔을 전문적으로 상담하는 기관이나 상담센터가 많지 않다. 때문에 인근 지역이 아닌 타 지역의 특화된 기관이나 상담센터를 찾게 되고 그만큼 은둔과 관련된 상담 문의는 점차 늘어나고 있다. 전화 응대 시 바로 상담을 요청하는 경우도 있고, 막상 상담 의뢰를 위해 전화를 걸었어도 어떤 경우에는 은둔 자녀와 부모 자신의 어려움을 차마 말 못하고 수화기를 내려놓는 경우도 있고, 전화 문의를 하기까지 오랜 시간이 걸리기도 한다. 은둔 자녀와 함께 부모 또한 고립된 상태에서 가족이나 친척, 때에 따라 배우자나 부모가 아닌 제3의 인물이 전화 문의를 통해 도움을 요청하기도 한다.

> "아이가 몇 년 째 방에만 처박혀 있으니 저도 덩달아 사람들을 피하게 되고…… 여러 번 망설이다 용기 내서 전화했습니다……."

> "조카가 은둔생활을 하고 있어요. 조카와 언니를 돕고 싶은데 방법을 몰라 전화했습니다. 상담받게 하려면 어떻게 해야 하나요?"

(2) 정보를 얻기 위한 전화 의뢰

부모가 지각하는 자녀의 은둔 상태와 정도는 매우 다양하고 복잡하다. 은둔 자녀를 돕기 위한 부모의 도움 요청은 각 가정마다 차이가 있다. 은둔 자녀를 둔 부모는 직접적인 대면상담 이전에 정보를 얻고 싶어 하기도 한다. 상담 센터와 기관에서 운영하는 일부 프로그램인 부모교육, 집단상담, 온라인 상담, 코칭, 워크숍, 세미나, 은둔에서 회복된 당사자의 특강 등을 통해 도움 받고 싶어 한다. 은둔 자녀와 부모를 위한 전문기관의 서비스로 도움 받을 수 있도록 지지체계와 자원을 확보하고 안내한다.

상담 센터와 기관에 따라 다르기는 하나 만약 부모와 은둔 자녀의 상담이나 관련된 프로그램이 없다면 이를 수용할 수 있는 다른 상담센터와 지역사회 유관기관의 정보를 제공하고 연계해 줄 수 있어야 한다. 부모의 욕구를 만족할 만한 상담과 각종 프로그램이 원스톱으로 동시에 진행되어야 함에도 현장에서는 이를 충족할 만한 시스템 구축이 아직은 부족한 상태이다. 상담으로 바로 이어지지 않더라도 정보를 얻고 싶은 부모에 대해서 관심을 두는 것은 앞으로 상담에 대한 희망과 의지를 지속하여 또 하나의 지지체계 자원을 구축하는 데 큰 힘이 된다.

> "그저 사춘기라고만 생각했어요. …… 은둔에 대한 정보를 몰라 막막하고…… TV를 보니까 제 아이가 은둔인 것 같고 하고…… 솔직히 잘 모르겠습니다."

> "수개월 동안 아이와 말 한 마디를 섞질 못했고 소통이 전혀 안 되고 있어요. 저한테 필요

한 게 뭔지…… 상담받기 전에 먼저 프로그램에 참여해 보고 싶습니다."

"……지난번에 보내 주신 문자 보고 특강 참여했거든요. 여기저기 알아보다가…… 아무래도 상담을 받아 보는 게 좋을 것 같아요. 더 필요한 것이 있다면 추가적으로 도움 받고 싶습니다. …… 내일 방문하겠습니다."

(3) 상담기관 방문 및 가정 방문 상담 의뢰

대개의 경우 방문 날짜를 예약하고 상담실을 찾는다. 은둔 자녀의 변화를 위해 부모 및 가족 상담에 적극적인 상담의지를 표현하는 경우도 있다. 그러나 은둔 자녀와 함께 방문하는 경우는 거의 드물고 한쪽 부모가 내방하게 되는데 자녀 상담을 원하는 경우가 대부분을 차지한다. 일부 부모는 자포자기하거나 견디다 못해 부모 본인의 탓으로 돌려 자기비난이나 수치심과 죄책감으로 잔뜩 풀이 죽어 방문하기도 한다. 부모의 바쁜 직장생활이나 여러 이유로 자녀의 은둔 정도와 심각성을 뒤늦게 인지하거나, 자녀의 급작스러운 변화(분노, 공격성, 폭력)에 놀라 한걸음에 달려오기도 한다. 부부 간 갈등과 가정불화로 도움 받고자 내방했다가 아이의 은둔생활을 토로하기도 한다.

방문 예약 없이 센터에 방문하는 경우도 있다. 은둔 자녀를 바라보는 부모의 애끓는 심정은 경험해 보지 못한 사람들이라면 짐작하기조차 힘든 것으로, 은둔에서 벗어나게 해 달라는 절규에 가까운 심정으로 찾아온다. 그만큼 상담이 절실하게 필요하다는 의미일 것이다. 센터 방문과 동시에 상담이 곧바로 진행되는 경우도 있다. 또는 자녀의 은둔 정도의 심각성에 따라 부모는 상담센터가 아닌 집으로 방문상담을 요청하기도 한다. 자녀가 방문상담을 원하는지, 부모와 함께 상담을 원하는지, 가족 간 합의가 된 것인지, 부모의 일방적인 바람인지 충분히 고려한 후에 방문상담에 대한 매뉴얼이 있을 경우 방문상담을 선택적으로 진행할 수 있다.

"지금이라도 상담받으면 아이가 좋아질까요? 늦지 않은 거죠?"

"말 잘 듣고 공부 잘하고 뭐 하나 부족함 없이 키웠다고 나름 자부심 갖고 살았거든요…… 어디서부터 잘못된 건지……."

"아이의 분노와 폭력이 점점 도가 넘고 무서워서 찾아왔습니다. …… 창피해서 어디 가서 말도 못하고…… 집으로 와서 상담해 주시면 안 되나요."

(4) 메일을 통한 의뢰

은둔 자녀가 직접 메일로 상담을 의뢰하는 경우는 거의 없고, 부모가 메일로 상담을 의뢰하는 경우는 간혹 있기는 하나 흔하지 않다. 특히 자녀의 나이가 많거나 은둔생활이 오래 지속된 경우, 부모는 장년기의 연령대일 것이다. 부모의 연령대를 생각해 본다면 부모가 메일로 상담을 의뢰하는 일은 쉽지 않기에 바로 응대가 가능한 전화로 문의하는 경우가 대부분을 차지한다. 그러나 현재 은둔 자녀의 연령대는 다양해지고 있다. 은둔 자녀의 연령층이 낮은 젊은 층의 부모는 SNS 등의 커뮤니티에 더 편안함을 느낄 수도 있다. 자신의 노출을 꺼리는 부모들도 있기 때문에 메일을 통한 상담 의뢰는 점차 늘어날 것으로 보인다. 전화나 메일 응대 시 얼굴이 보이지 않기 때문에 사소한 말과 행동에 주의를 기울이고 신뢰감을 줄 수 있도록 세심한 배려와 전문성 있는 전화·메일 응대의 중요성을 기억해야 한다.

2) 상담 의뢰 경로

(1) 타 기관에서 소개받은 상담 의뢰

타 기관의 홍보 매체와 자료, 각종 방송 매체와 커뮤니티, 지인 소개, 자조모임 등 여러 경로를 통해 상담 및 관련 프로그램을 의뢰한다. 타 기관에서 연계되거나 소개받아 상담을 의뢰하기까지 상담 의뢰 경로에 대한 대략적인 과정을 알고 있어야 한다. 더 나아가 상담 종결 후 지역사회의 지원단체에서 지원하는 최소한의 연결망까지 확보 되어야 한다는 말이다. 타 기관에서 소개를 받았기 때문에 상담에 대한 기대감은 높을 수밖에 없다. 그로 인해 부모는 빠르고 즉각적인 해결 방안을 요구하는 경우가 많다. 자녀의 은둔생활이 길어진 만큼 고통의 시간도 길었을 것이고, 반대로 은둔생활이 짧기 때문에 조급한 마음에 지치고 힘든 부모 입장에서는 그럴 만하다. 이러한 부모의 마음을 충분히 이해하고 수용하되 부모의 무리한 요구에 섣부른 상담 개입을 하지 않도록 주의한다. 상담의 전문성과 유능성을 지나치게 강조하거나 모든 문제를 해결하려 뛰어들지 말아야 한다(Moursund & Kenny, 2021). 일반 상담에서도 마찬가지이지만 특히 은둔형 외톨이 부

모 상담에서는 상담에 대한 지나친 기대와 과한 상담 개입이 오히려 상담 과정에서 갈
등을 초래하는 요인이 될 수 있기에 유념해야 한다.

> "그동안 여기저기 백방으로 다녀 봤어요. 다른 곳에서 상담도 받아 봤고요. …… 더 이상
> 버틸 힘이 없어요. 저도 저지만, 아이가 어떻게 될까 봐 걱정됩니다. …… 끝이 보이지 않아
> 요……."

> "은둔을 전문으로 상담한다고 들었어요. 어디서 상담을 받아야 할지 고민하다가 함께 다니
> 던 자조모임에서 소개받고 왔어요. 제 아이가 좋아질 수 있는 것은 맞죠? 아이의 은둔을 멈추
> 게 해 줄 수 있는 거죠? 선생님만 믿습니다."

읽을거리 9-1

은둔형 외톨이 지원연대 회원 기관 및 단체와 정책서비스

기관 및 단체	장소	은둔·고립(위기) 관련 프로그램 및 사업
경기도 청소년상담복지센터	수원시 장안구	청소년안전망(지역사회청소년통합지원체계) 운영, 유관기관과의 연계를 통한 위기청소년 상담 및 지원
광주광역시 학교밖청소년지원센터	광주광역시 서구	학교 밖 청소년들의 배움과 자립을 위한 자원 발굴, 정책 개발, 프로그램 운영·지원
광주동구 청소년상담복지센터	광주광역시 동구	은둔형 외톨이 관련 법령 제정, 서비스 개발, 은둔형 외톨이 자립, 상담 및 교육, 정서, 부모교육 등 통합 지원
꿈터청소년대안공동체	교육관/서울 생활관/경기	청소년 대상의 기초교육, 사회적응을 돕기 위한 돌봄과 배움 공동체, 가정형 기숙학교
노원 청소년상담복지센터	서울시 노원구	위기청소년 지원 및 학교밖 청소년을 위한 교육 및 진로, 자립 프로그램 운영
(사)씨즈	서울시 은평구	청년실업 당사자들의 눈높이를 고려한 일자리 개발, 청년 사회적 기업가 양성을 위한 지원

사람마중	서울시 은평구	위기 청소년 및 은둔 자녀의 자립을 위한 청년 자립지원 및 전문인력 양성
사람을세우는사람들 (더유스)	서울시 도봉구	학교 안팎에 위기 청소년과 은둔 청소년을 대상으로 사회 적응, 사회 참여를 위한 심리·정서 지원 및 다양한 프로그램 운영
사회비행자	서울시 구로구	고립과 은둔을 경험한 당사자들이 만든 사회적 기업으로 세미나 콘서트 제작, 기획, 프로그램 활동
생명의전화 종합사회복지센터	서울시 성북구	사각지대에 있는 고립과 은둔 청년 발굴사업, 지역사회 안에서 진로, 일자리 등 맞춤형 프로그램 지원
안무서운회사	서울시 성북구	K2 인터내셔널에서 '은둔고수' 매니저로 활동한 은둔형 외톨이 경험자로 독자적인 사회적 기업 창업, 은둔형 외톨이 출신 전문가 양성
경기 자립지원센터내비두	의정부시 화룡로	보호종료아동(청소년)의 퇴소 후 주거, 취업, 긴급위기 대응, 자립준비를 위한 통합적 지원
(사)지역공공정책 플랫홈광주로	광주광역시 북구	은둔형 외톨이 권리보장, 지원정책 연계 및 협력 체계 구축, 은둔형 외톨이 당사자 부모, 가족 상담과 지원
G'L학교밖청년연구소	서울시 송파구	학교 밖 청년, 위기 청소년, 은둔형 외톨이를 위한 조사, 연구, 교육, 프로그램 개발 및 평가
(주)트립티	서울시 마포구	카페 쇼핑몰 운영 수익으로 소외계층을 지원하는 사회적 기업, 바리스타 교육 및 청소년 체험학습, 직업교육
(사)PIE나다운청년들/ 파이심리상담센터	성남시 분당구	심리상담을 기반으로 고립과 은둔 청년들의 자존감과 주체성 회복을 목표로 나다움 찾기 활동, 은둔 청년과 부모교육, 정서지원 워크숍, 상담, 연구 및 프로그램 개발
(사)푸른고래 리커버리센터	서울시 성북구	보호종료 청년 및 고립청년의 회복을 위한 공동체 지원사업, 자립교육 사업, 프로그램 운영. 리커버리 예술단, 야구단, 상담, 직업체험, 부모학교, 세미나 운영
한국은둔형외톨이 부모협회	서울시 서대문구	은둔 자녀를 둔 부모들이 만든 자조모임으로 지역사회에서 독립적인 삶을 살아갈 수 있도록 부모 지원 활동

한국은둔형외톨이 지원연대	서울시 서대문구	은둔형 외톨이에 대한 사회적 인식 개선과 제도 마련을 위한 가족지원, 개선, 협력, 교육사업과 연구 활동
(사)한빛청소년재단	서울시 송파구	위기 청소년 발굴과 상담, 자립을 목표로 학업과 진로 탐색 및 취업, 홀로서기 준비과정에 도움
건강가정지원센터 (1577-9377)	가족문제 예방과 해결을 위한 가족 상담, 교육 및 문화 프로그램 지원	
고용복지플러스센터	고용-복지 통합 서비스로 제대군인을 포함하여 고용노동부에서 안내	
여성긴급전화 (1366)	가정폭력, 성폭력, 디지털성폭력, 데이트 폭력, 성희롱 등 긴급구조를 위해 24시간 운영 안내	
Wee 프로젝트 기관	학교, 교육청, 지역사회가 연계하여 소속된 학생, 부모, 교사 지원	
자살예방센터(1393)	자살 고위험군(자해, 자살 시도, 자살 유가족)은 무료로 24시간 안내	
정신건강복지센터/ 중독관리통합지원센터 (1577-0199)	전문적인 사례관리 및 위기개입, 가정방문상담, 지역주민이면 무료 이용가능, 24시간 상담 가능(지역 및 기관에 따라 다름) 인근 보건소의 정신건강상담, 보건복지상담센터(129) 지원 안내	
진로체험지원센터	견학, 진로캠프, 진로특강 및 프로그램, 인근 교육지원청에 신청 안내	
청소년사이버상담센터 (1388)	여성가족부 운영, 365일 24시간 무료상담 및 청소년동반자 프로그램으로 찾아가는 상담 프로그램, 인근 청소년상담복지센터 안내	
학교폭력 신고센터 (117)	학교, 가정폭력, 여성폭력 및 성매매 피해자를 위한 긴급지원센터로 24시간 지원 안내	

출처: 김혜원 외(2021).

(2) 상담기관 내 관련 프로그램 참여 후 상담 의뢰

앞서 말한 바와 같이 현재 은둔을 전문적으로 상담하는 지역 내 상담기관과 상담자가 많지 않기 때문에 타 지역에 있는 부모들의 상담 의뢰가 많아지고 있다. 또한 관련 기관의 프로그램이 확대되고 있으며, 부모들의 온·오프라인 프로그램 참여 후 상담문의도 점차 늘어나고 있다. 보통의 경우 부모교육이나 관련 집단 프로그램들은 단회기성으로 짧게 끝나는 경우가 대부분이다. 그러다 보니 깊이 있는 주제를 개별적으로 탐색하는 데는 한계가 있을 수밖에 없다. 그럼에도 부모들은 일단은 짧은 회기 동안 필요한 도움을 받고 그 이후에나 상담으로 이어 가려 한다.

부모교육이나 관련 집단 프로그램을 통해 상담의 필요성을 느끼게 되는 부모들은 변화하고자 하는 의지와 내적 자원의 힘을 더 얻고 싶어 한다. 부모 자신이 무너지지 않고 지금까지 어렵고 힘든 상황을 견뎌 온 과정을 지지받으며 정서적 위안과 함께 보다 구체적인 상담을 원하기도 한다. 부모 상담을 최종 결정하기까지 상담기관과 상담자의 전문성을 끊임없이 확인하고 긴장과 기대감을 동시에 가지고 상담을 의뢰하기 때문에 은둔 자녀와 은둔 자녀를 둔 부모 상담은 성공적인 사례를 다뤄 본 상담자에게 맞춤형 상담을 원한다. 그럼에도 부모 상담으로 이어지는 경우는 많지 않은 것이 현실적인 어려움이다.

> "남편과 사이가 좋지 않은 것이 아이에게 문제가 될 거라곤 생각 못했습니다. …… 부부가 함께 참여하는 분들을 보니까 서로의 속마음도 알 수 있고 이해받는 것 같아 부럽네요. 상담이 가능하다면 남편과 상담받아 보고 싶네요."

> "우리 가족만 힘든 줄 알았습니다. 아이에게만 문제가 있다고 생각했습니다. 제가 모르고 있는 게 많은 것 같습니다. 비슷한 아픔이 있는 분들과 고민을 나누니 힘이 납니다. 어떻게 하면 아이를 방에서 나오게 할지 개인적으로 상담받고 싶습니다."

3) 상담 의뢰와 경제적 요인

은둔 자녀를 둔 부모는 시간적·공간적·거리적·경제적·물리적인 요인 등을 비롯한 기타 주변 환경의 차이가 있고, 상담에 대한 기대와 효과는 각 가정마다 다를 수밖에 없다. 상담 동기나 욕구는 있지만 그것이 경제적이거나 그와 관련된 요인으로 인해서 상담 의뢰로 바로 연결되지 않는다. 때로는 직접적인 언급은 하지 않지만 다른 이유를 들어 상담 자체를 주저하거나 포기하는 경우도 적지 않다. 경우에 따라 중/장기 상담의 필요성을 충분히 인지하고 있으나 실제는 단발성 상담으로 끝나기도 한다. 상담자는 은둔 부모의 개인적인 상황과 환경을 고려해야 하는 현실적인 어려움이 있다. 은둔 청년 당사자인 경우에는 2019년 「청년기본법」 제정으로 지역사회와 관련된 유관기관 이용 제한이 없거나 최소한의 비용지출, 청소년동반자 프로그램을 통해 찾아가는 상담이 진행되고 있다(오상빈, 2020). 또한 부모들은 단기 부모교육과 관련 프로그램을 통해 필요한 도움을 받은 후 상담으로 연결되는 과정에서 상담 대신 다른 단기성 프로그램으로 대체하거나 망설이기도 한다. 이 과정에서 상담자가 부모 상담을 강하게 밀어붙이거나 무리하게 진행하지 않도록 주의하고 부모의 선택권을 존중해야 한다.

> "아이들 상대로 무료로 상담해 주는 곳도 있다고 들었습니다만…… 먹고 살기도 빠듯하고…… 경제적인 상황이 좋지 않아 제가 상담받아야 할지 고민입니다."

> "……교육받을 땐 알겠는데 지나고 나면 다시 제자리걸음하는 것 같아요. …… 아이만 바라볼 수도 없는 노릇이고요. …… 그래서 다시 왔습니다. 상담으로 구체적인 도움을 받고 싶어도 제 형편으로는 프로그램으로라도 대체해야 할 것 같습니다."

4) 상담 의뢰 시 염두에 두어야 할 점

부모는 상담을 통해 무엇보다 자녀의 변화에 초점을 두려고 할 것이다. 부모 상담의 필요성을 느끼면서도 상담의 주체가 부모 당사자보다 은둔 자녀이길 바란다. 그러나 은둔의 정도와 상태에 따라 자녀가 상담하고 회복하기까지 오랜 시간이 걸릴 수 있다는 것을 수용해야 한다. 자녀 상담 이전에 부모가 먼저 자신을 돌보고 챙길 수 있어야 한다. 지금 당장 은둔 자녀 상담이 아니더라도 부모 상담이 선행되어야 한다. 즉, 상담의 주체는 은둔 자녀를 위해 내방한 부모 자신이 되어야 한다는 말인데, 이는 결과적으로 자녀의 회복을 돕는 과정의 일부임을 상담 의뢰 시 안내한다.

상담의 주체는 부모 자신이라는 사실을 염두에 두고 접수 예약 날짜에 상담자와 첫 만남이 시작된다. 첫 방문 의뢰 시 접수면접과 첫 회기 상담이 동시에 진행되기도 한다. 전화 · 이메일 · 방문 상담 의뢰에서 접수면접 그리고 최종 상담자까지 연결되는 과정이 매끄럽게 진행되면 좋겠지만 상담 연결이 더디게 진행되고 어려울 수도 있다. 최종 상담 예약을 하고 오지 않은 경우도 더러 있다. 분명 그럴 만한 이유가 있을 것이기에 관심과 지지를 보내야 한다.

> "아이는 꿈쩍도 안 하고…… 제가 상담받는다고 무슨 도움이 되나요? 저보다 아이가 상담받았으면 좋겠어요."

> "남편은 아이의 은둔이 내 탓이래요. 내가 아이를 잘못 키운 거라고. …… 나도 할 말이 많거든요. …… 내가 볼 땐 남편이 상담받았으면 좋겠어요. 함께 오자고 했더니 나 혼자 상담받으라고 하네요……."

> "내일 상담 예약한 날인데요…… 개인적인 사정으로 취소하겠습니다. 상담은 조금 더 생각해 보고 다시 연락드리겠습니다."

2. 상담 접수

1) 접수면접자의 자세와 사전 준비

(1) 필수적인 부모에 대한 이해

은둔 자녀의 부모들은 상담 의뢰에서 접수면접까지 상담센터에 대한 정보와 상담 여부를 두고 많은 고민 끝에 상담센터를 찾아온다. 은둔 자녀 때문에 왔으므로 부모 자신은 문제가 없다고 생각하거나, 반대로 모든 책임은 부모 자신에게 있다고 받아들이기도 한다. 무엇을 어떻게 해야 할지 도무지 알 수 없는 막막함과 두려움, 그동안 자녀의 회복을 위해 동분서주하게 움직였으나 해결책을 찾지 못한 무기력함과 대면하게 된다. 경우에 따라 상담 자체에 대한 이해 부족과 상담에 대한 편견이 있을 수도 있다. 이전 상담에 대한 부정적인 기억과 상담자의 실력 부족으로 은둔 자녀의 변화가 없다고 생각하는 경우도 있다. 은둔 자녀에게 그 어떤 도움도 되지 못하고 손발이 묶인 채 그저 바라볼 수

밖에 없는 부모의 심정을 이해하여야 한다. 부모들이 자녀를 양육한 경험이 있고 경력이 많은 특화된 전문 상담자를 선호하는 이유가 여기에 있다. 부모는 하루에도 수차례 다양하고 혼란스러운 수많은 감정에 압도되는 경험을 한다. 정서적 어려움을 호소하는 부모들의 마음을 적극적으로 헤아리고 수용하는 자세에서 상담 접수가 진행된다.

> "이전 상담자는 아이 편만 들고…… 상담받으면 아이가 금방 좋아질 줄 알았어요. 아이는 방에 그대로 있고 해결은 안 되고…… 저도 할 만큼 했거든요. …… 제 인생은 어디서 보상받죠?"

> "아이 키우는 게 제일 어렵고 힘든 것 같습니다. …… 선생님도 아이 키울 때 힘드셨다니 위로가 되네요. 왜 우리 아이는 평범한 일상조차 어려운 건지. …… 다른 건 안 바라요. 그냥 남들처럼 평범하게만 살았으면 좋겠어요……."

(2) 첫 상담 준비

접수상담에서 접수면접에 필요한 서류들을 미리 준비하고 맞이한다. 최소한 10~20분 전에 미리 마음을 정리하고 비워 내는 작업을 하는 것은 상담자로서 부모에 대한 예의이다. 부모가 먼저 와서 기다리게 해서는 곤란하다. 접수면접은 실제적인 첫 상담이라고 해도 과언이 아니다. 접수면접을 통해 자녀의 변화를 간절히 바라고 이후 상담을 빠르게 결정하고 지속하게 된다(박현주, 2015). 그만큼 접수면접의 중요성을 간과해서는 안 된다. 숙련된 상담자일 경우 접수면접과 동시에 첫 회기 상담을 진행하기도 한다. 접수면접자와 실제 상담자가 다른 경우도 있다. 만약 접수면접자와 실제 상담자가 다를 경우 중복된 질문으로 했던 말을 반복하게 하여 부모가 불편감을 느낄 수 있다(이수현, 최인화, 2020). 효과적인 상담을 위한 절차임을 접수면접 시 미리 안내할 필요가 있다.

> "상담하러 온다고 하니 긴장도 되고, 한숨도 못 잤습니다. 늦을까 봐 일찍 왔습니다. 상담은 처음이라……."

> "저를 상담해 줄 상담자가 따로 있다고요?"

2) 접수면접자의 첫 만남

(1) 첫인상

첫 만남의 공간은 어색하고 불편한 낯선 장소이다. 물리적 공간과 환경을 살피고 점검하는 것도 잊어서는 안 된다. 첫 대면에서 라포를 형성하는 일은 쉽지 않다. 그럼에도 접수면접자는 은둔 자녀와의 관계를 새롭게 풀어 나가려는 부모와 상담자 간 중요한 마중물 역할을 하게 된다. 접수면접자가 부모를 관찰하고 탐색하듯 부모 역시 상담실의 분위기와 상담자를 관찰하고 있다는 것을 기억하고 앞으로의 상담에 대한 신뢰를 얻는 것이 필수적이다. 상담실 내부 공간은 편안하고 그 어떤 비난과 평가 없이 상담자와 안전한 장소에 함께 있다는 것을 느낄 수 있어야 한다. 접수면접자가 초보 상담자라면 상담자의 걱정과 불안이 전달되지 않도록 자신의 심리 상태를 점검(이수현, 최인화, 2020)하고 자기관찰이 병행되어야 함을 잊어서는 안 된다. 접수면접 과정은 상담실 문을 여는 순간부터 시작됨을 상기하고 부모의 사소한 행동관찰, 상호작용, 언어 · 비언어적 표현 방식 등을 면밀하게 살피되 따뜻함을 잃지 말아야 한다.

(2) 접수면접 과정이 기본 과제

부모가 상담실을 내방했을 때 보편적으로 가장 먼저 상담 신청서를 작성하게 된다. 상담 접수를 예약하고 올 경우 상담 신청서와 함께 부모가 지각하는 은둔 자녀 간단 체크리스트(〈표 9-1〉)는 접수면접 시작 전 대기 시간에 미리 작성하게 하는 것이 좋다. 상담자 앞에서 작성하는 것이 다소 부담스럽게 느껴질 수 있고 접수면접 시간을 단축할 수 있어서이다. 부모는 상담 신청서를 미리 작성하면서 접수면접자의 질문을 미리 예상해 볼 수 있고 긴장된 상태에서 잠시 숨을 고르면서 접수면접을 준비할 수 있다.

상담 신청서의 기본적인 인적사항이나 은둔 자녀의 간단 체크리스트 기록을 의도적으로 누락하거나 혹은 모호하게 작성하는 경우도 있다. 부모의 불편한 심정과 입장을 고려하여 상담 신청서에서 빠진 부분에 대해서는 추후 보완할 수 있다. 접수면접자는 부모가 작성한 상담 및 심리검사 신청서와 자녀의 은둔 정도 체크리스트를 바탕으로 상담신청 경위, 심리검사 신청, 상담 경험, 건강 상태, 가족관계 및 대인관계, 상담에 대한 동기와 기대, 바람 등 현재 부모의 상태와 응급조치와 위기 정도 등을 파악하고 핵심적인 주 호소문제에 초점을 두어 대략적으로 문제를 이해한다. 심리검사에 대한 부담감을 갖는 경우도 있

[표 9-1] 부모가 지각하는 은둔 자녀 체크리스트

은둔 자녀의 간단 체크리스트		
자녀의 은둔 기간	☐ 부가 생각할 때 (　　)부터 (　　년)(　　개월)/ 모르겠다(　　　) ☐ 모가 생각할 때 (　　)부터 (　　년)(　　개월)/ 모르겠다(　　　)	
자녀의 은둔 상태와 정도	일상	☐ 가끔 방에서 나온다.　☐ 필요할 때는 밖으로 나온다. ☐ 혼자 있을 때만 나온다. ☐ 방에서 아예 나오지 않는다. ☐ 모르겠다.
	식사	☐ 함께　☐ 방에서 혼자　☐ 차려 주는 식사 거부　☐ 주문 배달
	공간	☐ 가끔 방 청소는 한다.　☐ 방문은 항상 잠겨 있다.　☐ 쓰레기장이다.
	위생	☐ 규칙적으로 씻는다.　☐ 가끔 씻는다.　☐ 안 씻는다.
	상담	☐ 경험 없다.　☐ 있다.
	약물	☐ 없다　☐ 약물 복용　☐ 진단명(　　　)
	과거	☐ 모범생　☐ 평범　☐ 학교 · 직장 내 따돌림　☐ 가정 내 폭력
	행동	☐ 학교 · 직장 거부　☐ 침묵 · 회피 · 무기력　☐ 강박적 행동 ☐ 분노 표현　☐ 폭력　☐ 기물 파손　☐ 자해　☐ 자살 시도
	계기	☐ 학업 문제　☐ 친구 문제　☐ 군대 제대 후　☐ 진로와 취업 문제 ☐ 가족 간 갈등 ☐ 모르겠다.
	대화	☐ 나하고만 대화한다.　☐ 나하고만 대화를 안 한다. ☐ 필요에 따라 일부 다른 가족과 부분적인 대화는 한다(누구:　　). ☐ 가족과 전혀 대화 없다.
자녀 양육경험	남편은	☐ 강압적　☐ 폭력적　☐ 무관심　☐ 부족함 없이 다 해 줬다. ☐ 문제될 게 없다.　☐ 모르겠다.
	아내는	☐ 강압적　☐ 폭력적　☐ 무관심　☐ 부족함 없이 다 해 줬다. ☐ 문제될 게 없다.　☐ 모르겠다
과거 · 현재 배우자와 관계	남편과	☐ 별 문제 없었다.　☐ 평소 갈등이 있었다(정도: 상 / 중 / 하). ☐ 아이로 인해 더 멀어졌다. ☐ 아이로 인해 더 가까워졌다.　☐ 모르겠다.
	아내와	☐ 별 문제 없었다.　☐ 평소 갈등이 있었다(정도: 상 / 중 / 하). ☐ 아이로 인해 더 멀어졌다. ☐ 아이로 인해 더 가까워졌다.　☐ 모르겠다.

다. 심리검사가 부모 자신을 평가하는 도구라 생각할 수 있다. 심리검사의 목적은 진단이 아니라 은둔 자녀를 둔 부모를 이해하기 위한 도구로 부모 자신의 상태를 점검할 수있도록 돕기 위한 것임을 안내한다. 심리검사는 접수면접 이후 상담 과정에서 필요에 따

라 선택적으로 할 수 있음을 알리고 심리검사에 대한 부담감을 주지 않도록 주의한다.

> "상담 신청서 쓰면서 이제 시작이구나 하는 마음에 아이가 좋아졌으면 하는 생각밖에 없어
> 요. …… 무슨 말을 해야 할지…… 어디서부터 어떤 말을…… 눈물만 납니다…….."

> "은둔 체크리스트를 보니 답답하고 화가 올라옵니다. 한편으론 나만 그런 게 아니라는 생각
> 도 올라오고, 애들마다 다 다르구나 하는 생각도 듭니다. 우리 애보다 더 심한 아이도 있다고
> 생각하니 기분이 묘하네요."

3) 접수면접 시 구조화에 따른 안내

일반적인 상담 구조화와 은둔 자녀를 둔 부모 상담 구조화의 기본 틀은 다르지 않다. 상담 신청서와 함께 상담 동의서, 개인정보 수집·이용 제공 동의서, 녹음 동의, 비밀 보장에 대한 서약서, 비밀보장에 대한 예외, 생명존중 서약서, 서로 지켜야 할 규칙을 자세하게 안내하고 사인을 받는다. 은둔 자녀를 둔 부모 상담은 접수면접에서 구체적인 상담 회기를 명시하기는 사실상 어렵지만 그럼에도 기본적인 상담 비용, 시간, 예약, 취소, 연기와 관한 상담 구조화에 따른 기본 틀을 세워 놓고 안내한다. 접수면접자와 실제 상담자가 다른 경우, 은둔 자녀를 둔 부모의 특성과 상황을 고려하여 실제 상담자는 접수면접자의 기본적인 구조화 틀을 바탕으로 부모의 여건에 맞게 융통성 있고 탄력적으로 부모와의 합의하에 상담 회기, 시간, 장소 등을 재설정할 수 있다.

> "상담센터가 너무 멀어요. …… 직장도 나가야 하고. …… 상담은 짧게 빨리 끝내고 싶습니
> 다. 상담은 얼마나 받아야 하는 거죠?"

> "온라인 상담도 가능한가요? 가능하면 온라인으로 상담하고 싶습니다.".

4) 접수면접 시 확인해야 할 사항

(1) 상담 과정 예상 안내

은둔 자녀를 둔 부모는 자녀의 은둔 시기, 상태에 따른 정도의 차이를 인식하고 수용하는 과정이 만만치 않다. 부모 자신의 인지, 정서, 행동을 이해하고 받아들이는 것 또한 개인적인 편차가 크다. 그렇기 때문에 상담을 위한 접수면접까지의 과정이 길어질 수 있고 실제 상담까지 이어지는 것은 쉽지 않다. 일반 상담도 마찬가지겠지만, 어렵게 부모 상담을 시작했어도 상담 과정에서 부모가 원하는 욕구가 충족되지 않거나 상담이 더디다 싶으면 상담을 취소하고 중도에 조기 종결되는 경우가 많다. 상담자는 지나친 자책과 부담감 대신 조기 종결 가능성을 염두에 둘 필요가 있다.

부모들 또한 성급한 판단으로 상담 과정에서 발생할 수 있는 감정적 어려움이 발생할 수 있음을 미리 준비하고 예측할 수 있도록 상담 진행 과정과 절차를 안내한다. 이는 효과적인 상담이 진행될 수 있도록 접수면접뿐만 아니라 상담 과정에서 상담자의 지속적인 격려가 필요하다. 은둔 자녀를 둔 부모 상담의 조기 종결은 상담자나 부모 자신에게 도전적인 일이 될 수 있기 때문에 부모와 상담자 간 서로 상호 유기적이고 협력적인 관계의 중요성을 안내한다.

> "……솔직히 지금은 아이를 이해할 수 없습니다만…… 아이와 언제쯤 소통할 수 있을까요. …… 이 지옥 같은 생활에서 하루라도 빨리 벗어나고 싶습니다……."

> "아이가 은둔에서 벗어날 수 있는 거 맞죠? …… 아이랑 밥도 함께 먹고 싶고…… 다른 건 몰라도 제발 아이가 방에서만 빨리 나왔으면 좋겠어요……."

(2) 의료 개입의 한계

간혹 일부 부모는 자녀의 은둔생활을 자녀의 성격 탓으로 돌리거나, 정신적인 문제로 몰아가는 경우도 있다. 심리상담과 병원치료 중 무엇을 선택할지에 대한 고민을 호소하며 강제 입원 여부를 확인하고자 묻기도 한다. 일방적인 강제 입원은 돌이킬 수 없는 새로운 갈등의 요인이 되기도 한다는 것을 명심해야 한다. 일부 은둔 자녀는 필수적인 약물 복용으로 심리적 안정에 도움을 받고 심리상담과 병원치료를 병행하기도 한다. 약물 복용의 선입견과 편견을 내려놓고 심리상담과 약물 복용의 필요성을 부모에게 알리는 것 또한 중요하다.

은둔 자녀를 위한 부모 및 가족 상담으로 자녀의 은둔생활과 관련한 문제점을 모두 해결할 수 없다. 의료적 진단과 평가에 따른 상담 의뢰는 초심 상담자에게 있어 각별하게 신경 써야 하는 부분이다. 상담자가 할 수 있는 것과 해결할 할 수 없는 경계선을 명확하게 지켜야 한다. 때에 따라 부모 또한 정서적 안정을 위해 약물 도움이 필요할 수 있다. 부모 자신이 극도로 정서적 혼란을 겪고 있거나 자기조절이 어려워 응급조치가 필요할 때도 있다(이규미, 2017). 상담자가 병리적인 관점에서 은둔 자녀와 부모를 판단하지 않고, 부모의 심리ㆍ정서 상태를 관찰하고 점검하는 것 또한 중요한 부분이다. 초기 상담 의뢰와 응대에서 상담자의 말 한마디가 부모에게 주는 파급력은 강할 수 있다. 상담 의뢰와 접수 과정에서 상담자가 혼자 결정하기 어려울 때는 수퍼바이저에게 도움을 요청한다.

> "혼자 있는 것을 좋아하는 성격이라고만 생각했어요. …… 병원에서 약을 먹어도 차도가 없습니다. 아무리 봐도 아이가 정신적으로 문제가 있어 보입니다……."

> "아이만 생각하면 한숨만 나고…… 애한테 화가 나다가도 또 불쌍하고…… 내 자신이 한심하고 초라하고 요즘에는 잠도 잘 못 잡니다……."

(3) 중립적 태도 및 위기 파악

접수면접자의 너무 많은 질문과 탐색은 오히려 부모에게 부담스럽고 방어적인 태도와 상담자에 대한 경계를 유발하고 불편함을 느낄 수 있다. 반대로 또 어떤 부모는 은둔 자녀의 이야기와 자신의 많은 이야기를 한꺼번에 쏟아 내어 자칫 접수면접에 필요한 질문을 하지 못하는 경우도 있다. 접수면접자는 부모의 세부적인 이야기를 따라 가기보다 전반적인 큰 흐름에서 정보를 탐색하는 정도가 되어야 한다. 중립적인 태도를 유지하면서 앞으로 상담에 필요한 주 호소문제를 점검한다. 깊이 있는 세부정보 수집은 접수면접 이후 상담을 통해 심층적인 정보수집과 탐색 과정에서 이루어지게 한다. 접수면접의 중요성을 아무리 강조해도 지나침이 없다. 접수면접 과정에서 혹시 모를 부모와 은둔 자녀의 응급조치를 위한 즉각적인 조치와 개입으로 적절한 대처가 필요하기 때문이다. 상담센터마다 그 규모가 다를 것이다. 개인적으로 운영하는 소규모의 상담센터일 경우에는 수퍼바이저가 없을 수도 있다. 은둔 자녀와 그 부모를 상담할 때는 이 점을 반드시 점검하고 위기 상황에 대한 대처와 전문성을 확보해야 한다. 은둔 자녀를 둔 부모 상담의 경우 가능하면 숙련된 상담자가 접수면접을 진행할 것을 권장한다.

> "……아이하고 제대로 된 속마음을 터놓고 이야기해 본 적이 없네요. 다 큰 아이가 죽고 싶다는 말을 했어도 대수롭지 않게 생각했어요……."

> "애가 아무런 반응이 없으니 자존심도 상하고 나를 엄마로 생각하는지조차 의심스럽습니다. …… 내가 왜 사나 싶기도 해요. …… 더 이상 버틸 힘이 없습니다."

참고문헌

김혜원, 조현주, 김연옥, 김진희, 윤진희, 차예린, 한원건(2021). 은둔형 외톨이: 가족, 사회, 자신을 위한 희망안내서. 서울: 학지사.

박현주(2015). 내담아동 어머니의 접수상담 경험에 관한 현상학적 연구. 숙명여자대학교 대학원 박사학위논문.

오상빈(2020). 고립하는 사람은 누구인가?: 은둔형 외톨이 치유와 예방. 서울: 솔과학.

이규미(2017). 상담의 실제: 과정과 기법. 서울: 학지사.

이수현, 최인화(2020). 상담기술 훈련: 셀프 슈퍼비전을 통한 상담기술 훈련. 서울: 학지사.

Moursund, J. P., & Kenny, M. C. (2021). 상담 및 심리치료의 과정(The Process of Counseling and Therapy, 4th ed.). 서은경 역. 서울: 학지사. (원저는 2002년에 출판).

제10장

은둔형 외톨이 부모 상담의 정보수집과 평가

은둔형 외톨이 자녀의 부모 상담을 위해 필요한 정보를 적절히 수집하는 것은 그들을 이해하기 위해 필수적이다. 이 장에서는 주로 부모의 호소문제, 은둔형 외톨이 자녀와 현재의 가족관계, 원가족 등에 대한 정보를 수집할 때 상담자가 놓치지 않아야 하는 내용에 대해서 살펴본다. 아울러, 부모 내담자의 심리내적 특성과 관계방식, 가족체계를 평가하는 도구의 활용에 대해서도 알아보고자 한다.

1. 정보수집

1) 정보수집의 방법

부모가 자녀의 은둔생활로 인해 겪고 있는 호소문제를 이해하여 사례개념화를 하고, 보다 효과적인 상담 목표와 전략을 설정하기 위해 정보를 수집한다. 다음에 제시한 은둔 자녀를 둔 부모에 대한 수집 정보 체크리스트(〈표 10-1〉)는 상담 초기뿐만 아니라 항목에 따라서는 회기마다 부모가 호소하는 문제와 관련된 정보를 선택하고 수집하는 데 활용할 수 있다. 이 체크리스트를 통해서 부모가 겪고 있는 심리적·현실적인 어려움, 대인관계 방식, 상담에 대한 기대, 문제에 대한 시각과 자원을 탐색할 수 있다. 정보를 수집할 때는 단순한 문답식 수집이 되지 않도록 한다. 예를 들어, 부모의 장황한 상황 묘사나 이야기를 따라가는 것보다는 부모 삶의 과거와 현재 그리고 내적·외적인 부분을 통합하는 전체적인 흐름으로 그려 가야 한다.

경우에 따라서는 부모에 대한 직접적인 정보수집을 하기 전에 은둔형 외톨이 자녀에 대한 부모 질문지(뒤의 〈표 10-2〉)를 먼저 작성할 수 있다. 자녀의 은둔 과정에 대해 탐색할 수 있고, 부모 내담자가 은둔 자녀와의 관계에서 겪는 어려움을 드러내고 이해받는 기회가 될 수 있다. 정보수집을 할 때 상담자는 수용적인 자세와 적절한 반영으로 부모가 자신의 마음과 관계 방식을 되돌아보는 기회가 되도록 한다. 또한 제4장 '은둔형 외톨이 당사자 상담의 정보수집과 평가'에서 제시한 은둔형 외톨이 당사자가 작성한 정보수집 결과와 부모가 작성한 내용 간의 차이를 각각의 관점에서 비교해 볼 수 있다. 정보수집을 하면서 부모 내담자를 더 잘 이해할 수 있는 주제에 대해서는 깊이 탐색하고, 때에 따라서는 상담적 개입을 한다.

표 10-1 은둔 자녀를 둔 부모에 대한 수집 정보 체크리스트

성명:		날짜: . .
은둔 당사자와의 관계:	당사자: 남/여, 나이:	형제: 중 번째
(1) 상담의 초점	☐ 부모 자신의 회복과 성장	☐ 은둔 자녀의 변화
(2) 이전 상담 경험	☐ 없음 ☐ 있음 (☐ 상담기간 ☐ 상담 주제 ☐ 상담효과)	
(3) 정서	0 보통 10 ☐ 불 안 ←--------------+-------------→ 내용 ( ) ☐ 분 노 ←--------------+-------------→ 내용 ( ) ☐ 두려움 ←--------------+-------------→ 내용 ( ) ☐ 죄책감 ←--------------+-------------→ 내용 ( ) ☐ 좌절감 ←--------------+-------------→ 내용 ( ) ☐ 버거움 ←--------------+-------------→ 내용 ( ) ☐ 그 외 ←--------------+-------------→ 내용 ( )	
(4) 신체 증상과 기능의 유지	☐ 건강 ☐ 두통 ☐ 소화기 장애 ☐ 수면곤란 ☐ 무기력 ☐ 소진 ☐ 그 외( ) ☐ 기능 유지 (☐ 역할 수행 면: ☐ 관계 유지 면:)	
(5) 행동관찰	☐ 신체적 ☐ 행동적 ☐ 언어 표현적 ☐ 그 외 ( )	
(6) 인지	☐ 유연 ☐ 자기중심적 ☐ 당위적 ☐ 은둔 자녀에 대한 이해 정도: ☐ 그 외 ( )	

(7) 은둔 원인에 대한 관점	☐ 자녀 개인적 성향 ☐ 가정불화 ☐ 가정환경 ☐ 관계기술 부족 ☐ 친구문제 ☐ 학업 스트레스 ☐ 경쟁적 분위기 ☐ 실패 경험 ☐ 사건, 사고 (　　　　　)
(8) 의사소통/대인관계 방식	☐ 일치형 ☐ 회유형 ☐ 비난형 ☐ 초이성형 ☐ 산만형 ☐ 자기긍정-타인긍정 ☐ 자기부정-타인긍정 ☐ 자기긍정-타인부정 ☐ 자기부정-타인부정 ☐ 주도적 ☐ 공격적 ☐ 수동공격적 ☐ 회피적 ☐ 의존적
(9) 원가족 안에서 내담자 이해	☐ 애착유형 ☐ 분화수준 ☐ 가족규칙
(10) 부부관계	☐ 결혼 ☐ 동거 ☐ 별거 ☐ 이혼 ☐ 재혼 ☐ 사별 ☐ 친밀함의 정도 ☐ 의견 일치 정도 ☐ 그 외 (　　　　　)
(11) 현재 가족의 특성	☐ 건강한 가족 ☐ 융해된 가족 ☐ 갈등 가족 ☐ 분리된 가족 ☐ 고립 가족 ☐ 그 외 (　　)

(12) 부모 역할 성숙도	관심 · 보살핌 정도	☐ 적극적 ☐ 자녀의 요구가 있을 때 ☐ 하지 않음 ☐ 생활 측면 (　　　　　　　　) ☐ 정서 측면 (　　　　　　　　)
	지지 · 공감 표현	☐ 자연스러움 ☐ 거의 없음 ☐ 어색함 ☐ 방법 탐색 필요
	견디는 힘 (일관성)	0　　　　　　　보통　　　　　　10 ←-----------------+----------------→
	자기돌봄 (해소와 충전)	☐ 가족 ☐ 친구 ☐ 자조모임 ☐ 취미생활 ☐ 명상 ☐ 사회적 활동 ☐ 그 외 (　　) ☐ 없음
(13) 지원기관의 연결		☐ 연결 단체 (　　　　) ☐ 인적지원 (　　　　)

2) 정보수집 체크리스트에 대한 설명

(1) 상담의 초점

상담을 받으러 온 은둔형 외톨이 자녀의 부모가 전적으로 자녀를 변화시킬 방법에만 관심을 가지는지, 아니면 부모 자신의 회복과 변화에 대하여도 동기를 가지고 있는지 확인한다. 부모가 상담 초점으로 자신의 변화를 포함하느냐 아니냐에 따라서 자연스럽게 상담목표는 달라진다. 부모 자신에 대한 이해와 회복에 관심을 두지 않고 자녀의 변화에만 초점을 두면서 방어적인 태도를 보일 경우에는, 그들의 방어적 태도가 결국에는 자녀에 대한 그들의 인식이나 태도가 어떤 것인지에 대해서 그 연관성을 추론해 볼 수 있게 한다. 그렇다고 해도 그것으로 인한 편견이나 선입견을 가지고 있어서는 안 되며, 단지 관련성의 추론이 가능하다는 것이다. 자녀의 행동 변화를 지향하는 상담 목표나 전략을 채택하더라도, 부모 자신에 대한 이해와 변화, 자기강화 같은 상담 성과가 전제되지 않을 때는 자녀 혹은 자녀와의 관계 변화가 지속되기를 기대하는 것은 힘들다.

(2) 이전 상담 경험

지금까지 은둔 자녀의 부모가 상담이나 치료 경험을 한 적이 있는지, 언제, 어떤 호소문제로 의뢰를 하였고 그것이 어떻게 도움이 되었는지, 도중에 중단되었다면 그 이유는 무엇인지에 대해서 탐색한다. 만약 이전 상담 경험이 없을 경우, 상담을 찾게 된 계기나 처음이라서 가지게 되는 느낌이나 감정을 다룰 수 있다. 그러면서 다음에 나오는 정서 탐색 항목으로 넘어가게 될 것이다. 부모와 자녀 간에 이전 상담 경험의 차이가 있는지, 그것이 어떻게 받아들여지고 있는지 등 좀 더 자세한 탐색이 이루어질 수도 있다. 부모 내담자가 상담에 대해 갖는 기대의 정도, 기대하는 상담효과에 대해서도 탐색적인 질문을 통해서 직간접적으로 접근될 수 있다.

(3) 정서

은둔 자녀의 부모는 여러 상반된 감정을 복잡하게 경험하는 경우가 많으므로, 여러 가지 감정을 표출할 수 있는 기회를 늘려, 주로 언제 어떤 감정을 어떻게 느끼고 있는지를 탐색한다. 상담자는 감정이 동반된 부모의 호소문제에 집중함으로써 부모 내담자의 주된 감정과 핵심 문제에 접근해 갈 수 있다. 은둔 자녀의 부모는 감정을 드러내 구체화하는 과정에서 공감과 위로를 받아 일정 부분 부정적인 감정을 해소하고 안정감을 얻기도 하는데, 이런 경험을 한 부모는 자녀에게도 정서적인 표현을 시도해 보려는 동기를 갖게 될 수 있다. 체크리스트상의 정서는 대표적인 것만 언급한 것이다. 그 외 다양한 다른 정서를 첨가하여 정도를 가늠해 볼 수 있다.

(4) 신체 증상과 기능의 유지

은둔 자녀의 부모는 오래 지속된 불안, 걱정, 갈등으로 신체적인 증상을 겪을 수 있으므로 부모의 신체 증상 정도를 확인한다. 이것은 은둔 자녀의 부모가 겪고 있는 정신적인 어려움의 정도와 함께 현재 상황을 겪어 낼 여력을 예측하는 단서가 되고, 상담의 방향을 결정하는 데 영향을 준다. 신체 증상으로 인해 개인적 · 사회적 역할을 수행하는 면이나 관계를 유지해 내는 면에서 어느 정도의 어려움이 있는지를 확인하여 일상생활의 영위 정도가 매우 낮다면 부모 자신의 회복에 우선적으로 초점을 둔다.

(5) 행동관찰

부모 내담자가 상담실에서 보이는 행동을 관찰한다. 전체적인 인상, 차림새, 표정, 습관적인 몸짓과 동작, 말의 높낮이와 속도, 발화량 그리고 눈맞춤과 같은 측면을 관찰함으로써 부모가 표현하는 말의 의미를 더 포괄적으로 이해해 갈 수 있다. 은둔형 외톨이 부모들이 모두 비슷한 행동이나 태도를 보이는 것은 아니지만, 부모로서의 낮은 자존감으로 인해 위축되거나 긴장감이 높은 부모에게는 라포 형성에 더욱 시간을 들여 안전감을 먼저 확보한다. 또 자녀와의 문제 상황을 호소하느라 상담 진행이 어려울 경우에는 효율적으로 상담 시간을 사용하기 위한 상담자의 분명한 언급이 필요하다. 다음 상담에서도 말할 수 있다며 안심을 시키고 편안한 분위기 속에서 정보 탐색 시간이 진행되어야 한다.

(6) 인지

내담자가 보이는 정서와 행동을 바탕으로 인지적 특징을 탐색한다. 인지적 유연성과 자기중심성, 당위적 사고의 유무로써 관점의 폭을 유추할 수 있다. 그 외 다른 인지적 요소를 첨가하여 사용하여도 좋다. 특히 자녀의 입장에 대해 이해하려는 동기가 약하다면 자녀에 대한 부모의 수용과 지지를 방해하는 요소에 대해 탐색한다. 방해하는 요소에 대해서 탐색하다 보면 부모가 자신의 인지적 특징을 요약할 수도 있고, 때로는 그러한 특징이 자녀의 관점에서 자녀를 이해하고 수용하지 못하는 이유를 스스로 깨닫게 하는 과정으로 작용한다.

(7) 은둔 원인에 대한 관점

부모가 자녀의 은둔 원인을 개인과 가족관계뿐만 아니라 학교와 진로 과정, 사회와 문화적 영향으로까지 넓혀 맥락적으로 이해하고 있는지를 확인한다. 보통 자녀의 개인적인 성향이나 부족함, 혹은 부모 자신의 미성숙이나 역량 부족에서 원인을 찾는 경우가 많다. 그러나 개인적이고 가족 내적인 원인에만 갇혀 있으면 자녀와 가족이 사회로부터 받아 온 영향을 간과하게 되어 문제를 정확하게 볼 수 없게 된다. 오랜 시간 얽혀 온 내적 · 외적 요소들을 여러 각도로 이해하는 것은 은둔을 회복하기 위한 통로를 넓히는 것이라고도 할 수 있다.

(8) 의사소통/대인관계 방식

부모가 자녀를 비롯한 타인과 의사소통하고 관계 맺는 방식을 확인한다. 자녀가 은둔생활로써 자신을 표현하고 있는 만큼, 자녀의 소통 방식에 영향을 미칠 만한 부모의 의사소통과 관계 맺는 방식을 이해하는 것은 무엇보다 중요하다. 그리고 의사소통 방식의 변화는 관계의 변화와 직결되므로, 자녀와의 관계 변화를 위해 필요시 구체적으로 의사소통 방식에 대하여 논의한다. 문제 상황 안에서 보이는 부모의 행동 방식도 탐색한다. 주도성이 있는지 혹은 공격성과 수동공격성, 회피, 의존 경향이 있는지를 탐색하여 부모 내담자가 자녀를 비롯한 주변 사람들을 대하는, 그리고 문제를 대하는 태도를 유추할 수 있다.

(9) 원가족 안에서의 내담자 이해

원가족 안에서 부모 내담자를 이해하기 위한 탐색을 한다. 원가족에서 유래한 애착 유형과 분화 수준은 현재의 가족관계에서도 반복되어 자녀에게 영향을 미친다고 할 수 있다. 부모가 자신의 원가족 관계에서 정서적인 좌절 경험이 있다면 더 깊이 탐색한다. 그 외에도 가족상(像), 원가족 안에서 맡은 역할, 원가족 내 역동, 가족체계 내의 융합관계나 정서적 단절의 유무 등으로 비춰 볼 수 있는 명시적이거나 암묵적인 가족규칙을 탐색한다. 이런 요소들은 부모인 내담자를 이해할 수 있도록 도우면서 동시에 자녀와의 관계에도 나타나므로 탐색하여 비교하거나 그 영향을 논의해 볼 수 있다.

읽을거리 10-1

상담에서 부모의 애착 패턴에 대한 알아차림의 과정

우선, 부모인 내담자와 충분히 안전한 신뢰 관계가 형성된 후, 상담자는 부모의 고통스러웠던 어린 시절 회상을 도와 어린 그들이 마음에 눌러 두었던 남모를 고통과 두려움, 불안과 상실의 상처를 표현할 수 있도록 돕는다. 다음에 상담자로부터 이런 감정들을 진실되게 수용받게 되면, 부모 내담자는 더 이상 그런 기억들을 두려워할 필요가 없어진다. 이로써 부모 내담자는 이런 고통스러운 감정들을 스스로 통제하는 경험과, 그 고통으로부터 자유로워지는 경험을 하게 된다. 또한 자신이 아동기 때 그토록 무서워했던 부모와 똑같이 자녀를 대하고 있음을 깨닫기도 한다.

자녀의 고통스러운 마음을 담아내지 못하는 가족관계가 자녀에게 얼마나 부정적인 영향을 미치는지에 대하여 알아차림으로써, 부모가 자녀의 마음을 수용하는 것에 대한 가치를 인식할 수 있다.

출처: 최명선, 차미숙, 김난희(2012).

(10) 부부관계

부부관계는 자녀의 은둔생활에 원인을 제공할 수도 있고 반대로 해결의 자원이 될 수도 있으므로 결혼 형태, 부부의 유대감, 위기에 대처하는 데 있어 의견 일치 정도 등을 탐색하여 가족과 자녀에게 미치고 있는 영향을 확인한다. 부부관계도 상호작용이면서 쌍방관계이므로 남편이 아내를 또는 아내가 남편을 어떻게 바라보고 있는지를 탐색하는 과정 속에서 은둔 자녀가 부부를 어떻게 바라보는지에 대한 정보를 얻을 수 있다.

(11) 현재 가족의 특성

가족의 관계 특성에 대해 탐색함으로써 부모 자신뿐 아니라 은둔하는 자녀가 겪는 어려움을 유추할 수 있다. 가족 간 경계선의 적절성, 위계구조의 적절성은 가족 간 상호작용 패턴과 정서적 환경을 파악하는 단서가 된다.

등교 거부 청소년이 있는 가족

커니와 실버만(Kearney & Silverman, 1995)은 등교를 거부하는 청소년에 대한 연구에서 여섯 가지 유형의 가족 역동이 등교 거부 학생이 있는 가족에게 일반적으로 고루 나타나고 있다고 주장하였다.

• 건강한(healthy) 가족

문제를 효과적으로 해결하는 응집력이 있고, 구성원들이 적절히 지지적이고 표현적인 특징이 있다.

• 융해된(enmeshed) 가족

가족들 간에 의존적이고 비독립적일 뿐 아니라 자녀에 대해 부모가 과보호적이고 방임하는 특징이 있다. 과잉 관여하며 자녀의 분리 욕구가 인정되지 않을 수 있다.

• 갈등(conflictive) 가족

적개심, 폭력, 강제성이 특징이다. 가족의 자원을 고갈시키는 의사소통의 역동과 가족 규칙을 다루어 개선함으로써 보다 근원적인 문제에 접근할 수 있다.

• 분리(detached) 가족

서로의 삶에서 구성원 간에 관계성이 빈약한 특징이 있다. 자녀의 문제가 심각해질 때까지 다루어지지 않을 수 있다. 가족 관계에서 배워야 하는 대인관계 기술뿐만 아니라 감정을 인식하고 처리하는 경험이 부족할 수 있다. 혐오적인 사회적 상황, 또는 평가적 상황을 회피하기 위해 등교를 거부하는 학생집단의 대부분은 분리된 가족의 특징이 있다.

• 고립(isolated) 가족

가족구성원들이 가족 외의 사람들과 접촉이 없는 것이 특징이다. 다른 가족들에 비해 치료의 손길이 닿기 어렵다. 외부기관이나 지역 사회에 손을 뻗어 자원의 범위를 넓히는 것이 필요하다.

• 혼합가족

많은 경우 두 개 이상의 가족특성을 함께 보인다.

출처: Kearney (2013).

(12) 부모 역할 성숙도

① 관심·보살핌 정도

부모가 생활 속에서 자녀에게 관심과 보살핌을 지속하고 있는지, 어느 때에 어떤 보살핌으로 정서적인 연결을 시도하며, 일관성 있게 유지하고 있는지를 구체적으로 확인한다. 정서적인 고립과 단절로부터 회복하는 것은 은둔 자녀를 둔 부모의 중요한 상담적 과제이므로 부모의 보살핌 행동이 부족하다면 자녀에게 다가가는 행동을 잘 하지 않는 이유가 있는지, 하고 싶지만 방법을 모르는 것인지에 대해 다룬다.

② 지지·공감의 표현

부모가 자녀의 입장을 이해하고 그것을 표현할 수 있는지를 확인한다. 자녀의 '있는 그대로의 모습을 수긍'하고 '정서적으로 지지하는 표현'은 은둔하는 자녀의 부모 대부분이 실행하기 어려워하는 부분이므로 부모 내담자가 이런 부분을 원할 때는 정보와 교육을 제공할 필요가 있다. 자녀에게 전달하고 싶은 마음을 확인하고, 마음의 구체적인 표현방법을 찾고, 또 표현하는 데 따르는 어색함이나 다른 방해 요소를 어떻게 극복할 것인지에 대해서 상담장면에서 다루고 연습해 보는 것은 부모 내담자에게 현실적인 도움이 된다.

③ 견디는 힘(일관성)

은둔생활을 하는 자녀 옆에서 일관성 있게 버텨 주는 역할에 대해 인식하고 실행해 내는 힘이 있는지에 대해서 확인한다. 매일 만나는 가족의 의연함과 건강함은 자녀가 죄책감 같은 부정적인 정서를 낮추고 자기 자신에게 더 집중할 수 있는 환경이 되는 것이므로 중요하다.

④ 자기돌봄(해소, 충전)

부모가 스스로를 돌보는 방법을 개발하고 참여하고 있는지를 확인한다. 은둔 자녀와 함께 지내는 생활에서 오는 부정적 감정을 해소하고 새로운 활기를 충전하는 것 역시 부모가 일상을 유지하기 위해 중요하기 때문이다. 자녀의 회복과 함께 부모 자신의 회복과 자율성 향상은 상담의 주된 지향점이므로, 부모나 조력자로서가 아닌 자기 자신의 인생을 살아가는 주체로서 정체성을 회복할 자원을 찾는 것이 필요하다.

(13) 지원단체와의 연결

부모에게 지원단체에 대한 정보가 있는지, 주로 어디에서 어떤 지원을 받고 있는지 확인한다. 은둔형 외톨이 자녀를 둔 것을 본인만이 겪는 경험으로 여기고 지인과의 관계에서도 점차 소외되어 가는 경우가 많다. 부모 자신마저 우울, 불안, 소진에 이르게 될 수 있으므로, 서로 경험을 나누고 전문적인 대응에 대한 정보를 얻을 수 있는 지원체계에 연결하는 것은 회복의 자원이 될 수 있다.

2. 평가

1) 평가방법

상담 초기에 부모 내담자의 심리내적 어려움, 기본성향, 강점 등을 보다 빨리 이해하는 데 도움을 받기 위해 심리평가를 권유한다. 많은 경우에 부모 자신은 심리적 문제가 없고, 문제는 은둔하고 있는 자녀이므로 자신은 심리검사를 받을 필요가 없다고 여긴다. 이때 강요할 필요는 없지만 심리평가에 대해 거절하는 내담자의 감정을 이해, 수용하면서 심리적 상황에 대해 보다 객관적으로 파악하는 것이 도움이 될 수 있음을 전달하며 한 번 더 권하는 것은 필요하다. 부모 내담자가 현재 상황에 대해 얼마나, 어떻게 인식하고 있으며 도움을 원하는 영역과 문제 해결을 위한 준비 정도를 고려하여 평가 도구를 선택한다. 부모 개인의 심리적 특성을 이해하기 위해 대인관계와 의사소통 방식, 가족관계의 특성을 알 수 있는 평가를 필요에 따라 추가한다.

2) 평가내용

(1) 부모 개인에 대한 평가

다양한 개인용 자기보고식 객관적 검사(MMPI-2, TCI, MBTI 등)와 투사적 검사(SCT, HTP, 로르샤흐, TAT 등)가 활용될 수 있다. 은둔 자녀를 둔 부모는 자녀로 인한 불안과 시름, 답답함, 화 등을 공통적으로 호소하지만, 은둔 자녀를 둔 부모를 설명하는 단 하나의 지표란 없다. 몇 가지 검사 결과와 면담, 관찰의 내용을 통합하여 부모 내담자의 정서, 적응능력, 기질과 성격, 주요 관계에 대한 태도와 자원에 대한 정보를 함께 얻을 수 있다. 검사와 해석 상담의 과정에서 현재의 호소문제에 집중하면서 스스로를 이해하고 해결점을 찾아 갈 것을 기대할 수 있다.

검사 결과를 종합적으로 해석함에 있어 부모 내담자가 방어적이거나 피상적인 대인관계를 맺고 있는지, 미성숙함이나 자기중심적인 태도가 어떻게 대인관계에 영향을 미치는지를 살피는 것이 필요하다. 또한 마음의 표현이 지나치게 억압적이거나 충동적이어서 대인관계를 후퇴시키는지, 세상과 단절하고 있는 면이 있는지, 자녀의 정서적 단절이나 두려움에 영향을 미치는 면은 어떤 것인지를 확인하면 좋다. 이와 함께 그런 대인관계의 한계를 뒷받침하고 있는 오래된 정서적인 어려움은 어떤 것인지를 탐색하여 상담적으로 도울 수 있는 점을 찾는 것이 중요하다.

(2) 부모의 가족·대인관계 방식에 대한 평가

KFD, TAT, 로르샤흐, 의사소통유형 검사, Egogram, 심리도식 검사, 성인애착유형 검사, 자기분화 척도 [부록 10-1][1], 가계도 등을 활용하여 부모 내담자의 의사소통 방식, 타인과 관계 맺는 방식 등을 확인한다. 부모는 자신의 의사소통 방식을 객관적으로 점검해 볼 수 있고, 원가족에게서 이어져 온 관계 특성과 대인관계에서 주로 겪는 내적 갈등을 살펴볼 수 있는 기회가 된다. 부모 내담자가 미처 인식하지 못했던 의사소통의 특성과 심리적 경험, 암묵적인 가족규칙과 가족 내 역할 같은 것을 발견함으로써 자신과 가족 및 대인관계를 보다 넓게 이해하고 자녀와의 관계를 새로운 관점에서 바라보는 데 도움이 된다.

(3) 현재 가족에 대한 평가

가족을 평가하는 객관적 평가 도구로는 가족환경 척도(Family Environment Scale: FES), 맥매스터 모델(McMaster model), 가족순환 모델(circumplex model), 비버즈 모델

---

1) [부록 10-1] 자기분화 척도: 심리 내적 차원과 대인관계적 차원의 38문항으로 구성된 정혜정과 조은경(2007)의 한국형 자기분화 척도를 제시하였다.

(Beaver system model of family functioning) 등이 있고, 평가를 통해 현재의 가족체계와 가족의 기능성·역기능성을 유추해 볼 수 있다.

　그중 D. H. Olson과 동료들이 개발한 가족순환 모델(1986)에서는 가족을 유지하는 기본 특성을 응집성과 적응성으로 정의 내리고 있어, 내담자의 가족이 이 두 가지 차원에서 어떤 특성의 가족체계(family system)를 형성하고 있는지에 대해 살펴볼 가치가 있다. 가족의 응집성이란 구성원 서로의 정서적 결합의 정도를 나타내며 결합 정도에 따라 낮은 순서대로 유리, 분리, 연결, 밀착의 네 수준으로 나뉜다. 가족의 적응성이란 가족의 변화를 허용하면서 균형을 유지하는 정도로서, 가족 갈등이나 스트레스 상황에서 규칙과 역할을 유연하게 할 수 있는 측면을 말하고 그 정도에 따라 낮은 순서대로 경직, 구조화, 유연, 혼돈의 네 수준으로 나뉜다([그림 10-1] 참조). 두 차원의 조합으로 총 16개의 가족 유형으로 나누어 볼 때, 두 차원이 모두 너무 낮거나 높은 극단 범위(유리/밀착, 경직/혼돈)에 위치하는 가족은 역기능성이 높을 것으로 예상하고, 두 차원 모두 중간

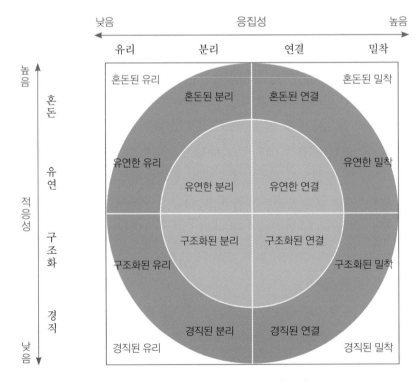

[그림 10-1] Olson의 가족순환 모델(1986)

출처: 이현경(2010).

2. 평가 | 187 |

범위(분리/연결, 구조화/유연)에 있을 때 가족이 건강하고 기능적일 것으로 예상한다. 그러나 극단 차원의 모든 가족이 역기능적 가족이라거나 두 차원 모두 중간 범위에 있는 가족은 반드시 역기능이 없다고 할 수는 없다. 실제로는 한 가지 차원만 중간 범위인 경우(유연한 유리, 구조화된 유리, 경직된 분리, 경직된 연결, 구조화된 밀착, 유연한 밀착, 혼돈된 연결 등)가 많다(이현경, 2010). 가족의 응집성과 적응성이 어느 범위에 위치하는지를 확인하여 가족이 치유되기 위해 변화를 시도해 볼 영역을 찾아보는 계기로 이어 가는 것이 중요하다. 그리고 비행청소년의 가족에서는 혼돈된 유리의 특성이 강한 반면, 심각한 심리적 문제와 손상을 보이는 가족에서는 경직된 밀착의 특성을 보인다(김수연, 1998)는 점도 평가와 상담에서 참고할 만하다.

3. 은둔하는 자녀에 대한 정보수집

1) 정보수집의 방법

부모를 상담할 때, 그들을 통해서 은둔 자녀에 대해서 수집하는 기본적으로 필요한 정보들은 〈표 10-2〉에 제시한 바와 같다. 접수면접이나 상담 초기에 자녀에 대한 질문지를 작성하면서 자녀의 은둔 상황과 어려움을 확인할 수 있다. 부모가 직접 작성하지만 상담자가 질문을 읽으며 부모의 답변에 대해 공감하고 반영하여 부모가 지금의 상황에서 겪는 어려움을 토로하는 기회가 될 수 있다. 은둔형 외톨이 자녀의 은둔 정도, 생활상, 가족관계, 은둔의 원인에 대한 부모의 관점, 자원 등도 파악한다. 자녀의 생활, 부모의 이해 정도, 부모의 어려움과 대응방법 같은 정보를 수집하는 과정에서 은둔이 시작되고 유지되고 있는 요소들을 탐색해 갈 수 있다. 부모는 자녀의 은둔생활을 떠올리는 과정에서 자녀가 겪고 있는 상황과 부모 자신의 기대를 확인하고, 해결을 위한 힌트를 얻거나, 자녀의 경험들을 종합적으로 되돌아볼 수 있다.

표 10-2 | 은둔형 외톨이 자녀에 대한 부모 질문지

당사자와의 관계:	날짜: . .

은둔 자녀의 인적사항	성별: 남 / 여 형제관계: _____ 남 _____ 녀 중 _____ 번째 나이: _____ 세 거주형태: 가족과 동거 / 자취 / 기타 ( )
(1) 자녀의 은둔 관련 정보	
은둔 이력	은둔 시작 나이: _____ 세부터, 현재 _____ 년 _____ 개월째 이전 은둔 횟수: 이전 은둔 기간: _____ 년 _____ 개월 (부터)
은둔 정도	☐ 자기 방에서 나가지 않음 ☐ 집에서 나가지 않음 ☐ 근처 편의점 정도의 외출 ☐ 취미 관련 외출 ☐ 가끔 사람을 만나기 위해 외출 ☐ 기타 ( )
은둔 계기	☐ 등교 거부(초, 중, 고, 대학) ☐ 학교폭력 ☐ 따돌림 ☐ 이사, 전학 ☐ 시험 · 입시 불안, 실패 ☐ 가정불화 ☐ 가정폭력 ☐ 인간관계 좌절경험 ☐ 취업활동 중 ☐ 직장생활 중 ☐ 불명확 ☐ 기타 ( )
(2) 자녀의 일상생활 정보	
수면 리듬	☐ 규칙적 ☐ 불규칙적 ☐ 밤낮이 바뀜 ☐ 그 외 ( )
식생활	☐ 가족과 함께 식사 ☐ 가족들이 없을 때 식사 ☐ 방에서 혼자 식사 ☐ 요리, 식사준비에 참여 ☐ 주로 인스턴트식품 먹음 ☐ 주로 배달음식 먹음 ☐ 가족이 준비한 음식을 먹음 ☐ 기타 ( )
의생활	☐ 관심이 있음 ☐ 관심이 없음 ☐ 거의 갈아입지 않음 ☐ 쇼핑을 함 ☐ 쇼핑을 하지 않음 ☐ 정도 ( )
씻기	☐ 자주 씻음 ☐ 가끔 씻음 ☐ 거의 씻지 않음 ☐ 정도 ( )
생활 기능	☐ 요리 ☐ 설거지 ☐ 세탁 ☐ 정리 ☐ 방청소 ☐ 거의 하지 않음
가족 교류	☐ 가족과 잘 얘기함 ☐ 가끔 대화함 ☐ 거의 하지 않음 ☐ 특정 가족하고만 얘기함 (_____ 와) ☐ 문을 잠궈 놓음
주활동	(많이 하는 순서대로 1, 2, 3으로 표시) 누워 있기, TV · 동영상 시청, 게임, SNS 활동, 음악감상, 독서, 그 외 ( )
취업 경험	☐ 있음 (초/ 중/ 고/ 전문대/ 대학/ 대학원/사회생활) ☐ 없음 (_____ 에서, _____ 업무)

경제적 지원	☐ 정기적 지원 (지원주기: 지원 방법:) ☐ 필요시 지원 (☐ 자녀가 요구할 때 ☐ 부모의 판단에 따라) ☐ 기타 ( ) ☐ 없음

(3) 가족관계 정보	

가족 관계		관계	성별	나이	동거 여부	직업	학력	친밀 정도 (상, 중, 하)
	부							
	모							
	은둔 자녀							

은둔 자녀의 학력	☐ 중등 ☐ 고등 ☐ 전문대 ☐ 대학 ☐ 대학원 ☐ 모름 (재학 중 / 졸업 / 중퇴 / 휴학 중)

은둔 자녀의 갈등관계	☐ 대상: ☐ 갈등 내용: ☐ 갈등 횟수: ☐ 갈등 양상: (말싸움, 폭언, 폭행, 물건 던지기 등) ☐ 주로 표현하는 내용: ☐ 가족의 대응:

(4) 자녀의 임상정보	

문제 행동	☐ 물건 파손 ☐ 폭언 ☐ 폭력 ☐ 자해 ☐ 자살 행동 ☐ 식이장애 ☐ 강박 행동 ☐ 낭비 ☐ 기타( )
정서적 어려움	(자주 보이는 감정을 순서대로 1, 2, 3으로 표시) 우울, 불안, 무기력, 분노, 두려움, 원망, 좌절감, 불만, 그외 ( )
상담 및 심리치료 경험	☐ 있음 (☐ 기관: ☐ 기간: ☐ 진단명: ☐ 약물처방 여부:) ☐ 없음
양육 에피소드	☐ 유아기: ☐ 초등: ☐ 중등: ☐ 고등:

자녀의 과거 특징	☐ 성격, 활동성: ☐ 친구, 대인관계: ☐ 건강: ☐ 의사 표현: ☐ 학업 수행: ☐ 장점, 재능:

친구, 대인관계 특징	☐ 초등학교 (　　　　　)	☐ 중학교 (　　　　　)
	☐ 고등학교 (　　　　　)	☐ 대학교 (　　　　　)
	☐ 사회생활 (　　　　　)	☐ 모름 (　　　　　)

등교 거부 경험	☐ 있음 (초 / 중 / 고 / 대학 / 대학원 / 사회생활 중)	☐ 없음
왕따 경험	☐ 있음 (초 / 중 / 고 / 대학 / 대학원 / 사회생활 중)	☐ 없음

유추되는 은둔 원인	1. 개인적 특성: 2. 가족 요인: 3. 학교 요인: 4. 사회적 요인:

(5) 현재 부모 – 자녀 관계 정보	
자녀에게 가장 염려되는 점	☐ 친밀한 관계 부재　☐ 흥미상실　☐ 탈사회화　☐ 학업부진　☐ 폭력, 폭행 ☐ 신체적 (　　　　　)　　　　　　☐ 정신적 (　　　　　) ☐ 생활 (　　　　　)　　　　　　　☐ 그 외 (　　　　　)
자녀를 위해 하는 말, 행동	☐ 말: ☐ 행동: ☐ 그 외:
예상되는 자녀의 마음	☐ 자신에 대해: ☐ 사람들에 대해: ☐ 미래에 대해:
현재의 바람	☐ 자녀에 대한 나의 바람: ☐ 자녀의 바람:
가족으로서 가장 힘든 점	

2) 은둔 자녀에 대한 정보수집 항목

(1) 자녀의 은둔 관련 정보

부모로서 자녀의 은둔과 관련해서 주로 은둔 이력, 은둔 정도, 은둔 계기에 대해서 자신들이 인지하고 있는 정보를 추론하는 과정을 거친다.

① 은둔 이력

은둔생활의 시작 나이와 지속 기간, 과거에도 비슷한 행동을 반복했는지를 알아본다. 은둔의 가능성을 보이는 등교 거부와 같은 단계인지, 은둔의 진입 단계인지, 진행 중인지, 이미 장기로 접어들었는지, 또 반복적으로 나타나는지 등을 파악함으로써 부모의 심리적 어려움을 예측할 수 있고, 자녀에게 할 수 있는 대응도 달라진다.

② 은둔 정도

은둔형 외톨이의 활동 반경과 활동 빈도를 확인한다. 은둔형 외톨이는 자기 방에서 조차 거의 나오지 않는 경우부터 특정한 목적에 따라 근·원거리 외출을 하는 경우까지 여러 경우가 있다. 활동 가능 영역을 파악하는 것으로써 가족과의 정서적 단절 정도, 인간관계를 경계·회피하는 정도, 관계 맺기 능력의 정도를 가늠할 수 있다. 가족과 정서적 단절이 매우 심한 경우라면 은둔하는 자녀의 깊은 좌절, 두려움 등에 집중하여 가족과의 연결과 신뢰를 회복하는 것에 우선적으로 힘쓰는 것이 필요하며, 다소의 활동이라도 하는 경우라면 자녀의 은둔생활 변화에 도움이 되는 가족의 대응에 대해 논의해 볼 수 있다.

③ 은둔 계기

은둔 계기를 확인하는 것은 자녀가 은둔하게 된 원인을 유추하는 데에 도움이 된다. 은둔을 시작한 시점에 처해진 상황에서 자녀가 어떤 심리적 어려움을 겪었는지, 부모는 어떤 대처를 했는지를 알 수 있다. 학교 부적응, 가정불화, 진학이나 사회진출의 실패, 특정 사건 등을 계기로 은둔을 시작할 수 있은데, 그 배경에는 부정적인 감정(우울, 불안, 소외 등)의 연속, 대인관계 어려움의 지속, 지지체계의 빈약, 평가적인 상황의 지속적인 노출과 같은 원인이 있을 수 있다. 은둔 원인에 따라 가족이 접근방법을 달리할 수 있는데, 자녀를 지켜보며 기다리는 마음이 유효한 경우부터 적극적인 개입이 필요한 경우까지 대응의 성격도 달라진다.

(2) 자녀의 일상생활 정보

부모를 통해 은둔하는 자녀의 일상생활 정보를 수집할 때, 자녀의 생활이 실제로 어떠하며 그것이 부모에게는 어떻게 비춰지는지를 확인할 수 있다. 은둔하는 자녀의 하루 일과가 어떻게 구성되는지 살펴본다.

① 의식주생활과 생활기능

하루 중 자녀가 보이는 행동과 일상생활 기능, 가족과의 교류 정도를 유추할 수 있다. 은둔의 기간이 길어질수록 자녀는 생활 리듬, 섭식, 위생 관리와 같은 일상이 유지되지 않는 경향을 보이는데, 그 변화 과정과 구체적인 생활 장면에서 부모 내담자가 어떤 점에서 어려움을 느끼며, 가족이 어떤 도움이나 기여를 하고 있는지도 확인할 수 있다.

② 취업 경험과 사회생활

아르바이트를 포함하여 취업 경험의 유무와 경과에 대해 확인한다. 취업을 하거나 하지 않는 자녀에 대하여 부모가 느끼는 기대나 실망의 내용도 질문하여 자녀의 사회적 응력과 자녀에 대한 부모의 기대를 추론해 볼 수 있다. 이는 차후 자녀의 사회생활 가능 여부를 가늠해 볼 수 있는 하나의 근거가 될 수 있다는 점에서 중요한 탐색이 된다.

③ 경제생활

자녀에 대한 경제적 지원 유무와 일관성에 대하여 확인한다. 용돈·생활비의 크기로써 자녀에 대한 부모의 관대함을 예측할 수는 없지만, 자녀를 대하는 태도의 일면을 볼 수 있다. 예를 들어, 부모가 자녀의 독립이나 자율성 발달을 두려워하는 경우, 금전으로 자녀를 통제하는 경우가 있으므로 관련하여 확인한다. 자녀의 경제적 얽매임의 영향도 예측할 수 있는데, 경제적 풍족함이 은둔의 문제를 해결해 주지는 않지만 때로는 경제적 어려움이 은둔을 벗어나지 못하게 하는 하나의 원인이 되기 때문이다.

(3) 가족관계 정보

가족의 구성과 관계성을 질문하여 가정의 전체적인 분위기를 확인한다. 가족구성원들이 은둔하는 당사자에게 들이는 도움과 노력뿐 아니라 그들이 겪는 어려움, 가족의 역기능성과 가족 회복에 대한 자원을 탐색한다. 가족관계 탐색을 통해서 은둔 자녀와 갈등이 있다면 어떤 양상을 띠는지를 확인함으로써 가족 역동을 추론할 수 있다.

① 가족관계

은둔 자녀와 가족 간의 관계성을 확인하면서 부모 내담자에게 은둔 자녀 외에 다른 해결해야 할 과제가 있는지, 그것이 은둔하는 자녀에게 어떤 영향을 미치는지도 확인한다. 가족 간 분위기는 어떠한지, 은둔 자녀와 가장 친밀한 구성원은 누구이며 단절된 가족이 있는지도 확인한다.

② 은둔 자녀의 학력

은둔 자녀와 부모의 학력 정보를 함께 탐색한다. 자녀의 학업 수행 과정을 살펴보는 과정에서 대인관계와 학교생활을 추론해 볼 수 있다. 부모의 학력 정보와 학력에 대한 가치관을 함께 탐색하는데, 이는 자녀에 대한 부모의 기대 수준이나 태도와 관련될 수 있다.

③ 은둔 자녀의 갈등 관계

은둔 자녀가 갈등 상황을 자주 겪는다면 누구와 어떤 이슈로, 어느 정도로 심각하게 전개되는지를 확인한다. 가족 간 과도한 간섭과 통제, 조종, 혹은 방임과 정서 단절, 복종, 권위주의적 의사결정 같은 역기능성을 유추할 수 있다. 악순환이 일어나는 가족의 역동뿐만 아니라 갈등 상황이 벌어지는 촉발 요인과 패턴을 살펴본다.

(4) 자녀의 임상정보

부모가 바라본 자녀의 문제 행동, 정서 문제, 이전 상담 경험, 양육 에피소드, 자녀의 과거 특징, 자녀의 대인관계, 등교 거부 경험, 왕따 경험 등 자녀의 다양한 임상정보를 함께 탐색한 후에 종합적으로 은둔 원인을 유추해 보는 과정을 거친다.

① 문제 행동

가정에서 은둔 자녀가 보이는 폭력, 폭언, 강박적 행동의 여부를 확인한다. 그런 행동이 언제 발생하고 심해지는지, 부모의 대처 행동까지 확인하는 과정에서 부모-자녀 간 역동의 패턴을 유추할 수 있으며, 문제 행동에 대한 효과적인 대응을 논의할 수 있다. 만일 자해나 자살 행동과 같은 심각한 위기 상황이 발견된다면 상응하는 구체적인 위기 관리법을 알려 우선적으로 대처할 수 있도록 한다.

② 정서적 어려움

이는 자녀의 정서 상태를 부모가 어떻게 인지하고 있으며, 그것에 대해서 어떻게 받아들이고 있는지, 감정의 변화가 일어나는 것을 가늠할 수 있는지, 어떻게 반응하고 대처하는지에 대한 정보수집이다. 이를 통해서 자녀가 주로 어떤 정서를 보이는지에 대해 부모의 시각으로 확인하고, 그에 대해 부모는 어떤 마음을 느끼는지, 또 어떻게 대처하고 있는지를 알 수 있다. 예를 들어, 자녀가 가장 편안함을 느끼는 때와 불편함을 느낄 때, 뚜렷하게 감정의 변화를 보일 때를 확인하여 정보를 다룬다면 자녀의 정서 상태에 대한 민감도와 지각력은 조금씩 높아질 것이다.

③ 상담 및 심리치료 경험

자녀가 지금까지 상담 및 심리치료 경험이 있었는지, 진단과 약물 처방이 있었는지, 상담·치료적 효과가 있었다면 어떤 내용이며, 상담·치료가 도중에 중단되었다면 그 이유에 대해서도 탐색한다. 자녀와 부모의 상담 및 심리치료에 대한 동기나 기대의 정도, 상담에 방해되는 요인 등을 확인할 수 있다.

④ 양육 에피소드

부모가 기억하는 은둔 자녀의 양육 역사를 살펴본다. 부모가 자녀와 관련된 주요 양육환경과 사건, 변화 등을 되짚어 보는 가운데 은둔 자녀에 대한 부모의 시각과 기대, 가족·형제 간에 이어져 온 관계 특징을 확인해 볼 수 있다. 자녀의 유년기 애착환경이나 진학, 이사, 전학과 같은 변화기에 어떤 소통이 이루어졌는지도 확인할 수 있다.

⑤ 자녀의 과거 특징

부모가 인식하는 은둔생활 이전의 자녀 모습을 되돌아보면서 자녀의 기본적 기질이나 성향, 좋아하는 것과 싫어하는 것 등에 대해 질문한다. 활동성, 건강, 표현 방식, 학업 수행 정도를 통해 자녀의 변화 과정과 자원을 확인할 수 있으며, 과거부터 자녀에게 반복되어 온 부모의 언어적 습관, 반응 방식, 양육 태도를 확인함으로써 부모-자녀 관계에서 쌓아 온 유대감의 성격을 되돌아볼 수 있다.

⑥ 자녀의 친구, 대인관계

각 시기별 친구와 맺는 친밀도를 비롯해 대인관계 특징을 탐색한다. 친구를 사귀는 수월성, 갈등관계 유무, 갈등관계에서의 대처와 같은 정보는 대인관계에서 철수하게 되는 원인과 부모의 관심과 관여의 정도를 유추하는 데 도움이 된다.

⑦ 등교 거부와 왕따 경험

자녀에게 등교 거부와 왕따 경험이 있다면 부모가 그것을 어떻게 인지하고 있는지 확인한다. 예를 들어, 자녀가 등교를 거부한 경험이 있다면 어떤 시기에, 어떤 환경에서 등교 거부를 하였는지를 탐색한다. 자녀가 학교생활을 유지하지 못하는 어려움이 어떠한 것이었는지 유추해 볼 수 있고, 부모가 자녀의 위기 상황에 어떻게 대처하는지도 살펴볼 수 있다.

또한 은둔형 외톨이들 다수가 왕따를 경험하였다는 보고가 있으므로, 자녀의 왕따 경험 유무와 경과를 확인한다. 왕따 경험이 있다면 자녀의 왕따 경험을 부모가 어떻게 인식하고 있는지, 또 자녀의 은둔생활이 왕따 경험의 연장선상에서 아직 해결되지 않은 점이 무엇인지 논의할 수 있다.

⑧ 은둔 원인의 유추

임상정보에 대한 탐색 과정을 통해서 부모는 자녀가 은둔생활을 하게 된 원인을 개인, 가족, 학교, 사회적 요인으로 나누어 고려해 본다. 다양한 면에서 얼마나 포괄적으로 해석하고 있는지, 가장 비중을 두는 원인을 무엇으로 두는지를 탐색하여 원인을 좀 더 구체적으로 추론해 갈 수 있다.

(5) 현재 부모-자녀 관계 정보

부모로서 현재 자녀에 대해서 어떤 마음을 가지고 있고 어떻게 표현하고 있는지를 확인하고, 자녀의 마음이나 현재의 바람, 가족으로서 가장 힘든 점 등을 나눔으로써 현재 자신의 은둔 자녀에 대한 마음을 구체화시킬 수 있다.

① 자녀에게 가장 염려되는 점

부모 내담자가 은둔을 하고 있는 자녀에게 가장 염려하고 있는 점을 탐색한다. 부모는 은둔하는 자녀에 대해 걱정하는 점이 많지만, 그중에서도 부모 내담자가 가장 불안과 두려움을 느끼는 내용을 탐색함으로써 그것이 현실에서 어떤 불안과 역동을 일으키는지 다루어 볼 수 있다.

② 자녀를 위해서 하는 말, 행동

자녀를 위해, 혹은 염려되는 점의 회복을 위해 부모가 평소에 기울이는 노력의 내용을 탐색한다. 부모가 은둔하는 자녀를 어떻게 인식하고 있으며, 어떤 원칙으로 관여하고 있는지를 확인할 수 있다. 또 어떤 노력이 성과가 있는지 혹은 없는지, 어떤 면에서 실행하기 힘든지도 찾아 더 논의해 볼 수 있다.

③ 예상되는 자녀의 마음

자녀가 겪어 온 경험 안에서 자녀가 가질 법한 자신과 타인과 미래에 대한 인상을 부모에게 추측해 보게 함으로써 부모가 자녀의 입장과 시각을 간접적으로 경험할 수 있다. 부모가 자녀의 입장에서 도움이 되는 행동을 찾아하거나 자녀에게 공감적으로 반응하도록 도울 수 있다.

④ 현재의 바람

부모가 은둔하는 자녀에게 바라는 것과 자녀가 바라는 것을 비교하여 그 차이를 확인한다. 부모는 은둔형 외톨이 자녀가 어서 빨리 평범한 생활로 돌아가기를 바라는 마음이 크기 때문에 현실의 자녀를 잘 보지 못할 수 있다. 자녀가 원하고 있는 현실적인 바람에 대해 부모가 관심을 가지게 되면 자녀에게 직접적으로 도움이 될 만한 구체적인 목표를 가지고 지지와 지원을 해 줄 수 있다.

⑤ 가족으로서 가장 힘든 점

부모가 은둔하는 자녀와 함께 지내면서 가장 힘겹게 여기는 것이 어떤 부분인지 탐색하는 것은 부모 상담의 목표를 정하는 데 도움이 될 수 있다. 은둔하는 자녀를 회복시키고 싶다는 표현 속에서 부모 자신이 겪는 심리적인 어려움은 간과되기 쉽다. 자녀의 미래에 대한 불안, 자녀가 낙심하고 있는 것 외에도 은둔하는 자녀를 보면서 견뎌야만 하는 생활 자체, 부모 자신의 삶이 멈추는 것 같은 좌절감, 자녀에 대한 미움 혹은 죄책감 같은 것이 그 예이고 충분히 다루어야 할 내용이다.

4. 사전 · 사후 평가

내담자의 호소문제와 관련된 심리평가 도구를 상담 초기와 종결 시점에 각각 실시하여 상담 전 · 후의 내담자 변화를 측정한다. 상담자가 상담의 성과를 확인하는 자료가 될 수 있으며, 내담자 역시 상담을 통한 변화를 스스로 확인하는 기회가 된다. 10문항 내외의 자아존중감 척도(전병재, 1974), 우울증 선별도구(안제용, 서은란, 임경희, 신재현, 김정범, 2013)나 상태불안 척도(김정택, 1978) 등을 활용할 수 있고, 가족관계의 변화를 비교하기 위해서 가족관계 척도 [부록 10-2][2] 를 제시하였다.

---

2) [부록 10-2] 가족관계 척도: 가족구성원 간의 관계 정도를 평가하기 위해 3개 요인을 총 24개 문항으로 측정하는 검사 도구이다(양옥경, 2001). 가족 간 친밀성과 돌봄 행동의 정도, 소외나 폭력적 소통 방식의 정도, 수용과 존중의 의사소통 등에 대한 내용으로 구성되어 있다.

[부록 10-1]

한국형 자기분화 척도

다음은 자신이나 다른 사람들과의 관계에 대한 생각이나 느낌을 묻는 질문입니다. 생각이나 느낌에 가장 가까운 번호에 ✓표 해 주십시오.

전혀 그렇지 않다	대체로 그렇지 않다	조금 그렇지 않다	조금 그렇다	대체로 그렇다	매우 그렇다		
0	1	2	3	4	5		

	질문 내용	0	1	2	3	4	5
1	사람들은 내가 감정을 잘 통제하지 못하는 편이라고 말한다.	0	1	2	3	4	5
2	배우자가 나를 비난하면 한동안 마음이 괴롭다.	0	1	2	3	4	5
3	나는 결정을 내리도록 도와줄 사람이 옆에 없으면 종종 확신이 안 선다.	0	1	2	3	4	5
4*	누군가와 논쟁을 벌이는 와중에도, 나는 감정에 치우치지 않고 내 입장을 분명히 말할 수 있다.	0	1	2	3	4	5
5	나는 감정이 격해졌을 때에는 제대로 생각하기가 어렵다.	0	1	2	3	4	5
6	나는 살면서 만나는 대부분의 사람에게 인정을 받고 싶어 한다.	0	1	2	3	4	5
7	내 자존심은 다른 사람들이 나를 어떻게 생각하느냐에 따라 달라진다.	0	1	2	3	4	5
8*	나는 어떤 일이 일어나도 별로 흔들리지 않는다.	0	1	2	3	4	5
9	배우자가 이해하지 못할까 봐, 내 속마음을 솔직히 드러내지 못한다.	0	1	2	3	4	5
10	때때로 나는 감정의 기복이 너무 심하다고 느낀다.	0	1	2	3	4	5
11	다른 사람이 나를 비판하는 것에 대해 지나치게 민감하다.	0	1	2	3	4	5
12	나는 뭔가 결정을 내릴 때, 다른 사람들이 그것을 어떻게 생각할지 걱정이 된다.	0	1	2	3	4	5
13*	다른 사람이 뭐라든 개의치 않고 대부분 내 생각대로 한다.	0	1	2	3	4	5
14	배우자가 나한테 너무 많은 것을 바란다는 느낌이 들어 부담스러울 때가 있다.	0	1	2	3	4	5
15	나는 스트레스가 오래 계속되면, 이성보다 감정에 따라 행동하게 된다.	0	1	2	3	4	5
16	누군가에게 화가 나면, 쉽게 그것을 풀지 못한다.	0	1	2	3	4	5
17	큰일을 시작할 때, 나는 주변사람들로부터 많은 격려를 받아야 안심이 된다.	0	1	2	3	4	5
18*	스트레스를 받는 상황에서도 내 감정을 부인하지 않고 합리적으로 반응할 수 있다.	0	1	2	3	4	5
19	배우자와 함께 있을 때, 때로 나는 가슴이 답답하거나 숨이 막힐 것 같은 때가 있다.	0	1	2	3	4	5
20	나는 중요한 결정을 내려야 할 때도 즉흥적으로 처리하는 일이 많다.	0	1	2	3	4	5
21	나는 예민한 편이어서 다른 사람으로부터 상처를 잘 받는다.	0	1	2	3	4	5
22	나는 사람들에게 말부터 해 놓고 나중에 후회하는 일이 많다.	0	1	2	3	4	5

23	아직도 나는 부모님이나 형제자매와 다투고 나면, 기분이 엉망이 된다.	0	1	2	3	4	5
24	나는 말이나 의견이 남에게 비판을 받으면 잘 바꾸는 편이다.	0	1	2	3	4	5
25*	대부분의 경우 내 감정이나 생각 따위로 고민하지 않고 단호하게 행동할 수 있다.	0	1	2	3	4	5
26	배우자가 나를 너무 구속하지 않으면 우리 부부관계는 더 좋아질 것 같다.	0	1	2	3	4	5
27	나는 화가 나면 물불을 가리지 않고 행동하는 편이다.	0	1	2	3	4	5
28	배우자를 포함한 가까운 사람과 말다툼을 하고 나면, 하루 종일 그 일을 생각한다.	0	1	2	3	4	5
29*	스트레스를 받아도 나는 별로 흔들리지 않는다.	0	1	2	3	4	5
30	나는 대수롭지 않은 일에도 화를 잘 내는 편이다.	0	1	2	3	4	5
31	나는 배우자가 내 생각이나 기분을 인정해 주지 않으면 마음이 불편하다.	0	1	2	3	4	5
32	나는 화가 나면 혼자 해결하지 못하고 누군가가 해결해 주기를 바란다.	0	1	2	3	4	5
33*	누군가가 압력을 가해도, 내 감정과 신념을 분명히 드러낼 수 있다.	0	1	2	3	4	5
34	나는 자라면서 집을 나가고 싶은 충동을 자주 느꼈다.	0	1	2	3	4	5
35	나는 차근차근 따져 생각하기보다 느낌과 감정에 따라 행동한다.	0	1	2	3	4	5
36	나는 누군가에게 무시를 당하면 자존심이 상한다.	0	1	2	3	4	5
37	내 의견이 배우자나 주위 사람과 비슷해야 안심이 된다.	0	1	2	3	4	5
38*	나는 자기주장이 강하고 지배적인 사람을 대할 때에도, 분명한 사고와 편안한 마음을 유지할 수 있다.	0	1	2	3	4	5

주: *를 제외하고 모두 역채점.
출처: 정혜정, 조은경(2007).

자기분화 척도 구성과 채점

자기분화 차원	하위요인	문항 점수		
심리내적 차원	① 정서적 반응	1, 5, 10, 15, 20, 22, 27, 30, 35 (역채점)	(	)
	② 자기 입장	4, 8, 13, 18, 25, 29, 33, 38 (* 표시)	(	)
대인관계 차원	③ 타인과의 융합	3, 7, 12, 17, 24, 32, 37 (역채점)	(	)
	④ 정서적 단절	9, 14, 19, 26, 34 (역채점)	(	)
심리내적+대인관계 차원	⑤ 정서적 융합	2, 6, 11, 16, 21, 23, 28 ,31, 36 (역채점)	(	)
총 자기분화(①+②+③+④+⑤)			(	)

▶해석: 점수가 높을수록 총 자기분화 수준은 높으며, 정서적 반응, 타인과의 융합, 정서적 단절, 정서적 융합은 낮은 반면 자기입장은 높다.

▶채점: 일반적으로 평균을 사용할 수 있으며, Bowen의 제안에 따라 자기분화 수준을 0~100점 사이의 백분위 점수로 환산하기 위한 계산방법은 다음과 같다.

백분위 점수=[원점수(범위 0~190)×100]/190

[예, 원점수의 총점이 110점으로 나온 경우: 100점 만점의 자기분화 점수는 57.9점이 됨.

즉, (110×100)/190=57.9점]

출처: 정혜정, 조은경(2007).

(백분위) 점수 해석	
0~25	• 가족 및 타인에게 정서적으로 융합되어 있거나, 사고와 감정의 융합이 심해 감정에 의해 삶이 지배되기 쉽다. • 스트레스를 받으면 쉽게 신체적 · 정신적 질병과 역기능을 유발한다.
26~50	• 불안이 낮을 때는 기능을 하지만, 불안이 높을 때는 낮은 자기분화 상태가 된다. • 감정체계에 의해서 삶을 유지하고, 다른 사람의 인정과 사랑을 구하는 경향이 있으며 자신에 대한 확신과 믿음이 부족하다. • 다른 사람의 인정을 받지 못하면 감정반사행동을 하며 정서적 · 신체적 · 사회적 역기능의 문제를 유발한다.
51~75	• 역기능적이 되어도 금방 회복한다. 독립적으로 의사를 결정하며 자율적으로 자기를 지키고 기능한다. • 지적체계가 충분히 발달하여 불안이 증가해도 정서체계의 지배를 받지 않는다. • 불안이 높을 때 일시적으로 융해되거나 지적체계가 감정체계에 영향을 받지만, 개인의 목표와 인간관계에서 목표지향 활동을 한다.
75~100	• 명확한 가치와 신념을 가지며 목표를 지향한다. 갈등과 스트레스에 대해 인내심이 있고 거짓자아가 적다. • 타인과 정서적으로 친밀감을 교류하며 자아정체감이 확립되어 있다. • 지적체계와 감정체계의 상호작용을 가지고 행동이 자율적이며 행동에 책임을 진다. • 대인관계에서 현실적으로 사고하고 불안을 다룰 수 있으며, 불안 속에서도 목표지향적 활동이 가능하다.

출처: 이현경(2010).

[부록 10-2]

가족관계 척도

다음은 자신의 가족 관계에 대한 생각이나 느낌을 묻는 질문입니다. 생각이나 느낌에 가장 가까운 번호에 √표 해 주십시오.

전혀 그렇지 않다	그렇지 않다	보통이다	그렇다	항상 그렇다
1	2	3	4	5

	질문 내용	1	2	3	4	5
① 정서 · 친밀	우리 가족은 서로 친밀하게 느낀다.	1	2	3	4	5
	우리 가족은 서로 솔직하고 정직하다.	1	2	3	4	5
	우리 가족은 서로 지지해 주고 격려해 준다.	1	2	3	4	5
	우리 가족은 가족끼리 대화가 잘 된다.	1	2	3	4	5
	우리 가족은 도움이 필요할 때 언제든지 서로 도움을 청할 수 있다.	1	2	3	4	5
	우리 가족은 각자의 감정에 대해 가족들에게 마음을 열고 허심탄회하게 이야기한다.	1	2	3	4	5
	우리 가족은 서로에 대해 잘 알고 있다.	1	2	3	4	5
	우리 가족은 서로에게 생각과 느낌을 표현할 수 있다.	1	2	3	4	5
	우리 가족은 여가 시간을 함께 보내기를 좋아한다.	1	2	3	4	5
	우리 가족은 문제를 함께 잘 해결하려고 노력한다.	1	2	3	4	5
	우리 가족은 각자의 친한 친구들을 서로 알고 있다.	1	2	3	4	5
	계	① (				)
②* 인정 · 책임	우리 가족은 서로 무시한다.*	1	2	3	4	5
	어떤 일이 잘 되지 않을 때 우리는 가족 중의 한 사람을 탓한다.*	1	2	3	4	5
	어떤 일이 잘못될 때 우리는 서로 탓한다.*	1	2	3	4	5
	우리 가족에는 소외되는 사람이 있다.*	1	2	3	4	5
	우리 가족은 문제 해결을 위해 폭력을 사용한다.*	1	2	3	4	5
	우리 가족은 개인을 인정하지 않는다.*	1	2	3	4	5
	가족끼리보다 다른 사람과 있는 것을 더 좋아한다.*	1	2	3	4	5
	계	② (				)

③ 수용 · 존중	우리 가족은 서로의 감정을 존중한다.	1	2	3	4	5
	우리 가족은 가족들 간의 서로 다른 의견을 존중한다.	1	2	3	4	5
	가족의 일을 계획할 때 우리 가족 모두에게 발언권이 있다.	1	2	3	4	5
	우리 가족은 서로를 있는 그대로 인정한다.	1	2	3	4	5
	우리 가족은 각각 자신의 행동에 책임을 진다.	1	2	3	4	5
	우리 가족은 규칙이나 기준을 고집하지 않는다.	1	2	3	4	5
계		③ (　　)				

주: *는 역채점
출처: 양옥경(2001).

가족관계 척도의 3요인 결과

부모가 생각하는 자녀 유형		
정서 · 친밀 요인	가족 간 응집성, 유대, 친밀, 감정적 측면과 관심, 돌봄의 행동 측면	① (　　)
인정 · 책임 요인 (소외, 폭력영역)	가족 간 배제, 무시, 비난, 책임 소재 등 가족 내 지위와 관련된 측면	② (　　)
수용 · 존중 요인	가족 간 수용, 지지, 상호존중 등 가족 간 의사소통의 측면	③ (　　)
▶채점: ②*인정 · 책임 요인의 항목은 모두 역채점한다. ▶해석: 점수가 높을수록 가족 간 친밀성과 돌봄의 행동 정도, 수용과 존중의 의사소통 정도가 높고, 소외나 폭력적 소통 방식의 정도가 낮다.		합계 (　　 점)

참고문헌

김수연(1998). 가족사정 척도 개발과 타당도 검증: 순환모델 척도의 재구성. 부산대학교 대학원 박사학위논문.

김정택(1978). 특성불안과 사회성과의 관계: Spielberger의 STAI를 중심으로. 고려대학교 대학원 석사학위논문.

안제용, 서은란, 임경희, 신재현, 김정범(2013). 한국어판 우울증 선별도구(Patient Health Questionnaire-9, PHQ-9)의 표준화 연구. 생물치료정신의학, 19(1), 47-56.

양옥경(2001). 가족관계 측정을 위한 척도 개발 연구. 한국가족복지학, 8(0), 119-147.

이현경(2010). 임상장면에서의 가족상담과 치료. 경기: 양서원.

전병재(1974). 자아개념 측정가능성에 관한 연구. 연세논총, 11(1), 107-130.

정혜정, 조은경(2007). 한국형 자기분화 척도 개발과 타당성에 관한 연구. 한국가족치료학회지. 15(1), 19-46.

최명선, 차미숙, 김난희(2012). 엄마와 아이 애착 다지기. 경기: 이담북스.

Kearney, C. A. (2013). 등교를 거부하는 청소년: 평가와 처치를 위한 기능 중심 접근(*School Refusal Behavior in Youth: A Functional Approach to Assessment and Treatment*). 임은미, 강지현, 김인규, 김지현, 여대철, 윤경희, 임진영, 하혜숙, 황매향 공역. 서울: 학지사. (원저는 2002년에 출판).

Heaton, J. A. (2006). 상담 및 심리치료의 기본기법(*Building Basic Therapeutic Skills: A Practical Guide For Current Mental Health Practice*). 김창대 역. 서울: 학지사. (원저는 1998년에 출판).

제11장

은둔형 외톨이 부모 상담의 과정 및 주제별 개입

이 장에서는 은둔형 외톨이를 가족구성원으로 둔 내담자를 상담할 때 과정별, 주제별로 어떤 개입이 필요한지에 대해 다룬다. 일반적으로 상담 과정을 초기-중기-후기로 나누지만 몇 회기까지를 초기 혹은 중기, 후기라고 보아야 하는지는 사례마다 다르다. 특히 은둔형 외톨이 가족 상담의 경우, 은둔 당사자의 변화가 있는가 없는가 또는 변화가 극적인가 아닌가에 따라 상담의 일반적인 과정이 무시되는 경우가 많다. 당사자의 돌발적인 행동에 따라 응급으로 개입해야 하기도 하고, 반대로 몇 개월씩 당사자의 변화가 없는 경우 내담자는 상담을 지속할 의욕을 잃어 갑작스럽게 중단하기도 한다. 이러한 특징들을 묶어 이 장에서는 은둔형 외톨이 가족 상담의 과정 및 주제별 개입 방안에 대해 살펴보겠다.

1. 과정별 개입

1) 첫 만남과 상담 초기

(1) 주 호소문제

제8장에서 살펴보았듯이 은둔형 외톨이 가족들은 은둔 당사자에게 조속한 변화가 나타나도록 도와달라고 호소하는 경우가 대부분이다. 만일 그 사람의 은둔 상태에 영향을 준 가족이나 환경적 요소를 탐색하는 경우 그 부분은 건드리지 말고 자녀만 어서 은둔에서 벗어나도록 도와달라고 조르는 경우가 많다. 또한 은둔 자녀와의 생활에서 절망하고 있는 부모의 심리적 회복이 필요함을 전달하거나 이를 돕고자 하는 경우, 이런 노력이 왜 필요한지 모르겠다고 거부하는 경우도 자주 있다.

일반 상담에서도 내담자의 주 호소문제와 상담자가 판단하는 상담 이슈는 다를 수 있다. 은둔형 외톨이 가족 상담에서는 이러한 간격이 특히 큰 경우가 많다. 이 경우 상담 초기에는 내담자의 호소문제를 그대로 따라가는 것을 권하고 싶다. 다른 내담자들도 마찬 가지이지만, 특히 은둔형 외톨이 자녀를 둔 부모의 경우 세상 어디에도 내놓지 못했던 부끄럽고 고통스러운 비밀을 상담자에게 털어놓고 있기 때문이다. 판단하지 않고 평가 하지 않으며 비지시적으로 그들의 호소문제를 따라가 주는 것이 초기 과정에서 매우 중요하게 여겨진다.

(2) 목표 설정

많은 내담자가 그렇지만 은둔형 외톨이 부모나 가족의 경우도 상담의 목표를 정한다 는 사실에 익숙하지 않은 경우가 많다. 이들은 때로 상담목표를 정하는 것에 의아해한 다. 자신이 원하는 것은 오로지 자녀(혹은 가족구성원)의 은둔 탈출인데 이 외 무엇을 더 다루거나 언급해야 하느냐고 반문한다.

이에 따라 상담자가 목표 설정 없이 상담을 시작하는 경우 초기에는 괜찮지만 이후 상담에서 지향점을 잃기 쉽다. 계속해서 자신이 호소하고 싶은 문제를 나열하고 은둔 자녀로 인한 어려움을 토로하며 많은 시간을 보내는데, 이러한 진행이 중기까지 이어 지면 매 회기 거의 동일한 양상이 이어지기 쉽다. 따라서 초기라 하더라도 적당한 순간 상담자가 "이번 상담을 통해 어떤 변화가 생기길 원하나요?" 혹은 "어떤 점이 조금이라 도 편안해지길 원합니까?"와 같이 상담의 지향점을 묻는 질문을 하며 목표를 정하는 것이 필 요하다.

상담목표를 설정할 때 상담자가 유의하여 다룰 것이 몇 가지 있다. 반복해서 언급했 듯이 은둔형 외톨이 부모의 경우 자신이나 다른 가족구성원의 이슈는 제외하고 은둔 당사자의 문제만을 다뤄 주길 바라는 경우가 많다. 어떤 상담자도 주변 환경을 모두 제 거한 채 개인 한 사람만의 문제를 다루고 변화를 이루어 주기는 어렵다. 따라서 상담자 가 내담자에게 이러한 관계를 조금 명료하게 제시하고 선택의 기회를 주는 것도 좋다. 예를 들어, 은둔 자녀를 둔 부모와 상담하는 경우 다음 두 가지 측면과 관련된 목표를 정할 수 있다.

• 은둔하고 있는 자녀에 대한 효과적인 대응법과 이들을 돕는 방법을 배우고 실천하기

• 은둔 자녀를 둔 부모 자신의 심리적 건강 회복하기

두 가지 중 어떤 측면에 더 도움을 받고 싶은지, 혹은 두 측면 중 어떤 것을 먼저 다루고 이후 나머지 한 가지를 다룰지 생각해 보도록 권할 수 있다. 이상적으로는 제시된 두 과제 사이에 균형을 잡아 주는 것이 필요하다. 우선적으로 은둔 자녀의 변화가 급선무이겠지만, 이러한 변화는 부모나 가족의 심리적 건강이 회복되고 불안과 조바심이 줄어드는 환경 속에서 가능하다. 하지만 상담 초기에는 이러한 연결점을 납득하기 어려워할 수 있다. 따라서 우선적으로 그들의 호소문제와 상담 방향성을 수용하면서 차차 전반적인 가족환경 변화에도 상담의 방향성을 맞추는 것이 좋다.

(3) 구조화

상담의 구조화(structuring) 혹은 오리엔테이션은 내담자와 상담자 간에 상담에 대한 기본적인 기대를 맞추어 나가는 과정이다. 구조화는 상담의 모든 단계를 통해 제공될 수 있지만 초기에는 더욱 중요하다. 특히 내담자가 비현실적인 기대를 갖고 상담을 시작하려고 할 때 구조화는 더욱 중요하다. 은둔형 외톨이 가족 상담의 구조화에 포함될 내용들은 다음과 같다.

① 상담 여건에 대한 구조화

상담 시간, 빈도, 총 상담 횟수, 상담 장소, 상담 시간 변경방법 등이 포함된다. 상담의 횟수와 기간을 처음부터 정하기는 쉽지 않지만 대략적인 합의를 하는 것이 좋다. 은둔형 외톨이의 특성상 짧은 회기 동안 은둔 자녀 및 가족구성원의 이슈를 모두 다루기는 어렵다는 점을 안내하고, 원하는 변화에 맞는 기간을 상의하고 합의하는 것이 필요하다.

또한 상담의 간격도 다른 상담과 달리 설정해야 할 수도 있다. 은둔 자녀의 변화가 느리게 일어나는 경우가 많기 때문에 주 1회 부모 상담을 계속하는 경우 자녀의 변화는 거의 일어나지 않아 맥빠져 하는 경우가 많다. 이때 격주에 1번이나 월 1회 등 상황에 맞게 상담 일정을 조정하는 것도 좋다. 또한 개인이 아닌 가족이나 부부가 상담하는 경우 90분 혹은 120분 등 시간을 연장하는 것에 대해서도 의논할 수 있고, 먼 거리에서 어렵게 시간을 내서 상담받으러 오는 경우 최대한 불편이 줄어들 수 있는 시간과 간격을 함께 의논하는 것이 필요하다. 다른 주제로 상담받으러 오는 내담자에게도 이러한 세심한 배려와 합의 과정은 중요하다. 하지만 특히 은둔형 외톨이 가족들의 경우 위로와 배려가 매우 필요하고 자신들의 상황에 맞춰 상담을 구조화하려는 상담자의 태도가 상담 전체의 효과에 큰 영향을 줄 수 있다.

② 상담관계에 대한 구조화

상담자의 역할, 내담자의 역할, 상담관계의 특징에 대한 구조화가 이에 해당된다. 이 또한 모든 상담에서 공통적이겠지만, 상담자가 할 수 있는 것과 할 수 없는 것에 대해 안내하는 것이 필요하다. 특히 이전 상담 경험에 대한 파악은 초기 관계를 설정하는 데 중요한 정보가 된다. 상담 경험이 있는 경우, 이전 상담의 경험이 어떠했는지, 상담자에게 무엇을 기대했는지, 무엇을 얻었고 혹은 실망했는지 등을 파악함으로써 내담자가 상담에 대해 갖는 역할기대를 확인할 수 있다. 또한 상담은 일정 기간 꾸준한 노력을 통해 효과가 나타나는 경우가 많음을 알려 주는 것이 필요하다. 은둔형 외톨이 가족 상담의 경우, 대상자에 대한 불안과 조바심으로 인해 상담 시간을 자주 변경하거나 간격을 불규칙하게 조정하는 경우가 매우 잦다. 또는 눈에 띄는 변화가 없는 경우 새로운 것을 말할 것이 없다며 상담을 거부하는 경우도 잦다. 따라서 상담 초기에 그러한 조바심을 느낄 수 있음을 고지해 주고, 이를 알려 주면 함께 다루겠다고 약속하는 것이 좋다. 전문가에게 의지해서 은둔하는 자녀의 문제를 획기적으로 개선하기를 희망하는 내담자의 경우 특히 상담자와 내담자의 역할과 한계에 대해 명료한 대화를 나누는 것이 필요하다.

③ 비밀보장과 비밀보장 한계에 대한 구조화

일반 상담에서와 마찬가지로 상담내용에 대해서는 비밀이 보장되지만 내담자 자신이나 타인에게 위협이 가해지는 경우에는 비밀보장이 이루어지지 않음을 알려 줘야 한다. 은둔형 외톨이 가족 상담의 경우, 내담자가 2명 이상일 경우가 많아 비밀보장에 대한 언급이 필수적이다. 예를 들어, 은둔 자녀를 둔 부부의 경우 어떤 회기는 부모가 함께, 어떤 회기는 둘 중 한 명만 상담을 받으러 오는 경우도 많다. 이 경우 내담자에게 한 명의 배우자와 나눴던 얘기를 다른 배우자에게 개방할 것인가에 대한 의사를 묻는 것이 필요하다. 또한 처음부터 이러한 상담 진행이 예상될 때는 각 회기 내 다뤘던 얘기를 동의 없이는 개방하지 않는다는 점을 내담자 모두에게 고지하는 것이 필요하다. 이는 부부뿐 아니라 다른 가족구성원 간에도 마찬가지이고, 특히 은둔 당사자와 부모를 함께 상담하는 경우 비밀보장과 한계에 대한 약속은 더욱 중요하다.

2) 상담 중기

(1) 3각 구도-상담자, 내담자, 당사자

일반 상담의 경우 상담자와 내담자가 처음 설정한 목표에 따라 상담을 진행하고 함께 노력하게 된다. 은둔형 외톨이 가족 상담의 경우도 기본적인 흐름은 동일하지만 한 가지 특이점이 존재한다. 대부분의 내담자가 자신이 아닌 은둔 자녀의 문제에 초점 맞추기를 원하는 경우가 많다는 점이다. 이로 인해 상담자는 눈앞에 있는 내담자를 만나지만, 그 내담자가 보고하는 제3의 인물, 즉 집에 있는 은둔 당사자의 문제를 다루고 그 사람의 변화를 유도해야 하는 어려움이 발생하게 된다.

만난 적도 얘기를 나눠 본 적도 없는 대상자를 원격으로 조정해서 내담자인 부모가 원하는 바대로 변화시켜 놓는 것은 거의 불가능하다. 상담이 진행되면서 이러한 이상적인 기대와 바람이 커지는 경우 상담자는 친절하지만 일관적으로 한계와 역할을 전달하는 것이 필요하다.

(2) 패턴에서 벗어나기

은둔형 외톨이 가족과의 상담이 진행되면서 자칫 동일한 패턴에 빠지기 쉽다. 그 예는 다음과 같다.

- 은둔하고 있는 대상자에 대한 일관된 비난
- 자신과 가족들의 잘못에 대한 반복되는 후회와 자책
- 어떤 것도 할 수 없다는 무력감의 호소
- 상담자에게 모든 것을 맡길 테니 도와달라는 요청
- 의존과 분노, 희망과 절망 사이를 왔다 갔다 하는 불안정함
- 자신의 생각과 감정을 깊이 탐색하지 못하고 여러 주제를 오가는 이야기의 나열
- 자녀가 은둔에서 벗어나면 사회에서 할 수 있다고 믿는 것들(학교, 직장, 대인관계 등)의 나열

• 은둔생활에 결정적 계기가 되었다고 믿는 사건에 대한 반복적인 묘사

이때 상담자는 내담자가 보다 넓은 시각과 인식을 가질 수 있도록 돕는 것이 중요하다. 예를 들어, 대상자를 일관적으로 비난하는 경우, "그 마음과 함께 또 어떤 마음이 드시나요?"와 같은 전환질문을 하는 것이 필요하다. 끝없이 후회하고 자책하는 경우에도 "우리는 여러 감정을 느낄 수 있습니다. 후회와 자책도 되시겠지만 다른 감정도 느껴지실 것 같아요. 저라면 간혹 자녀가 미울 수도 있을 것 같고요."와 같이 경험할 수 있는, 그리고 이미 경험하고 있는 다양한 생각과 감정을 조명해 주는 것이 필요하다.

많은 경우 은둔형 외톨이 가족들은 자신이 다양한 감정을 느끼는 것을 허용하지 않고 부인하려 한다. 이들은 마치 자신이 충분히 후회와 속죄를 해야 자녀가 은둔에서 벗어날 수 있는 것처럼 행동한다. 상담자는 이에 대해 다음의 예와 같이 구체적으로 다룰 필요가 있다.

• "얼마나 충분히 후회하고 반성하면 자녀가 은둔에서 벗어날 것 같은가요?"
• "나의 후회와 반성이 자녀가 사회로 나아가는 것과 어떤 관련성이 있는 것 같은가요? 구체적으로 어떤 효과를 주나요?"

이러한 질문을 통해 자신이 한 방향으로만 노력하고 있고 그 노력이 어쩌면 그리 효과적이지 않음을 인식하게 해 줄 수 있다. 만일 이러한 주제를 대화로 다루기 어렵다면 종이에 써 보게 하거나 상담자가 대신 받아 적어 주면서 좀 더 머물러 생각할 수 있는 기회를 제공하는 것도 좋다. 이 모든 것은 현재 한 곳만을 응시하고 하나의 생각이나 감정에 고착되어 있는 내담자로 하여금 자신이 느끼는 다양한 생각과 감정을 솔직하고 용기 있게 바라볼 수 있게 돕기 위함이다.

(3) 스스로 찾는 해결책
상담이 진행되면서 부모들은 전문가인 상담자가 자신에게 적절하고 명확한 해답을 주기를 바라는 경우가 많다. 상담장면에서 자주 듣는 다음의 질문이나 요청은 이러한 바람을 담고 있다.

- "우리 애가 도대체 무슨 생각을 하는지 제게 알려 주세요."
- "어떻게 해야 애가 방 밖으로 나와 우리와 얘기하게 할 수 있을까요?"
- "아들이 우리에게 소리 지르고 물건을 던지는데 안 그럴 수 있게 해 주세요."
- "우리가 알아본 곳이 아들 다니기에 참 좋은 직장인데 거기에 다니게 하는 좋은 방법이 뭘까요?"

제기하는 이슈들은 현시점에서 이들에게 매우 절박한 사항들이다. 또한 이러한 요청을 할 때 내담자들은 이미 많은 시간을 그에 대한 해결책을 찾느라 동분서주했을 것이다. 따라서 상담자는 우선적으로 그 답답한 마음을 알아주고 공감해 주는 것이 필요하다. 하지만 상담자가 각 문제에 답을 주기 위해 애쓰고 내담자는 가정으로 돌아가 그대로 따라 해 보는 것은 크게 도움이 되지 않는다. 상담자가 제시하는 의견이 그대로 가정에 적용될지 알 수 없고, 이러한 하나하나의 대응보다 좀 더 근본적인 변화를 모색하는 것이 필요하기 때문이다. 따라서 상담자는 앞의 질문에 대해 다음과 같이 내담자에게 되물어 주는 것이 좋다.

- "자녀가 어떤 생각을 주로 할 것 같은가요?"
- "자녀가 방 밖으로 나오면 어떤 얘기를 가장 먼저 나누고 싶은가요? 그 대화 주제에 대해 자녀는 어떤 반응을 보일 것 같은가요?"
- "자녀가 소리 지르고 물건을 던졌을 때 어떤 생각과 기분이 드셨나요?"(부정적인 감정을 쌓아 두지 않도록 다뤄 줌)
- "자녀는 그 직장에 다닐 의사가 있을까요? 만일 입사한다면 어떤 어려움이 예상되시나요? 자녀는 그 어려움을 어떻게 극복할 수 있을 것 같은가요?"

이러한 질문들을 통해 내담자 스스로 은둔 당사자의 입장을 헤아리고 시각을 이해하는 폭이 커지도록 도울 수 있다. 상담자의 의견을 간단히 전하거나 지시하기보다 내담자가 차분히 생각할 기회를 줌으로써 스스로 해답을 찾아가도록 돕는 것이다.

(4) 상담, 코칭, 교육의 병행

일반 상담에서도 마찬가지이지만 은둔형 외톨이 상담에서 특히 단답식 답을 달라는 요청을 하는 경우를 많이 접하게 된다. 또는 전문적 정보가 필요해 호소하는 경우도 많다. 이때 상담자는 상담자 역할을 넘어 코치, 교육자로서의 역할이 필요하게 된다. 다음은 관련된 몇 가지 예이다.

- "이사 가려 하는데 이런 변화를 주는 게 좋을까요? 이사 가면 아이에게 어떤 방을 주는 게 좋을까요?"
- "아이는 놔두고 동생만 데리고 여행 가려 하는데 괜찮을까요?"
- "외식하려 하는데 괜찮을까요?"
- "아이가 혼자 지내며 연락을 받지 않는데 찾아가는 게 좋을까요, 그냥 두는 게 좋을까요?"
- "정신증 증세가 아닌지 의심되는데 병원에 입원시켜야 할까요?"
- "은둔이 계속되다가 조현병이 될 수도 있다는데 그런가요?"
- "지금처럼 나에게 소리 지르고 적대적이면 언젠가 나를 해칠 수 있을 것 같은데, 그럴 수도 있을까요?"

이러한 이슈들을 다루기 위해 우선 상담자는 은둔형 외톨이에 대한 가능한 많은 정보를 갖고 있어야 한다. 국내에 발간된 전문서적이 비록 적긴 하지만, 보고서, 논문, 관련 서적, 워크숍, 세미나 등을 통해 가능한 한 은둔형 외톨이 상담에 대한 기본 준비를 하기 위해 노력해야 한다. 또한 은둔형 외톨이와 관련해서 많이 제기되는 문제들(정신증, 조현병, 범죄와의 관련성 등)에 대해서도 구체적이고 정확한 정보를 얻으려 노력해야 한다. 내담자는 한 명의 상담자를 만나고 있지만 그에게서 위로, 조언, 전문적 정보의 모든 것을 필요로 하기 때문이다. 자칫 상담자가 정확하지 않은 정보를 제공하거나 무심결에 사용한 용어로 인해 내담자는 큰 근심거리를 가져갈 수도 있다([읽을거리 11-1] 참조).

사례: 상담자의 '조현병'이라는 단어에 극도의 공포를 느낀 은둔형 외톨이 부모

31세의 아들을 둔 부모의 사례이다. 아들이 4년가량 대부분의 시간을 자신의 방에서만 지내는 것으로 인해 A상담센터를 찾았다. 이곳이 거리가 멀어 지속적으로 다니기 힘들자 집 주변의 B상담센터를 방문했다. 아들의 상태를 설명하자 상담자는 "조현병이 의심된다."는 소견을 보였다. 크게 놀란 부모가 다른 C상담센터를 방문하였고 상담자는 "조현병과는 거리가 멀다."는 소견을 밝혔다. 두 상담자의 의견이 상반되자, 처음 방문했던 A센터를 다시 방문해 문의했다. 상담자는 "조현병과는 양상이 많이 다르다. 그리고 아들을 직접 만나지 못했고 심리검사를 해 보지 않았기 때문에 조현병이라고 단정하는 건 무리다."라는 의견을 보였다. 세 명의 상담자 중 두 명의 상담자가 아들의 상태는 조현병과는 다르다는 의견을 보였지만, 부모는 B센터에서 들은 '조현병'이라는 말에 대한 충격에서 벗어나지 못했다. 이로 인해 불면, 식욕부진, 불안, 초조 등을 느끼며 아들이 조현병일지 모른다는 걱정이 점차 커졌다. 급기야 조현병은 부모를 해칠 수도 있다는 인터넷상의 정보를 접하며 '존속살인'에 대한 공포를 느끼기까지 했다. 이에 만일의 사태를 대비해 아들을 정신병원에 강제 입원시키는 방법을 찾기 시작했다. 하지만 간신히 생각을 접고 먼 거리의 A상담센터를 다시 찾아 상담을 받기 시작했다. 이곳의 상담자는 아들에게 작게라도 조현병이 의심되는 행동이 나타난 후에 강제입원을 결정해도 늦지 않을 거라고 권유했다. 이후 상담을 꾸준히 받으면서 아들과의 대화를 시도하여 점차 빈도가 잦아졌고, 아들은 부모에게 아무런 가해행동도 하지 않은 채 함께 생활할 수 있었다. 한 명의 상담자가 분명한 확인 없이 사용한 용어가 은둔형 외톨이 부모에게 어떤 충격을 줄 수 있는지를 보여 주는 사례이다.

출처: 파이심리상담센터 사례 중.

(5) 가족의 변화 모색

상담에서 전통적인 불문율 중 하나는 '내가 변하지 않으면 상대도 변하지 않는다'는 것이다. 이는 '상대가 변하길 원하면 내가 먼저 변해야 한다'는 의미이다. 이 원리는 은둔형 외톨이 가족에 대한 상담에서도 동일하게 적용된다. 변화시킬 수 있는 것은 은둔 당사자가 아니라 내담자 자신임을 점차 인식할 수 있도록 도와야 한다. 하지만 이러한 인식을 갖게 하는 것은 생각보다 쉽지 않다. 준비되지 않은 내담자에게 상처가 되거나 실천하기 어려운 요구가 되기 쉽다. 따라서 언제나 그러하듯이 먼저 상담자는 자녀의 행동으로 인해 크게 상처받고 좌절해 있는 부모를 이해하고 공감해 주는 태도를 보이는 것이 필요하다. 이후 가족구성원의 저항에 적절히 속도를 맞추면서도, 궁극적으로 가족 내 원인 탐색이나 변화를 위한 협조체제를 끌어내기 위해 노력하는 것이 필요하다. 다음과 같은 질문이 도움이 될 수 있다.

- "자녀가 나오면 어떤 내용으로 대화를 나누고 싶은지 정리해 보셨나요?"
- "자녀와 대화를 나누면 흥분하지 않고 편안하게 대화할 준비가 되셨나요?"
- "대화하며 만일 자녀가 계속 적대적인 반응을 보이면 어떻게 하실 건가요?"
- "아버지, 어머니 두 분이 자녀와 함께 만나신다면 각자 어떤 얘기를 건네고 싶으신 가요? 혹시 의견 차이가 있는지 확인해 보셨나요?"
- "지금과는 달리 서로에 대한 비난을 멈추고 자녀와 만나실 수 있나요? 얼마나 오랫 동안 그렇게 하실 수 있나요?"
- "자녀가 은둔을 시작하기 이전과 지금의 가족은 어떤 점에서 달라져 있나요? 그 차 이를 자녀도 인식할 수 있을 정도인가요?"
- "자녀가 나와 대화하기 시작하면 내가 해야 할 것과 하지 말아야 할 것은 무엇이라 고 생각하시나요? 그 이유는 무엇인가요?"

이와 같은 질문들은 가족들이 은둔 대상자를 다시 대할 때 어떤 준비가 되어 있는지 점검할 수 있게 하는 데 도움이 된다. 많은 경우 자녀가 제발 은둔에서 벗어나 가족들과 어울려 지내기를 간절히 원하면서도, 그런 시기가 되었을 때 자신들이 무엇을 어떻게 해야 할지 준비되어 있지 않다는 것을 모르는 경우가 대부분이다. 비록 은둔에서 벗어났다 하더라도 은둔 이전의 상태를 그대로 고수하며 변화되어 있지 않은 가족과 생활해야 하는 경우, 은둔은 언제든 다시 생겨날 수 있음을 명심할 필요가 있다.

(6) 지지체계 확보

은둔형 외톨이가 오랜 기간 지속되고 뚜렷한 변화가 쉽지 않은 문제이다 보니 특별히 응급한 상황이 잘 발생하지 않을 거라고 예상하는 경우가 많다. 하지만 그렇지 않다. 현장에서 만나는 사례들 중 돌발 상황이 발생해 위기상담에 가까울 정도의 대응이 필요할 때가 자주 있다. 다음의 경우가 그 예들이다.

- 가족들과 거의 소통하지 않던 당사자가 갑자기 할 말이 있다고 할 때
- 집에 들어가니 의자, 책상, 책, 그릇들이 부서지고 던져져 있을 때
- 대화 가운데 분노를 폭발하여 부모를 밀치고 옆에 있는 집기를 잡고 위협할 때
- 자신은 살 가치가 없으니 사라지겠다고 집을 나가 버리거나 죽겠다고 할 때
- 부모가 자신을 무시하고 세상에 나가는 것을 막고 있으니 부모에게 집을 나가라고 요구할 때
- 자신의 정신 상태가 이상하니 빨리 병원을 알아봐 달라고 요구할 때

은둔형 외톨이 중 몇 개월 혹은 몇 년씩 칩거생활을 하다가도 갑작스러울 정도로 이와 같은 상황을 만드는 경우도 꽤 있다. 이러한 변화는 모두 부정적인 것이 아니고 때로는 상황이 호전되는 중요한 시점이 되기도 한다. 하지만 갑작스러운 일이어서 내담자들은 어떻게 대응해야 할지 몰라 크게 당황하게 된다. 상담자는 내담자에게 이러한 상황이 발생할 수 있음을 미리 고지하는 것이 좋다. 또한 돌발 상황 시 상담자를 비롯해서 주변의 지지체계를 확보하도록 하는 것이 필요하다. 친구나 친척 등 도움을 요청할 사람을 미리 생각해 두도록 하고, 위험한 상황을 피하거나 함께 대응할 사람을 미리 확보하도록 해 주는 것이 필요하다. 많은 경우 주변에 자신의 상황에 대해 개방한 사람이 적기 때문에 일이 벌어진 후 찾으려 하면 대응이 늦어질 수 있다. 믿고 의논할 만한 사람을 주변에 둘 수 있도록 상담 시 함께 의논하는 것이 필요하다.

(7) 지속적이고 일관적인 공감과 지지

앞서 제시한 다양한 주제를 내담자와 함께 다루면서 상담자는 지속적이고 일관적으로 내담자를 공감하고 지지해 줘야 한다. 모든 상담에서 공감, 진솔성, 무조건적 수용은 절대적이고 필수적인 요소이다. 하지만 그 어떤 상담보다 은둔형 외톨이 가족에 대한 상담에서는 이 요소가 절대적인 힘을 갖는다. 은둔형 외톨이 자녀나 가족구성원과 함께 생활한다는 것은 상상하기 어려울 만큼 극도로 고통스러운 경험이다. 아무리 자녀를 키우는 사람이라 해도 동일한 상황을 경험하지 않은 사람으로서는 그들의 고통을 헤아리기조차 어렵다. 특히 은둔형 외톨이 부모들은 '자신만이' 그러한 고통에 놓여 있고 세상 누구로부터도 이해받기 어렵다는 생각에 사로잡혀 있는 경우가 많기 때문에, 상담자가 공감과 수용을 위한 민감성을 높이고 노력하는 것이 반드시 필요하다.

만일 상담자가 내담자의 상황을 제대로 이해하려 하지 않고 원론적인 상담 이론과 기술을 제시하는 경우, 내담자는 크게 낙담하고 때로는 분노하게 된다. 자신은 링 위에서 피를 철철 흘리며 싸우고 있는데 링 밖의 관람객이 "왜 더 열심히 싸우지 않느냐?"라고 훈수 두는 것처럼 여기게 되는 것이다. 특히 이들은 은둔형 외톨이 당사자만큼이나 세상의 시선과 평가에 민감해져 있는 상황이라 상담자의 진실한 태도에 예민하게 반응한다. 따라서 상담자는 어설픈 공감이 아닌 진실로 공감하려고 노력하는 태도와, 평가가 아닌 우선적인 수용의 태도를 갖는 것이 중요하다.

또한 많은 시도에도 불구하고 변화가 없는 것에 대해 낙담하고 절망하는 내담자가 많음에 유의할 필요가 있다. 따라서 섣부른 위로나 가벼운 제안보다는, 조금이라도 개선된 사례들을 제시하며 희망을 버리지 말고 지속적으로 노력할 것을 권하고 지지해 줘야한다. 이런 점에서 은둔형 외톨이 당사자 및 가족에 대한 상담은 그 어떤 상담보다도 함께 아파하고 함께 고민하고 함께 희망을 키워 나가는 상담자의 태도가 기술보다 중요하다.

3) 상담 후기 및 종결

(1) 은둔형 외톨이 부모 상담의 종결 유형

종결은 상담을 그만두기로 결정하는 것인데, 이는 일방적으로 또는 상호 간에 이뤄질 수 있다. 다행히 은둔하는 자녀나 가족구성원이 변화를 보일 경우 자연스럽게 상담에서 종결을 의논하게 된다. 하지만 더 이상 상담을 통해서는 자녀의 변화를 모색하는데 한계가 있음을 인식하고 상담을 중단하는 경우도 자주 있다. 때로는 자녀에게는 변화가 생기지 않고 부모가 정서적 위안만 얻고 상담이 종결되는 안타까운 상황도 자주발생한다. 현장에서 자주 경험하게 되는 은둔형 외톨이 가족 상담의 종결 유형을 정리하면 다음과 같다.

- 자녀가 가족들과 대화를 하거나 식사를 같이 하는 등의 변화가 생겼을 때
- 자녀가 간헐적으로 외출하고 취미생활 정도의 일상을 유지할 때
- 부모와 화해하거나 지난 일들에 대해 사과하고 자녀가 이를 받아들여 부모-자녀 간 관계 개선이 이뤄질 때
- 자녀가 포기했던 진로나 취업 준비를 시작할 때

- 자신의 문제로 인해 부모가 몰래 상담받으러 다니는 것을 알고 격분하며 당장 그 만두라고 요구할 때
- 상담이 내담자의 심리적 회복에는 도움을 줬지만 자녀의 은둔생활에는 더 이상 변화를 줄 수 없다고 여길 때
- 상담이 소용없고 어떤 변화도 기대하기 어렵다고 여길 때

이러한 이유들로 인해 합의한 종결이 이루어지기도 하지만 갑작스럽게 조기 종결되는 경우도 많다. 명확하게 통계를 낼 수는 없지만, 은둔형 외톨이 상담은 당사자뿐 아니라 가족들 상담에서도 일반 상담에 비해 조기 종결이 많다고 보여진다. 이는 상담자의 기술 부족에도 이유가 있겠지만, 크게 기대하며 시작하여 쉽게 실망하는 내담자 특징에서도 이유를 찾을 수 있다. 따라서 앞서 언급했듯 상담 초기에 이에 대한 구조화를 보다 분명하게 하고 상담자가 대비하는 것이 필요하다.

(2) 상담목표의 달성 정도 파악

종결 때에는 이제까지의 상담을 돌아보고 미해결 과제에 대해 의논하는 것이 필요하다. 일반 상담과 마찬가지로 상담 후기와 종결 시 상담 초기에 정한 목표의 달성 정도에 대해 다음과 같은 측면에서 서로 확인해 볼 수 있다.

- 상담에서 합의한 인지적 · 정서적 · 행동적 목표를 성취했는가?
- 내담자가 원했던 것에 대해 구체적인 변화가 생겼는가?
- 상담 초기에 원했는데 이루지 못한 변화는 무엇인가?
- 상담 과정 중 목표가 변화했다면 그 이유는 무엇인가?

목표 달성의 정도를 파악할 때 상담자는 가능한 한 구체적으로 달성된 바를 다루는 것이 좋다. 예를 들어, "이 정도면 살 만해요."라고 내담자가 응답할 때 '이 정도'와 '살 만하다'의 의미가 무엇인지 묻고, 상담 초기와 비교해서 어느 정도 변화되었는지 구체적으로 말해 보도록 권하는 것이 좋다. 특히 초기에 상담목표를 구체적으로 합의하면 종결 시 목표 달성 정도를 파악하는 데 도움이 된다. 이런 과정을 통해 내담자는 상담 기간 동안 자신과 자신의 가족에게 어떤 변화가 생겼는지 명확하게 확인하는 기회를 가질 수 있다.

(3) 변화 요인에 대한 평가

변화가 확인되었다면 과연 그 변화가 왜 생겨났는지 서로 확인하는 것이 필요하다. 변화 자체보다 그것을 가능하게 했던 요인에 대한 인식이 앞으로의 변화 유지에 더욱 중요하기 때문이다. 다음과 같은 질문들을 통해 변화 요인을 구체적으로 확인할 수 있다.

- 변화에 영향을 준 주요 요인들은 무엇인가?
- 그중 가장 중요한 요인은 무엇이라고 생각하나?
- 내담자가 한 행동 중 어떤 것이 가장 효과적이었다고 생각하나?
- 이제까지 해 왔던 행동과 상담 기간 중 했던 행동에는 어떤 차이가 있었나? 그것이 상담목표에 어떤 영향을 주었나?
- (은둔 당사자를 대하는 데 있어) 이제까지는 할 수 없었는데 상담 기간 중 할 수 있었던 행동은 무엇이었나? 그렇게 할 수 있었던 이유는 무엇인가?
- 상담자의 도움 중 어떤 것이 가장 도움이 되었나?

이러한 질문을 다루는 가운데 내담자는 자신과 가족에게 생긴 변화가 그저 우연히 생긴 것이 아니라 계획하고 노력하고 실천하는 가운데 얻어진 결과임을 인식하게 된다. 따라서 앞으로의 대응에서도 이번 상담에서와 마찬가지로 의지를 갖고 변화를 향해 노력하는 것이 필요함을 깨닫게 된다.

(4) 변화가 부족한 이유에 대한 평가

변화의 이유를 찾는 것 못지않게 변화가 생기지 않은 이유를 찾는 것도 중요하다. 앞의 질문들을 역으로 묻고 답하며 이에 대해 확인할 수 있다.

- 원했지만 상담 기간 중 생기지 않은 변화는 어떤 이유들 때문이라고 생각하나?
- 그중 가장 중요한 요인은 무엇이라고 생각하나?
- 내담자가 한 행동 중 어떤 것이 가장 비효과적이었다고 생각하나?
- 이제까지 해 왔던 행동과 상담 기간 중 했던 행동에서 큰 차이 없이 반복한 행동은 무엇이었나? 그것이 상담목표에 어떤 영향을 주었나?
- (은둔 당사자를 대하는 데 있어) 계획했지만 할 수 없던 행동은 무엇이었나? 그 이유는 무엇인가?

• 상담자의 도움 중 도움이 되지 않은 것은 무엇이었나?

이러한 탐색과 평가를 통해 내담자는 변화를 위해 효과적인 방법과 비효과적인 방법을 보다 분명하게 인식할 수 있다. 간혹 필요함을 알면서도 실천하지 못한 부분 또한 확인할 수 있다. 이에 대해서는 이후 천천히 다루고 행동으로 옮길 수 있도록 안내하는 것이 좋다.

(5) 향후 계획 및 사후관리 방안에 대한 논의

상담은 모든 것을 다 달성할 수 있는 과정이 아니다. 다만 상담자의 도움 속에서 자신의 어려움과 마주하고 풀어 나가며 하나의 성공 경험을 얻어 가는 과정이다. 따라서 종결 시 이러한 성공 경험을 상담 이후의 일상에서 스스로 반복할 수 있도록 연결해 주는 것이 필요하다. 또한 상담을 통해 원했지만 얻지 못한 목표에 대해서는 미결 과제로 두고 이에 대한 계획과 방안을 논의할 필요가 있다. 다음과 같은 주제를 통해 이를 다룰 수 있다.

• 은둔 자녀의 현재 상태를 유지하기 위해 나와 가족 모두는 앞으로 어떤 대응을 할 계획인가?
• 은둔 자녀의 현재 변화가 어느 정도 유지될 거라고 보는가? 만일 유지되지 않는다면 어떻게 할 것인가?
• 앞으로 나와 가족이 다시 반복하지 말아야 할 점은 무엇이라고 생각하는가?
• 원했지만 이번 상담을 통해 얻지 못한 점은 이후 어떻게 해결할 계획인가?
• 앞으로 어려움이 생길 때 혼자 노력할 것인가, 아니면 타인의 도움을 받을 것인가?
• 도움을 받는다면 누구에게 어떤 도움을 받을 계획인가?

은둔형 외톨이 문제는 당사자뿐 아니라 가족 모두에게 고통스럽고 힘겨운 장기 전투이다. 뚜렷한 적군도 없고 명료한 목표점도 없는 자신과의 싸움일 수 있다. 상담을 통해 약간의 목표 달성을 했다 해도 은둔형 외톨이 당사자들이 사회로 나가 자신답고 행복하게 살아가는 데는 많은 시간과 노력이 필요하다. 따라서 상담자는 은둔형 외톨이 가족 상담을 마칠 때 이 점을 알려 주고 낙담하지 말고 긴 호흡으로 나아가기를 당부하고 응원하는 것이 필요하다. 필요시 추수상담이나 간헐적 상담 혹은 자조모임의 연결 가능성을 열어 둠으로써 이들이 세상에서 지지체계를 유지할 수 있도록 돕는 것이 좋다.

2. 주제별 개입

1) 상황을 구체적이고 객관적으로 인식하지 못할 때

은둔이나 고립은 오랫동안 서서히 나타나는 경우도 있기 때문에 가족구성원의 시각에서 상황을 구체적으로 인식하지 못하는 경우가 많다. 또한 제1장에서 언급했듯 '저러다 말겠지'라는 기대심리로 인해 상태의 심각성을 객관적으로 보지 못하는 경우도 많다. 그러다가 명백하게 은둔 상태가 되었을 때 부모나 가족은 '갑자기'라고 인식하며 당황하곤 한다. 특히 감정적으로 격앙되고 불안할 때 이러한 상황 판단을 매우 어려워하곤 한다.

> ☞ 상담적 개입
>
> '**제3자가 본다면?**'의 **입장을 취해 보도록 권한다.** 자녀의 상태에 대해 기간, 활동, 대화, 증상, 자극–반응, 현상이 나타난 시기, 변화와 주기 등에 대해 구체적으로 알고 있는지 질문해 줄 필요가 있다. 이를 위해 필요하다면 일지를 쓰도록 권유하는 것도 좋다. 일지에는 은둔 당사자의 수면 패턴; 식사 횟수, 양, 종류; 씻고 자신을 가꾸는 횟수와 정도; 가족이나 타인과 대화하는 시간과 정도; 감정을 표현하는 대상, 정도, 내용; 외출 횟수, 시간, 목적 등을 관찰해서 기록하게 할 수 있다. 이러한 기록은 상담자에게 구체적인 상황을 보고하게 하는 데도 도움이 되지만, 내담자 자신이 은둔 당사자의 현재 상황을 정확하게 인식하는 데 도움이 된다.

2) 자신이 원하는 변화가 무엇인지 분명하지 않을 때

상담을 요청하는 은둔형 외톨이 가족, 특히 부모들은 은둔 자녀에 대해 낙담하고 불안해하며 감정에 휩싸이는 경우가 많다. 따라서 자신이 자녀에게 구체적으로 무엇을 바라는지, 어떤 변화까지를 기대하는지를 명확하게 인식하고 표현하는 것을 힘들어하는 경우가 많다.

☞ 상담적 개입

　나와 가족의 기대와 바람을 구체적으로 점검하도록 해 주는 것이 필요하다. 당사자에게 무엇을 기대하는지, 나는 어디까지 허용 가능한지 등에 대해 다루면 좋다. 예를 들어, 학교 부등교가 이어지다가 고등학교를 자퇴하고 은둔생활을 시작한 자녀의 경우, 이에 대해 부모가 갖고 있는 기대를 구체적으로 점검해 볼 수 있다. 검정고시를 치르기를 원하는지, 대학에 진학하길 원하는지, 그렇다면 어느 수준의 대학에 가길 원하는지, 자녀가 친구관계에서 어떻게 나아지길 원하는지, 어떤 직종에서 어떤 직장생활을 하기를 원하는지, 경제적 독립은 어느 정도 하기를 원하는지 등에 대해 질문하고 다룰 수 있다. 이런 대화 가운데 내담자는 자신이 자녀에게 어떤 기대와 바람을 갖고 있는지를 확인할 수 있고, 자신이 긴 시간 동안 그런 기대감을 힘겹게 누르며 살아왔다는 것을 깨닫게도 된다.

　더불어 만일 그러한 기대와 바람이 이뤄지지 않는다면 어떨 것 같은지에 대해서도 다룰 필요가 있다. 예를 들어, 자신이 바라는 대로 되지 않았을 때 자신은 어떤 상태가 될 것 같은지 대화를 나눠 보는 것이 좋다. 이러한 대화를 통해 만일 그럴 경우 대처할 준비를 하도록 도울 수 있다. 이와 함께 가족들의 기대와 바람이 과연 자녀 또한 현재 원하는 것인지 생각해 보게 하는 것이 중요하다. 부모나 가족의 기대가 은둔 당사자의 바람과 큰 차이가 있다면 서로의 소통은 원활할 수 없을 것이다.

3) 심한 불안을 호소할 때

　제8장에서 자세히 다루었듯이 은둔 및 고립 자녀를 둔 부모의 가장 큰 특징 중 하나는 매우 불안한 감정을 느낀다는 것이다. 이들은 현재의 상태가 언제까지 지속될지에 대해, 그리고 자신들은 나이가 드는데 자녀는 준비 없이 미래를 맞아 더 이상 돌보기 힘들어질 수 있다는 점에 대해 불안을 많이 느낀다.

☞ 상담적 개입

은둔 당사자는 스스로를 세상에 내놓기 부적절하다고 느끼고, 또 이미 세상의 박자에 스스로를 맞춰 보려는 시도를 많이 해 봤지만 수없는 좌절을 한 끝에 지금의 은둔생활로 겨우 숨이라도 쉬고 있다고 여길 수 있다. 이런 경우 부모의 다그침이 자녀의 낮은 자신감이나 사회에 대한 두려움, 무기력한 태도를 바꾸기는 어렵다. 오히려 자녀는 부모의 불안과 다그침 속에서 다시 한번 세상에 맞지 않는 자신을 보게 되고 더 깊숙이 숨어 버리고 싶은 마음을 느끼게 된다. 자녀를 다그쳐서 부모의 불안한 감정이 해소되거나 해결되지 않을뿐더러, 은둔 자녀에게는 몇 배, 몇 십 배 더 불안이 증폭될 수 있다.

이런 부모에게 **은둔 자녀가 자신의 적극적 의지로 은둔하는 것이 아니라는 것을 인식하도록 해 주는 것이 필요하다.** 실제로 은둔에서 탈출한 청년들은 "은둔의 시간 내내 나가고 싶은 바람을 한 번도 버린 적이 없다."라고 말하는 경우가 많다. 부모는 은둔 자녀가 부모를 의도적으로 곤란에 빠뜨리기 위해서 자신의 청춘과 꿈을 어두운 방에 가두는 것이 아님을 인식할 필요가 있다.

4) 계속해서 과거의 문제에 집착할 때

은둔형 외톨이 부모 중에는 과거 가족 내에 생겼던 문제, 잘 대처하지 못했던 것들에 대한 후회, 과거 자녀에게 생겼던 어려운 일을 끊임없이 회고하고 복기하는 경우가 많다. 회고하는 내용은 작은 일상인 경우도 있고 때로는 크고 심각한 트라우마 상황일 수도 있다. 어떤 경우라 하더라도 반복해서 언급하며 그 시점에만 머무르려 하는 경우 상담의 진척을 꾀하기 어렵다.

☞ 상담적 개입

과거 경험에서 다뤄지지 않은 감정은 인식되고 처리될 필요가 있다. 애도할 것을 애도하고, 후회와 미련의 감정을 표출하고, 미안함과 죄스러움에 대해 사과하는 등의 작업이 이에 해당된다. 하지만 이러한 탐색과 처리를 넘어 혹은 그것과는 별개로 과거 경험을 반복해서 되뇌고 그 시점에 머물러 과거 감정에만 매몰되는 것은 현재 벌어지고 있는 상황을 극복하는 데 크게 도움이 되지 않는다. 내담자가 계속해서 이런 양상을 보이는 경우, **과거는 앞으로 해야 할 것과**

할 수 있는 것에 대한 기준을 제공하는 것만의 가치가 있음을 알게 하는 것이 필요하다. 과거의 잘못한 부분을 곱씹는 것에 모든 에너지를 쓰면서 현재의 해결방안 모색에 전혀 에너지를 쓰지 못하는 경우가 많기 때문이다. 지금은 벌어진 상황 속에서 자신을 살피고 은둔 자녀가 힘을 얻을 자원과 통로를 찾을 때임을 알도록 해야 한다.

이때 **자녀의 은둔 현상을 마치 '교통사고'와 같이 생각해 보도록 권하는 것도 좋다.** 만일 졸지에 교통사고를 당했다면 우리는 원인을 분석하고 자책하고 원망하기보다 현재 벌어진 상황, 지금 치료해야 할 상처, 급하게 수습할 문제 등에 초점을 두게 될 것이다. 전적으로 '현재'에만 몰입할 수는 없겠지만 '과거'로만 회귀하려는 내담자에게는 이러한 비유를 적용해 보는 것이 도움이 될 수 있다.

5) 가족구성원 간 의견 충돌이 클 때

은둔형 외톨이 가족을 상담하는 과정에서 부부 혹은 가족 간 의견 차이가 클 때가 많다. 또한 문제의 원인을 상대에게 돌리고 비난하는 경우도 많다. 이럴 때 상담자는 은둔 당사자의 문제에 초점을 두기 이전에 가족구성원의 갈등을 다루는 것이 필요하다.

☞ 상담적 개입

상담을 진행하다 보면 은둔 당사자에게 바라는 가족의 기대와 바람이 구성원 간(특히 부모 간)에 차이가 있는 경우가 많다. 예를 들어, 아버지는 당장 자녀가 방에서 나와 가족에게 사과하고 식사 시간마다 가족과 함께 식탁에 앉기를 바라지만, 어머니는 그저 하루 한두 번의 눈맞춤만으로도 충분하다고 기대하기도 한다. 만일 이런 차이가 있다면 자녀를 대하는 태도에서 크게 차이가 생길 것이고, 부부간에도 갈등의 요인이 될 수 있다. 이런 경우 상담자는 지금은 가족 간 연대가 매우 중요한 시기임을 강조할 필요가 있다. 필요한 경우 서로가 할 수 있는 역할을 나누고, **이견을 비난하기보다는 서로의 생각을 지지하고 격려하는 것이 꼭 필요함을 강조해야** 한다. 힘을 모아 해결해야 하는 문제는 자녀의 은둔이며 각기 다른 의견을 갖고 있는 가족구성원에 대한 비난이 우선순위가 아님을 알도록 해야 한다.

6) 다른 자녀에 피해가 생길 때

은둔하고 있는 자녀에게 모든 초점이 맞춰지면서 다른 자녀에 대해 소홀해질 때가 많다. 또한 가족구성원 중 한 명이 은둔 상태에 있다는 사실만으로 나머지 자녀는 만연된 우울한 분위기 속에서 건강하게 생활하기 어려울 수 있다. 때로는 은둔 자녀가 다른 형제자매를 언어적·신체적으로 괴롭히기도 한다.

☞ 상담적 개입

상담자는 가족 내 이렇게 피해를 겪는 다른 구성원이 있는지 확인해야 한다. 구체적으로 물어봄으로써 피해 정도와 내용, 부모가 그 자녀를 대하는 태도 등을 확인할 수 있다. 은둔 자녀로 인해 다른 자녀가 언어적·심리적 혹은 신체적으로까지 피해를 당하는 경우, 부모가 피해 자녀에게 이해나 인내를 요구하지 말라고 강조해야 한다. 예를 들어, "네 언니/오빠/누나/동생이 지금 상태가 좋지 않으니 네가 이해하고 받아 주면 좋겠다."라는 요구를 지속적으로 하는 경우, 그 자녀는 자신의 어려움을 인내하고 참기만 해야 한다. 실제로 이런 상황이 지속될 때 그 자녀마저 우울이나 불안을 호소하고 부모에게 원망을 폭발하거나 학업 부적응과 가출 등의 행동을 보이기도 한다.

따라서 그 **자녀의 어려움과 부정적 감정을 토로할 수 있도록 기회를 주는 것이 필요하다.** 이를 위해 자주 감정을 읽어 주고 표현할 수 있도록 대화를 나눌 것을 권하는 것이 좋다. 필요하다면 그 자녀에게 개별적으로 상담받도록 하는 것도 좋다. 또한 그 자녀가 은둔 자녀로부터 언어적·신체적 폭력을 받지 않도록 최대한 방지해 줄 필요가 있다. 현실적으로 둘을 분리하기 어렵거나 모든 순간 개입하기 어렵다면 거주의 분리를 고민하는 것이 필요할 수도 있다. 최소한 은둔 자녀로부터 자신을 보호하기 위해 부모가 최대한 노력하고 있음을 그 자녀가 정확히 인지하도록 해 줄 필요가 있다.

7) 격렬한 분노나 폭력이 발생할 때

은둔이나 고립 생활을 하는 동안 가족구성원, 특히 그중 한 명에게 격렬하게 분노를 표시할 때가 자주 있다. 때로는 폭언, 폭력이 일어나는 경우도 많다. 처음에는 방어적이거나 우발적인 폭력(싫어하는 요구로 인한 말싸움, 우발적인 몸싸움 등)으로 시작되는 경우가 많지만, 때로는 폭력이 일상화되기도 한다.

☞ 상담적 개입

무엇보다 폭력에 대해서는 단호한 입장을 취하도록 해야 한다. 모든 행위가 그렇듯 처음은 어렵지만 이후의 시도는 쉽게 반복되고 습관이 되어 버린다. 은둔하는 자녀가 가족에게 폭력을 행사할 때도 마찬가지이다. **처음 폭력을 행사했을 때 부모가 분명하게 문제의식을 갖고 대하는 것이 필요하다.** 예를 들어, 욕을 하는 경우 "나도 너에게 욕하지 않으니, 너도 나에게 욕하지 마라. 우리 집에서는 서로 누구에게도 욕하지 않는다."와 같이 분명하게 전달하는 것이 필요하다. 기가 막히고 낙담되어 못들은 척 넘어가거나 아무 대꾸도 하지 않으면 이후 이러한 언어폭력은 수위가 높아질 수 있다.

육체적 폭력에 대해서도 마찬가지이다. 우선적으로, 어떤 말이 트리거(trigger)[1]가 되는지, 어떤 상황에서 육체적 폭력으로 이어지는지 등을 면밀하게 파악하는 것이 필요하다. 이후 이러한 상황들을 가능한 한 피하는 것이 좋다. 그럼에도 불구하고 폭력이 발생한 경우, 상대가 흥분이 가라앉은 후 명료하게 폭력에 대한 의사를 전달하는 것이 필요하다. 예를 들어, "내가 너를 화나게 해서 미안하다. 하지만 폭력은 허용할 수 없다. 다시는 이번과 같이 폭력을 사용하지 말기 바란다."와 같이 전달해야 한다.

의외로 은둔형 외톨이 부모 중 자녀의 폭력을 묵인하거나 이번으로 말겠지 하며 넘어가는 경우가 많다. 하지만 묵인 이후 수위가 높아지며 심각한 상황에 이르는 경우도 많다. 따라서 **처음 발생을 막되, 만일 발생했다면 재발을 방지하기 위해 각별히 조심하고 단호한 입장을 취하도록 해야 한다.**

8) 자녀의 상태가 도저히 이해되지 않는다고 호소할 때

은둔형 외톨이 부모는 자녀가 갑작스럽게 보이는 행동, 믿을 수 없는 사회적 기능의 저하, 충격적인 행동 등을 경험하며, 내가 알던 아이가 아니라고 느끼며 이해와 수용하기 힘들어한다. 하지만 지금 벌어지고 있는 일은 엄연한 현실임을 받아들이고 힘들지만 이에 대응하도록 해야 한다.

---

1) 트리거(trigger): (총의) 방아쇠. 방아쇠를 당겨 총이 발사되듯 어떤 일에 적당한 계기를 부여하여 필요한 작동을 일으키는 일을 말함.

☞ 상담적 개입

이런 상황에서 부모가 받을 충격은 충분히 이해가 된다. 하지만 앞서 언급했듯 '교통사고'를 당한 것처럼 지금은 원인을 분석하기보다 벌어진 상황에 대응하는 것이 필요한 시점이다. 은둔 경험이 있는 사람들은 거의 예외 없이 자신이 은둔 기간 동안 매우 힘들었고, 때로는 매일 죽고 싶을 정도로 고통스러웠다고 고백한다. 이러한 고백과 달리 부모 입장에서는 의식주가 해결되는 가운데 '편안하게 있는 것 같다'는 생각을 하기 쉽다. **이러한 인식 차이를 줄이기 위해서는 부모가 먼저 역지사지(易地思之)해 보는 것이 필요하다.** 자신이 자녀와 같이 한정된 공간에서 생활하며 오랫동안 갇혀 있다는 것을 선명하게 상상해 보도록 하는 심상 작업이 도움이 될 수 있다. 이러한 작업을 구체적으로 하는 경우, 부모들은 자녀가 느낄 답답함과 무기력감에 보다 가까이 접근하게 된다.

9) 은둔 자녀와 어떤 대화를 해야 할지 몰라할 때

은둔하는 자녀를 둔 대부분의 부모는 자녀가 은둔에서 벗어나 자신들과 얼굴을 보고 얘기만이라도 나눴으면 좋겠다고 호소한다. 또한 자녀에게 매일매일 "제발 나와서 나와 얘기하자."라고 요구하는 경우가 많다. 하지만 이들에게 자녀와 만나면 어떤 얘기를 하고 싶은지를 물으면 준비가 되어 있지 않은 경우가 많다. 또한 가끔씩 마주치는 자녀와 어떤 말을 해야 할지 당황스럽고 불안하다고 호소하기도 한다.

☞ 상담적 개입

자녀와 대화의 기회가 생길 때 '해야 할 말'과 '하지 말아야 할 말'을 구분하도록 돕는 것이 필요하다. 어렵게 잡은 대화의 순간에 효과적이지 않은 말을 하지 않는 것만으로도 부모는 잘 대응했다고 할 수 있다. **대표적으로 피해야 할 대화 방식으로 두 가지를 꼽을 수 있는데, 하나는 연속되는 질문이고 다른 하나는 권유나 요청이다.**

첫째, 부모는 은둔하는 자녀를 어렵게 만나면 다음과 같은 질문을 퍼붓는 경우가 많다.

- "네가 하고 싶은 게 뭐니?"
- "다시 학교에 가고 싶지 않니?"

- "혹시 배우고 싶은 거 없니?"
- "우리한테 하고 싶은 말 없니?"

부모는 큰 부담을 주려는 의도가 아니고 마땅히 대화할 거리가 없어 질문으로 이어 가는 경우가 많다. 하지만 질문을 받는 입장에서는 답해야 한다는 압박감과 초조함을 느낄 수 있다. 또한 본인도 정리하지 못한 원함과 계획에 대한 질문에 대답할 수 없는 경우가 대부분이다.

둘째, 어렵게 만나는 경우 다음과 같은 권유나 요청을 하는 것도 효과적이지 않다.

- "날씨가 좋은데 같이 동네 한 바퀴 산책하자."
- "너 어릴 때 영화 좋아했는데 영화라도 보렴."
- "너에게 딱 맞는 직장을 누가 소개해 준다는데 면접이라도 보자."
- "상담받으면 너도 속 시원하게 말할 수 있을 텐데 상담받으러 가자."

이는 모두 부모가 자녀를 생각해서 권하는 좋은 내용들이다. 하지만 문제는 은둔하고 있는 자녀는 지금 이 순간 그 요청에 응하기 어렵다는 점이다. 사회적 철수가 심한 경우 동네 한 바퀴 산책은 타인들의 시선과 마주쳐야 하는 큰 용기가 필요한 시도이다. 하지만 이를 이해하지 못하고 부모가 가벼운 제안처럼 권할 때 이들은 들어줄 수 없게 되고, 다시 한번 부모의 기대를 저버리는 나쁜 사람이 되고 만다. 따라서 상담자는 내담자에게 만일 은둔하는 자녀와 대화를 나누게 된다면 어떤 말을 하고 싶은지 시연을 통해 구체화시켜 보는 것이 좋다. 만일 질문의 연속이나 들어줄 수 없는 권유의 내용을 많이 담고 있다면, 당사자가 이러한 질문과 권유를 얼마나 실천할 수 있을지 같이 생각해 보도록 한다. **만일 들어줄 가능성이 매우 낮다고 판단되면 그런 대화는 하지 않도록 해야 한다.**

대신, 처음 대화를 시작할 때는 다음과 같이 **가능한 한 가벼운 주제, 대답하거나 실천할 필요가 없는 주제**를 나누도록 권하는 것이 좋다.

- "오늘 날씨가 참 좋다. 어느새 꽃이 피었더라."
- "오늘 점심에 된장찌개를 먹었는데 참 맛있었다."
- "앞 동에 누가 이사를 가는지 이삿짐 차가 와서 종일 시끄럽구나."

이러한 대화는 가벼운 일상에 대한 것이고 상대가 특별히 대답할 필요가 없기 때문에 부담이 적으면서도 소통하고 있다는 의미를 나눌 수 있다.

10) 가족 모두가 자녀의 일거수일투족에 온 관심을 쏟고 있을 때

한 명의 가족구성원이 은둔 상태가 되면 나머지 가족들은 거의 전원 그 구성원의 일거수일투족에 눈과 귀와 온 신경을 곤두세우게 된다. 이는 마치 굴 속에 들어가 있는 토끼를 신경 쓰며 모두가 '토끼굴 앞에 지키고 있기'와 같은 상태라 할 수 있다.

☞ **상담적 개입**

가족 전원이 이렇게 온 관심을 쏟는다면 누구라도 부담이 될 것이다. 부모에게는 매우 어려운 요구일 수 있지만 은둔하고 있는 자녀의 희로애락과 생활의 미묘한 변화에 너무 온 신경을 쓰며 반응하지 않는 것이 좋다. 예를 들어, 긴 시간 은둔을 하다가 조금이라도 사회 속으로 나가려 할 때 온 가족이 자신의 변화에 너무 민감한 반응을 보일 경우, 어떠한 새로운 시도도 하기 어렵게 된다. 이러한 부담감은 다른 가족구성원에게도 동일하지만, 특히 **은둔형 외톨이의 경우 적당한 심리적 거리를 두고 그들의 상황과 변화를 지켜봐 주는 것이 필요하다.**

또한 은둔 자녀 한 명을 두고 나머지 온 가족이 지나치게 협력해서 에너지를 쓸 때, 당사자는 그 가족 모두와 '일 대 다수'로 대응해야 한다고 느낄 수 있다. 이보다는 **한 명이라도 분명하게 자신의 편이 있다고 느끼게 하고, 그 사람을 통해 나머지 가족과 소통하게 해 주는 것이 좋다.** 이런 전략이 당사자에게 부담을 줄여 줄 수 있기 때문이다. 이 사람을 중심으로 서서히 부담되지 않게 접근하고 도움을 제공하는 것이 효과적일 때가 많다.

11) 자녀가 조금씩 세상에 대한 관심을 표시할 때

은둔하던 가족구성원이 다행히 상태가 좋아져서 세상에 대한 관심을 보이고 새로운 일에 대한 의지를 보일 때가 있다. 가족으로서는 더 이상 반가울 수 없는 변화이다. 하지만 이때 실수하고 상황을 악화시키는 경우가 많아 특별한 유의가 필요하다.

☞ 상담적 개입

　당사자의 변화나 사회 진출에 대해 지나친 흥분과 호응은 독이 될 수 있다. 예를 들어, 오랜 기간 동안 은둔하던 자녀가 '이제 뭐 좀 배워 보고 싶다'는 의사를 표현하는 경우, 부모는 기쁘고 들뜬 마음에 세상 모든 것을 다 구해다 줄 듯한 반응을 보일 수 있다. 이에 따라 학원을 알아봐 주고, 관련 기관에 대한 정보를 정리해 주고, 심지어는 학원비를 내거나 등록을 해 주는 경우도 있다. 슬프게도 이러한 개입은 대부분의 경우 수포로 돌아가게 된다. 자녀는 그저 '뭐 좀 배워 보고 싶은 의사'만을 표현했는데 가족의 큰 기대에 짓눌려 버리기 때문이다. 이러한 반응 이후 이어질 기대와 요구에 부담을 느끼기 쉽고, 또한 자신이 그것에 맞추지 못할 것에 대해 공포를 느끼기도 한다. 이렇게 새로운 시도를 할 때 **지나친 격려, 지지, 응원은 상대가 기대와 요구로 해석할 수 있다.** 특히 은둔하던 사람에게는 이때가 가장 불안을 느낄 때임을 명심해야 한다. 은둔하고 있을 때와 달리 조금의 시도라도 하게 되면 자신이 사회로부터 얼마나 도태되어 있는지 절감하게 되기 때문이다.

　따라서 지나치게 앞서가지 않고 적절한 거리에 그냥 있어 주면서 구체적인 도움을 요청할 때 비로소 도와주는 것이 좋다. 같은 맥락에서, **"잘할 수 있을 거다." "너는 예전에도 잘 했잖아." 등의 말은 역효과가 나기 쉽다.** 이는 현재 그 사람이 느끼고 있는 두려움을 공감해 주지 않는 말들이기 때문이다. 대신, "새로 시작하려니 힘들지?" "너무 뒤처진 것 같아 두려울 수 있겠다." 와 같이 세상에 나가는 것에 대한 불안함, 공포, 절망감, 실패하고 싶지 않은 마음을 알아주는 것이 필요하다.

12) 다른 가정의 성공 사례를 적용하려 할 때

　내담자들은 종종 다른 가정에서 사용했던 성공적인 방법에 큰 관심을 갖는다. 당연히 부럽고 지푸라기라도 잡고 싶은 심정에서 그 방법을 사용해 보고 싶은 마음은 이해가 된다. 하지만 일반화하는 데는 한계가 있다.

☞ 상담적 개입

　이와 같은 마음을 호소하고 그 방법의 적용을 주장하는 경우, **각 가정마다의 특별성을 이해시키는 것이 필요하다.** 다른 가정의 사례가 내담자의 가정에도 동일한 효과를 가져다줄지는 미지수이다. 자녀의 상태, 은둔을 일으킨 요인, 가정 내 다양한 변수 등이 각기 다르기 때문이다. 자칫 이러한 인식 없이 단순히 적용할 때 원하는 결과가 나오지 않으면 크게 실망할 수 있음을 전달하는 것이 필요하다.

13) 다양한 도움이 필요하다고 판단될 때

상담을 진행하면서 상담만으로는 효과를 보기 어렵다고 판단될 때가 많다. 은둔하는 당사자가 정신증적 양상을 보이거나 폭력 정도가 높아질 때는 정신의학적 도움이나 심지어 경찰의 개입이 필요할 수도 있다. 혹은 부모나 가족만의 힘으로는 개선되기 어려울 때 이웃, 친지, 관련 기관의 연계를 모색하는 것도 필요하다.

☞ 상담적 개입

은둔형 외톨이의 문제가 다양한 원인에 의해 야기된 만큼 해결을 위해서도 가족 이상의 사회적 도움이 필요한 경우가 많다. 상담자는 이러한 네트워크를 최대한 활용할 수 있도록 도울 필요가 있다. 이에는 물론 전문가의 도움이 포함된다. 현재 받고 있는 상담을 넘어, 정신의학적 진단과 약물치료를 권유할 수도 있다. 이와 함께 친척, 친구, 이웃의 도움을 받도록 연결해서 필요한 심리적 에너지를 얻거나 위기 상황을 미리 준비할 수 있도록 해야 한다. 예를 들어, 자녀가 이전에 가깝게 지낸 친척은 누구인지, 자녀의 상태를 가장 차분하게 이해해 줄 사람은 누구인지 등을 찾아보도록 권하는 것이 좋다. 또한 유사한 경험에서 성공적으로 벗어난 사람들과의 만남이나 동일한 어려움을 겪고 있는 사람들과의 자조모임을 통해 위로와 공동 해결책 모색을 하도록 도울 수도 있다. 이러한 **폭넓은 지지체계**를 통해 은둔형 외톨이 가족이 외딴 섬에서 홀로 고군분투하는 것을 막아 주는 것이 필요하다.

제**12**장

은둔형 외톨이 부모 상담의 프로그램 예시

이 장에서는 은둔 자녀를 둔 부모를 대상으로 마음챙김을 기반으로 한 프로그램을 소개하고자 한다. 그동안 자녀를 양육하면서 부모라는 주어진 역할과 삶의 궤적을 돌아 볼 기회는 많지 않았을 것이다. 부모 자신이 경험해 온 삶을 깊이 있게 끌어안는 작업에서 출발하고자 한다. 고군분투하며 살아온 부모들은 스트레스를 효과적으로 대처하고 부모−자녀 간 갈등을 최소화하기 위해 서로를 이해하는 시간이 필요하다. 아울러 부모 자신이 느끼고 있는 감정이 무엇인지도 모르고 수많은 감정의 널뛰기로 하루하루가 버겁다. 심상화를 통해 고통스러운 감정을 수용하고 부모 자신을 위한 돌봄과 치유, 회복의 메시지를 전달하는 주제별 프로그램으로 구성하였다.

1. 내가 알고 있는 나

1) 스트레스 정도와 스트레스 대처 방식 찾기

(1) 목표 및 기대효과
• 현재 스트레스 상태와 대처 방식 점검하기
• 스트레스로부터 자신을 보호하고 스트레스 감소를 위해 보다 효과적인 대처방법과 대안을 찾아 스트레스 관리와 돌봄의 필요성을 인식할 수 있다.

(2) 과정 및 내용
• 눈을 감고 지난 일주일 동안 크고 작은 스트레스 상황을 떠올린다.

- [활동지 12-1] 스트레스 반응 온도계의 ① 온도계는 빨강색, ② 온도계는 파랑색 색연필로 색칠 후 시각화하고(온도계 수치 1~10까지) 이야기를 나눈다.
- [활동지 12-1] ③ 스트레스 희망 온도계를 작성한다. 스트레스를 최소화하기 위해 자신에게 필요한 대처 방식을 찾아 직간접적으로 활용할 수 있는 해소방법과 대안을 찾는다.

(3) 상담으로의 적용

- 스트레스를 받고 있음을 어떻게 알 수 있나요? 스트레스 주요 요인이 무엇인가요?
- 스트레스로 인해 일상생활에 어떤 어려움은 없나요?(수면·섭식·체중·정서·행동 등)
- 스트레스로부터 나를 보호하기 위해 나만의 스트레스 해소방법들이 있나요?
- 내가 사용하고 있는 스트레스 해소방법은 스트레스를 잠시 잊기 위한 일시적인 것인가요? 아니면 지속적으로 도움이 되는 방식인가요? 어떤 방식이 도움이 되나요?
- 그동안 사용했던 스트레스 대처 방식에 변화가 필요하다고 생각하나요? 만약 있다면 현실적으로 어떤 대안이 필요한가요?
- 스트레스 정도와 스트레스 대처를 통해 무엇을 경험하고 알게 되었나요?

활동지 12-1 스트레스 온도계

스트레스 반응 온도(색으로 칠해 주세요)		그동안의 해소방법
① 10 8 6 4 2 0 빨강	−가장 높은 분노 온도: −언제: −누구와: −무슨 일로: −나의 반응은:	
② −10 −8 −6 −4 −2 0 파랑	−가장 높은 우울 온도: −언제: −누구와: −무슨 일로: −나의 반응은:	
스트레스 희망 온도(원하는 색으로 칠해 주세요)		
③ 10 8 6 4 2 0	−희망 온도: −나에게 필요한 스트레스 대처 방식은: −현실적으로 내가 할 수 있는 대안은:	

2) 나의 인생 그래프 그리기

(1) 목표 및 기대효과
• 부모 자신의 삶의 여정을 되돌아보고 탐색하기
• 의미 있는 인생의 시기와 사건을 되짚어 보는 과정에서 주변 환경에 대한 주요 이슈를 탐색하고, 부모 자신을 위한 돌봄의 기회를 마련할 수 있다.

(2) 과정 및 내용
• 눈을 감고(3분 정도 명상 음악 활용) 잠시 회상 시간을 갖는다.
• [활동지 12-2] 인생 그래프에 중요한 사건이나 특별한 시기의 변곡점을 찍고 과거 · 현재 · 미래를 연결해 꺾은선 그래프로 표현한다.
• 연결된 꼭짓점마다 상징화할 수 있는 이미지나 단어, 대략적인 날짜를 기록한다.
• 현재를 기점으로 앞으로 미래에 대한 희망, 바람을 추가하고 싶거나 수정 · 보완하고 인생 그래프에 제목을 붙여 부모 자신의 삶을 탐색해 간다.

(3) 상담으로의 적용
• 인생 그래프를 그리는 과정에서 어떤 어려움은 없었나요?
• 꼭짓점 위에 상징적으로 표현된 이미지와 단어는 어떤 의미인가요? 기억에서 지우고 싶은 구간이 있나요? 떠오르는 기억이 있지만 표현하지 않은 부분은 없었나요?
• 만약 되돌아가고 싶은 때가 있다면 언제이고 그 이유는 무엇일까요?
• 내 인생에 있어 가장 행복했던 때와 가장 힘들었던 시기의 이야기를 나누고 싶어요.
• 앞으로 미래를 어떻게 예상하고 어떤 바람과 기대가 있나요?
• 고군분투하며 살아온 현재의 나에게 무슨 말을 해 주고 싶나요?
• 힘든 시기를 겪고 있는 자신을 온전히 돌보고 자신을 위로한 경험이 있나요?
• 지금 나에게 필요한 돌봄은 무엇이고 나 자신에게 연민의 마음을 보낼 수 있을까요?
• 인생 그래프를 통해 느끼고 경험한 것은 무엇인가요?

활동지 12-2 **인생 그래프**

제목:

+100 (행복하고 즐거웠을 때)

0

−100 (슬프고 힘들었을 때)

0 10 20 30 40 50 60 70 80 90세

2. 부모-자녀 관계 및 소통 방식

1) 부모의 양육 방식과 자녀 유형 점검하기

(1) 목표 및 기대효과
- 부모-자녀 간 양육 방식과 유형에 따른 상호작용 점검하고 이해하기
- 부모의 양육 방식을 살피고 부모-자녀 간 연결고리를 찾을 수 있다. 은둔 자녀와
  의 관계 개선을 위해 그동안 제한된 양육 범위를 확장하여 긍정적인 방향으로 모
  색할 수 있다.

(2) 과정 및 내용
- [활동지 12-3]의 ① 나는 이렇게 생각해요에서 내가 생각하는 허용적인, 권위적
  인, 권위 있는 부모에 대해 간단하게 이야기를 나눈다.
- [부록 12-1],[2] [부록 12-2],[3] 점검 후 [활동지 12-3] ②에 검사 결과를 표시한다.
- [활동지 12-3] ③ 어린 시절 내가 경험한 경험 비추어 보기를 보고 주로 경험했던
  양육 경험을 간단하게 기록한다.
- 어린 시절 부모에게 받은 양육 경험과 자녀를 향한 현재 양육 방식에 대한 이해의
  시간을 갖고, 부모-자녀 간 상호작용과 바람직한 양육 방식과 태도를 검토한다.
- 부모는 누구나 양육에 대한 불확실성으로 실수하면서 아이와 함께 성장하기에 자
  기비난이나 책망으로 이어지지 않도록 안내한다.

(3) 상담으로의 적용
- 평소 내가 원하는 자녀 양육 방식과 실제 자녀를 양육하면서 보이는 양육방식에
  차이가 있나요? 자녀에게 나는 주로 어떤 반응을 보이나요?
- 자녀가 둘 이상이라면 은둔 자녀와 다른 자녀에 대한 나의 양육 방식과 태도에 어

---

2) [부록 12-1] 부모 양육 방식: 허용적인 · 권위적인 · 권위 있는 부모 유형의 21문항으로 구성.
3) [부록 12-2] 자녀 유형: 수동적인 · 반항적인 · 협력적인 자녀 유형의 21문항으로 구성.

떤 차이가 있나요?

- 내가 어릴 적 나의 부모님께서 나를 대했던 양육 방식에 나는 어떤 반응을 보였나요?
- 내가 어릴 적 경험한 부모님의 양육 방식과 내가 자녀를 대하는 양육 방식에 어떤 공통점과 차이점이 있나요?
- 나의 부모님께 원치 않게 배운 것이 있거나 반대로 닮고 싶은 점이 있다면 무엇인가요?
- 나의 양육 방식에 어떤 개선이 필요한가요? 있다면 무엇을 보완해야 할까요?
- 부모의 양육 방식과 자녀의 행동 방식을 통해 무엇을 경험하고 알게 되었나요?

활동지 12-3 | **내면 부모와 내면아이 경험 비추기**

① 나는 이렇게 생각해요	② 검사 결과를 보고 해당하는 곳에 ✓해 주세요.	
	나의 양육 방식	자녀 유형
내가 생각하는 허용적인 부모란?	허용적인	수동적인
내가 생각하는 권위적인 부모란?	권위적인	반항적인
내가 생각하는 권위 있는 부모란?	권위 있는	협력적인
③ 어린 시절 내가 경험한 부모님 비추어 보기		
나에게 허용적이고 자애롭기만 했던 부모님은?	언제:	
	상황:	
	당시 나는 어떤 반응:	
나에게 권위적이고 엄격했던 부모님은?	언제:	
	상황:	
	당시 나는 어떤 반응:	
나에게 애정적이고 권위 있었던 부모님은?	언제:	
	상황:	
	당시 나는 어떤 반응:	
나에게 무관심했던 부모님은?	언제:	
	상황:	
	당시 나는 어떤 반응:	

2) 대화 방식과 언어 반응 점검하기

(1) 목표 및 기대효과

- 부모-자녀 간 의사소통 과정에서 부모의 언어 반응 수용하고 탐색하기
- 부모의 대화 패턴을 살핌으로써 심리적 갈등 요인을 되짚어 볼 수 있고, 부모와 은 둔 자녀 간 소통 방식을 이해하여 관계 개선에 필요한 기회를 마련할 수 있다.

(2) 과정 및 내용

- 잠시 눈을 감고 지난 일주일 동안 자녀와 나눈 대화를 떠올려 보고 눈을 뜬다.
- [활동지 12-4] 부모의 언어 반응(자녀용) ①, ②를 통해 나의 어린 시절 부모님과의 대화 패턴을 확인한다.
- [활동지 12-5] 부모의 언어 반응(부모용) ③, ④를 통해 현재 자녀와의 대화 패턴을 확인한다.
- 활동지 두 개를 비교해 가며 미처 알지 못했던 대화 패턴을 자각하고 부모 자신과 은둔 자녀 내면의 상처를 이해하고 수용한다.
- 부모의 말이 자녀의 심리적 안정감과 연결되어 있음을 안내하고 은둔 자녀의 관계 개선을 위해 일상의 언어 반응을 점검한다.

(3) 상담으로의 적용

- 어린 시절 부모님의 대화 방식은 주로 어떠했나요? 어릴 적 부모님과의 의사소통 과정에서 가장 힘들었던 부분이 있다면 그것은 무엇일까요? 부모님께 주로 들었 던 말 중에서 지금까지 상처 되는 말이 있다면 무엇일까요? 반대로 힘이 되는 말이 있다면 어떤 말일까요? 부모님께 공감의 말로 존중받고 이해받은 경험이 있나요? 부모님의 긍정의 말과 부정의 말들이 나의 삶에 어떤 영향을 미쳤나요?
- 현재 은둔 자녀와 대화는 어떤가요? 만약 자녀와 대화가 단절된 상태라면 주요 요 인이 무엇이라고 생각하나요? 나도 모르는 사이에 자녀에게 상처 되는 말이나 후 회하는 말로 관계가 멀어졌다면 어떤 말들일까요? 기분이 좋거나 나쁠 때 나의 대 화 패턴은 일관적인가요, 아니면 상황과 기분에 따라 변하나요?
- 부모와 자녀 간에 갈등과 마찰이 있을 때 이를 해결하고자 그동안 어떤 말들이 오

고 갔나요? 나의 부모님의 말과 내가 자녀에게 하는 말 사이에 어떤 연관성이 있나요? 자녀가 하는 말을 온전히 경청하고 공감한다는 것은 어떤 의미일까요?

• 부모와 자녀 사이의 언어 반응을 통해 느끼고 알게 된 점은 무엇인가요?

활동지 12-4 **부모의 언어 반응(자녀용)**

① 내가 어린 시절 부모님께 자주 들었던 대화 방식의 도형을 모두 찾아 ✓ 표시해 주세요.

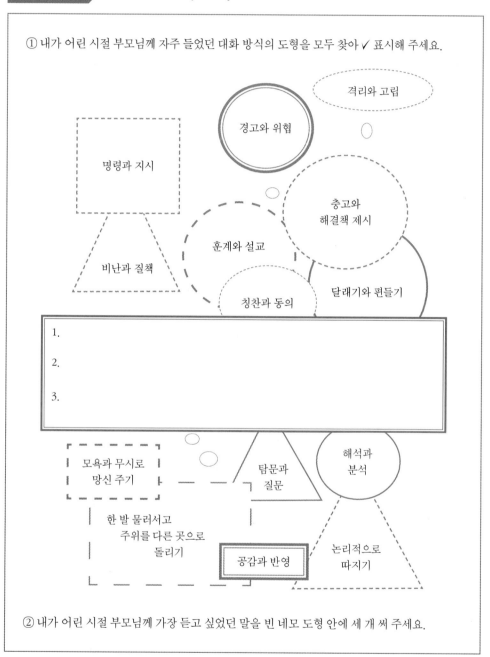

격리와 고립

경고와 위협

명령과 지시

충고와 해결책 제시

훈계와 설교

비난과 질책

칭찬과 동의

달래기와 편들기

1.

2.

3.

모욕과 무시로 망신 주기

탐문과 질문

해석과 분석

한 발 물러서고 주위를 다른 곳으로 돌리기

공감과 반영

논리적으로 따지기

② 내가 어린 시절 부모님께 가장 듣고 싶었던 말을 빈 네모 도형 안에 세 개 써 주세요.

출처: 전현민(2019)을 참조하여 저자가 재구성함.

활동지 12-5 **부모의 언어 반응(부모용)**

③ 부모가 되어 자녀에게 자주 했던 대화 방식의 도형을 모두 찾아 ✓ 표시해 주세요.

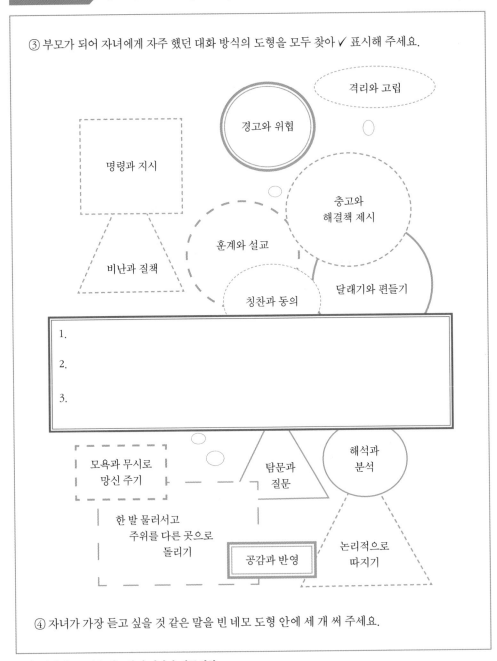

④ 자녀가 가장 듣고 싶을 것 같은 말을 빈 네모 도형 안에 세 개 써 주세요.

출처: 전현민(2019)을 참조하여 저자가 재구성함.

읽을거리 12-1

소통의 부재

가족 간 소통의 부재는 부적응의 대화 방식으로 이어질 때 문제의 심각성이 드러난다. 특히 은둔 자녀를 둔 아버지들은 자녀와 소통에 소극적이고 대화의 방법을 몰라 막막해하며 대화를 통한 정서적 지지와 공감적 반응에 어려움을 느낀다(김예슬, 2007; 노순규, 2012).

부모들의 대화 방식과 예시

• **명령과 지시**: 자녀에게 명령과 지시로 부모의 선택을 따르도록 강요하며 말한다.	• **경고와 위협**: 자녀의 행동에 대한 결과를 미리 예측하고 위협적이고 무섭게 말한다.
"뭐가 부족해서 그러니? 넌 공부만 해라." "무조건 성적 올리고 대학만 가라."	"앞으로 국물도 없어. 용돈 없을 줄 알아." "더 이상 못 참아, 너 병원이라도 가야겠다."
• **훈계와 설교**: 자녀가 어떻게 해야 좋은지 부연설명과 지루함을 느끼게 말한다.	• **충고와 해결책 제시**: 자녀에게 충고나 제안으로 문제를 해결하려는 식으로 말한다.
"남들 하는 만큼만 했다간 성공하기 힘들지." "아빠 고생하는 거 안 보여? 나 어릴 땐 말야."	"너 대학 진학은 아빠, 엄마한테 다 맡겨." "나 같으면 친구도 사귀고 알바라도 하겠다."
• **비난과 질책**: 자녀의 말과 행동을 부정적으로 평가하고 비난하며 말한다.	• **모욕과 무시로 망신주기**: 자녀의 말과 행동에 창피 주고 무시하며 말한다.
"네 생각이 틀렸어. 그거밖에 못해? 정신 차려." "언제까지 그럴 거야. 너한테 기대하다니."	"네 형 좀 봐라. 네가 그렇지 쯧쯧. 한심하다." "성적이 겨우 이 정도? 친척들 보기 창피하다."
• **격리와 고립**: 자녀의 상황을 고려하지 않고 활동 범위를 제한하며 말한다.	• **해석과 분석**: 자녀의 입장보다 부모의 입장에서 분석하고 가르치며 말한다.
"친구는 대학 가서 만나고 그때 놀아도 되잖니." "너의 행동을 생각해 봐라. 누가 널 좋아하겠니."	"엄마 속상하게 하려 일부러 엇나가는 거지?" "학교 성적이 안 좋으니까 핑계 대는 거 아냐?"
• **논리적으로 따지기**: 자녀에게 구체적인 사실과 증거를 기반으로 설득하려 말한다.	• **탐색과 캐묻는 질문**: 문제 해결의 원인을 찾아 도움될 정보를 얻으려고 말한다.
"인정받으려면 최소한 대학졸업장은 있어야지." "그동안 너에게 들어간 돈이 얼만데."	"왜 학교가 싫어? 이유가 뭐야? 뭐가 불만이니?" "친구들이 왜 너를 따돌리는지 모른단 말이야?"
• **한 발 물러서기와 주의 분산시키기**: 자녀의 주의를 딴 곳으로 돌리거나, 화제를 돌려 불편한 문제를 뒤로 미루며 말한다.	• **달래기와 편들기**: 자녀가 느끼는 감정의 강도를 축소하거나 경감시켜 기분을 풀어 주려 말한다.
"복잡할 필요 없어, 쉽게 생각하자." "바쁘니까 그 문제는 나중에 얘기해."	"다른 아이들도 비슷하게 겪는 일이거든." "걱정하지 마. 네 마음 다 알아."

• **칭찬과 격려**: 과정 중심의 긍정적인 평가로 자녀의 의견에 힘을 실어 주며 말한다.	• **공감과 반영**: 자녀를 존중하고 적극적인 경청으로 숨은 의미까지 포착하여 감정을 전달하며 말한다.
"넌 충분히 잘 할 수 있어. 그거 좋은 생각이야." "대단해~ 아빠 널 항상 응원하고 있어. 힘내."	"긴 시간 상당히 노력했구나. 네 입장은 생각 안 하고 강요만 해서 속상하겠다. 미안하구나."

출처: 전현민(2019).

3) 부모가 바라는 자녀, 자녀가 바라는 부모

(1) 목표 및 기대효과

• 부모-자녀 간 어떤 기대를 갖고 있고 그 기대가 얼마나 실천가능한지 파악하기
• 이를 통해 서로의 기대가 얼마나 일치하는지 혹은 불일치하는지 확인하고, 부모가 자녀에게 어느 정도 현실적인 기대를 하고 있는지 구체적으로 확인할 수 있다.

(2) 과정 및 내용

• [활동지 12-6] 부모가 자녀에게 원하는 것들을 적는다. 이후, 각 항목에 대해 자녀가 어느 정도 실천가능한지 혹은 들어줄 수 있을지 1~10점 사이의 숫자에 ✓ 표시한다.
• [활동지 12-7] 자녀가 부모에게 원하는 것들이 무엇일지 적는다. 이후, 각 항목에 대해 부모가 어느 정도 실천가능한지 혹은 들어줄 수 있을지 1~10점 사이의 숫자에 ✓ 표시한다.
• 서로 상대에게 원하고 바라는 내용들이 어느 정도 일치하고 실천할 수 있을지에 대해 이야기를 나눈다.

(3) 상담으로의 적용

• 내가 자녀에게 원하는 것들은 어떤 것들인가요? 자녀의 입장을 고려하여 자녀가 실천할 수 있는 것들인가요? 아니면 나의 입장에서 희망하는 것들인가요?

- 현재 상황에서는 자녀가 실천할 수 없거나, 실천할 의지가 없는 것들인데 내가 지속적으로 원하고 있나요? 혹은 일부 또는 전부 실현가능한 것들인가요? 내용 중에서 자녀에게 이것만큼은 간절히 바라고 원하는 것이 있다면 어떤 것일까요?

- 자녀가 나에게 원하는 것 중 내가 실천할 수 있는 것과 자제해야 할 것들은 무엇일까요?

- 부모가 바라는 자녀, 자녀가 바라는 부모를 통해 느끼고 경험한 것은 무엇인가요?

활동지 12-6 부모가 자녀에게 원하는 것

	내가 자녀에게 원하는 것을 써 주세요.	실천가능성
1		1 2 3 4 5 6 7 8 9 10
2		1 2 3 4 5 6 7 8 9 10
3		1 2 3 4 5 6 7 8 9 10
4		1 2 3 4 5 6 7 8 9 10
5		1 2 3 4 5 6 7 8 9 10
6		1 2 3 4 5 6 7 8 9 10
7		1 2 3 4 5 6 7 8 9 10
8		1 2 3 4 5 6 7 8 9 10
9		1 2 3 4 5 6 7 8 9 10
10		1 2 3 4 5 6 7 8 9 10

활동지 12-7 **자녀가 부모에게 원하는 것**

	자녀가 내게 원하는 것을 써 주세요.	실천가능성				
1		1	2	3	4	5
		6	7	8	9	10
2		1	2	3	4	5
		6	7	8	9	10
3		1	2	3	4	5
		6	7	8	9	10
4		1	2	3	4	5
		6	7	8	9	10
5		1	2	3	4	5
		6	7	8	9	10
6		1	2	3	4	5
		6	7	8	9	10
7		1	2	3	4	5
		6	7	8	9	10
8		1	2	3	4	5
		6	7	8	9	10
9		1	2	3	4	5
		6	7	8	9	10
10		1	2	3	4	5
		6	7	8	9	10

3. 몸 · 마음 알아차리고 위로하기

1) 아프고 상처받은 몸과 마음 자각하기

(1) 목표 및 기대효과
• 다양한 신체적 반응과 감정 반응을 인식하고 표현하기
• 부모 자신의 몸과 마음의 접촉을 통한 신체와 감정은 하나로 연결되어 있음을 자각하고 시각화된 몸과 마음에 위로를 보낼 수 있다.

(2) 과정 및 내용
• 눈을 감고 신체 감각에 주의하도록 안내한다. 몸 어딘가 통증이나 불편함이 올라온다면 그대로 신체 감각에 머물러 관찰하고 눈을 뜬다(3분).
• [활동지 12-8] 나의 신체상을 통해 감각으로 느껴지는 신체 반응을 색연필, 사인펜 등으로 자유롭게 표현한다. 신체 반응에 이어 [활동지 12-9] 감정피자로 느껴지는 감정의 크기를 조각 내어 시각화한다.
• 시각화한 활동지로 몸과 마음의 고통을 말로 표현하고 신체 반응과 감정에 대해 이야기를 나누고 몸과 마음의 연결성을 확인한다.
• 불편하고 힘든 감정이 올라올 때마다 몸의 감각에 집중하도록 하고, 자신을 향한 연민 문구를 보낼 수 있도록 안내하고 마무리한다.

(3) 상담으로의 적용
• 몸의 감각 중 어느 부위가 불편하고, 실제로 통증이 있는 부위를 알아차릴 수 있었나요?
• 신체상에 이어 함께 감정피자로 마음을 잘 표현할 수 있었나요? 가장 크게 비중을 차지한 감정 조각은 무엇인가요? 감정의 크기를 비교해서 눈으로 직접 보니 어떤가요? 몸 어느 곳에서 감정이 느껴지고 감정으로 인해 몸은 또 어떻게 연쇄적으로 반응하는지 느낄 수 있나요? 어떤 상황에서 느끼는 감정인지 이야기를 나누고 싶습니다.

• 지금까지 지친 몸과 마음을 견딜 수 있게 한 나만의 자원은 무엇인가요?

• 나 자신의 몸과 마음에 위로의 손길과 연민을 보내니 어떤가요?(연민 문구)

• 몸과 마음의 연결을 통해 새롭게 느끼고 알게 된 것이 있다면 무엇인가요?

〈몸과 마음을 위한 연민 문구 활용 예시〉

"호흡에 집중하고 들이쉬고 내쉬고(×3번)…… 불편한 곳을 부드럽게 허용하며 위로가 필요한 몸 어딘가를 선택합니다. …… 어깨가 될 수 있고, 배, 가슴, 허리…… 어디든 괜찮습니다. (간격……) 돌봄과 위로가 필요한 곳에 손을 얹고 나 자신에게 따뜻한 위로의 말을 전합니다…….

내가 아픔과 고통에서 벗어나 안전하기를~ 내가 힘겨운 감정에서 평온함을 되찾기를~

내가 나 자신을 돌보고 위로할 수 있기를~ 내가 있는 그대로의 나 자신을 사랑하기를~

내가 어려운 상황에서도 흔들리지 않기를~ 내가 건강하고 몸과 마음이 치유되기를~

활동지 12-8 **나의 신체상**

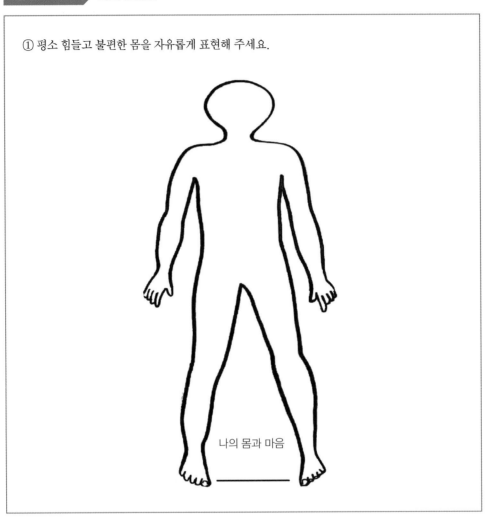

① 평소 힘들고 불편한 몸을 자유롭게 표현해 주세요.

나의 몸과 마음

_____

[그림 12-1] 나의 신체상 예시

나의 감정피자

② 내 마음의 감정을 피자 조각으로 나눠 주세요.

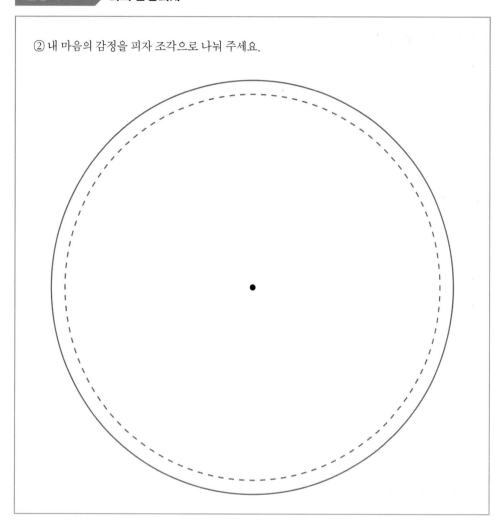

[그림 12-2] 감정 피자 예시

2) 감정에 이름표 달고 자화상 그리기

(1) 목표 및 기대효과

• 내면의 구체적인 감정들을 표현하고 자신 통합하기
• 은둔 자녀를 양육하면서 경험한 다양한 내면의 감정을 깊이 있게 탐색할 수 있다. 감정에 이름을 붙인 두 표정의 얼굴 자화상을 통해 부모 자신의 감정을 수용하고 존중할 수 있다.

(2) 과정 및 내용

• 눈을 감고 3분가량 음악을 듣고 떠오르는 생각과 감정을 판단하지 않고 있는 그대로 허용하고 관찰하도록 안내한다.
• 눈을 뜨고 [활동지 12-10] 감정 퍼즐을 통해 색칠하지 않은 감정 단어들을 찾는다.
• [활동지 12-11]를 반으로 접어 현재 자신을 대변할 힘겨운 감정 단어를 선택하여 좌측에 표현하고, 가장 행복한 표정과 감정은 우측에 표현한 후 제목을 달아 자화상을 완성한다.
• 심리적인 억압이나 위축이 심한 경우 자화상을 그리는 것에 부담을 가질 수 있다. 감정을 시각적화하는 것은 감정 조절 능력을 향상시키고, 다양한 관점에서 감정을 이해하고 존중하는 것임을 안내한다.

(3) 상담으로의 적용

• [활동지 12-10]의 내가 찾은 감정 단어는 어느 쪽(부정 · 긍정)이 더 많고 어떤 상황에서 발생되는 감정들인가요?
• [활동지 12-11]에 그려진 얼굴 표정에 두 감정표현이 잘 되었나요? 어떤 감정들인가요?
• 가장 힘든 감정과 행복한 감정에 이름을 붙일 수 있었나요?
• 두 표정의 자화상을 보고 나는 지금 어떤 새로운 감정이 올라오나요? 자화상으로 표현된 얼굴 표정에 좋다/나쁘다 평가하기보다 그대로 허용하고 보듬고 수용해 줄 수 있나요?
• 자녀가 옆에 있다면 자녀가 나의 자화상을 보고 무슨 말을 할 것 같은가요?

- 제3자의 눈으로 자화상을 본다면 나는 자화상을 보고 무슨 말을 해 주고 싶은가 요?
- 감정 단어와 자화상을 통해 무엇을 경험하고 느꼈나요?

활동지 12-10 감정 퍼즐

가로·세로·대각선을 이용하여 감정 단어를 찾아 동그라미 하세요.
(색칠하지 않은 감정을 찾습니다)

♥	셀	레	는			열	분		충	눈		♥	사	♥	당		♥
분				진	정		격		물	♥		랑	황				우
·	한	화	온		·	적	적	한	♥	나	고	스	당	·	♥		울
는	심	드	렁	한	·	인		·	부	는	까	러	러	한		울	
하	스			·	♥	막	막	한	러	♥	운		움	·	·		침
민	러	♥	분	개	한	♥			움		·	곤	경	에	빠	진	
연	운	통	노	운	화	심		러	♥	죄	혹			역	놀		불
♥	터	겨	·	한	온		스	♥	힘		스		역	놀		불	
진			흥			오		러	겨	러	러	거		란	♥	안	평
		·		분	중	평	화	로	운	·	운	허			욕	감	온
·	♥		간		한		·	·	·		무	레	한	구	·	한
	열	회	·	절		♥	거	부	당	한	♥	한		♥	불	편	감
진		·	망		함		끄	·	·		한	쌍	불	만	족	·
정	·	적	신		·	·		러		거		감	는	하	♥	감
된	인	막	당		고	까	운	슬	절	혹		게	하		·	인
♥	자	함	한	♥	통		♥	리	·	당		느	♥	민	망	한	적
	한	·	·	·	가		는			하	끼	끼	망	·	막	원	망
즐	♥	유	유	자	적	슴		♥		는	·	한			함		회
거		이				뭉		·	·	·				뚜	♥	생	
운	♥	품	아		신		클	혼	차		화	즐	껑			생
♥		연		운		나		한	란	분	♥	거	열	받	는	♥
	질			♥	로	♥	는		·	스	함	운	리			오
색	투	♥	운	둔	형	외	톨	이	♥	감		러	·	는	나	증	짜
♥	심			감		로	·	완		립	♥		움	·	·	♥
애	·		한		움	·	된	양	고	두		♥	낙	담	한	♥
가	♥	유	쾌	·	찔		♥		♥	려	♥		·		무
타	·	상	한		자	애	로	운	·	운		란	혼	·	허	홍
는						처			러	·	·		♥	겨
	·	망	연	자	실	♥	로		스	감	·		한	심	한	·	운
♥	허		수		굴		움	죄	책	감	♥	원		사	
	무	가	치	욕	감		자	망	신		망	·		감	근	친
시	함		심	·		힘	찬		♥	·	·	창	피	함	♥
		비	굴	한		♥	회	한	에	빠	진	자	♥	해		절
		♥	통		심		저		쓸		포	만		망
침	소	기	의	함		한	·	주		쑴		자		심		상
♥				기	♥	고	·	하		♥	기	대	감	♥
대		신		양		절	초	·	는	격	·	로	·		태
비	립		경	된		양	박	조		정		한			상	♥
하	소	연	♥	과			함	한	경	외	하	는		♥		황	·
는		·			민	족	♥	·		는			공	포	스	런
♥	행	복	한	♥	흡	·	염	려	하	는	·	·	·	심	기	호	♥

출처: 안명현 외(2020)를 참조하여 저자가 재구성함.

활동지 12-11 **감정 담은 자화상**

가장 힘겨운 감정(   )   가장 행복한 감정(   )

자화상 제목:

용지를 반으로 접은 상태에서 좌/우 얼굴 표정을 따로 그려 주세요.

4. 한발 물러나 글쓰기 작업하기

1) 감사와 장점 찾기로 희망 되찾기

(1) 목표 및 기대효과
- 부모 자신에 대한 감사와 자녀의 장점에 집중하기
- 고군분투하는 부모 자신 스스로에게 감사를 보낼 수 있고, 자녀의 장점을 찾는 과정에서 부모와 은둔 자녀를 향한 긍정정인 시선과 희망의 에너지를 확장할 수 있다.

(2) 과정 및 내용
- 눈을 감고 편안한 음악과 함께 색을 상징하는 이미지(예: 붉은 태양, 주황 레몬, 노랑 개나리, 초록 숲, 파란 하늘, 남색 바다, 보라색 수국 등)를 심상화한다.
- [활동지 12-12] 세 줄 감사와 동그라미 속에 얼굴 표정과 색을 칠한다.
- 감사의 긍정적인 에너지가 올라온 상태에서 [활동지 12-13]에 그동안 잊고 있었던 은둔 자녀의 긍정적인 장점을 기록한다(이완 음악).
- 어려운 상황에서도 감사함을 잊지 않고 부모 자신과 자녀에게 긍정의 힘을 배양토록 한다. 의도적이고 반복적인 세 줄 감사에 얼굴 표정과 색으로 표현된 감정의 흐름을 살피는 활동을 연장하도록 안내한다. 감사일지를 쓴다는 것은 귀찮은 일이 될 수 있다. 그럼에도 감사일지를 지속적으로 작성하여 감사의 대상, 관계, 환경 등으로 확장해 나갈 수 있도록 안내한다.

(3) 상담으로의 적용
- 의도적인 감사라도 나를 위한 감사를 떠올릴 수 있었나요? 빨주노초파남보 오늘의 기분을 상징하는 감정 색과 얼굴 표정은 어떤가요?
- 자녀의 장점을 찾는 데 어려움은 없었나요? 내 아이의 장점을 자녀도 알고 있나요? 자녀만의 특징적인 장점을 자녀에게 평소 직접 전달하거나 표현하나요? 자녀의 장점이 어떤 성과나 결과에 대한 칭찬과 장점인가요, 아니면 타인과 비교할 수 없는 자녀만이 가지고 있는 고유한 장점인가요?

- 지금은 비록 자녀의 은둔생활로 힘들고 어려운 상황이지만, 그럼에도 나 자신에 대한 감사와 내 아이의 장점을 찾고, 쓰고, 보고, 소리 내어 읽어 보니 어떤 느낌이 드나요?
- 나 자신과 은둔 자녀에게 희망을 발견할 수 있나요?
- 나에 대한 감사와 자녀의 장점 발견으로 무엇을 경험하고 나에게 어떤 의미가 있었나요?

활동지 12-12 **세 줄 감사와 빨주노초파남보**

① 지금 이 순간 나에게 감사한 것 세 가지를 써 보세요.

월   일   (요일)

나는 _____ 라서 감사하다.

나는 _____ 해서 감사하다.

나는 _____ 할 수 있어 감사하다.

② 현재 특별히 끌리는 색을 선택한 후 동그라미 안에 얼굴 표정을 그리고 색칠해 주세요.

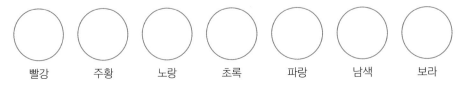

빨강   주황   노랑   초록   파랑   남색   보라

활동지 12-13 **무지개(희망)를 품은 내 아이**

초성으로 내 아이 장점을 찾아주세요.

① ㄱ _____ 다.

② ㄴ _____ 다.

③ ㄷ _____ 다.

④ ㄹ _____ 다.

⑤ ㅁ _____ 다.

⑥ ㅂ _____ 다.

⑦ ㅅ _____ 다.

⑧ ㅇ _____ 다.

⑨ ㅈ _____ 다.

⑩ ㅊ _____ 다.

⑪ ㅋ _____ 다.

⑫ ㅌ _____ 다.

⑬ ㅍ _____ 다.

⑭ ㅎ _____ 다.

여러 색깔의 사인펜을 사용해 주세요.

읽을거리 12-2

회복과 치유를 위한 색의 메시지와 에너지

	색의(순기능·역기능)메시지	색의 에너지
빨강	**정서적으로 억눌려 있거나, 기운 내고 싶을 때**	**이성과 논리가 필요하다**
	• 용기, 자신감, 자기주장, 승부욕, 사랑과 열정, 힘, 생명력, 즉흥성, 결단력, 생동감, 목표 지향적	에너지, 혈액순환, 몸의 기운 증강, 우울증 완화에 도움
	• 분노, 트라우마, 다혈질, 무례한, 격렬한, 자기희생, 선동, 과장, 파괴력, 미움, 보상심리, 게으름	
주황	**기력이 없고, 억울한 감정을 털어내고 위로가 필요할 때**	**자신을 먼저 돌보자**
	• 낙천, 개방성, 사교적, 활력, 명랑, 순발력, 자기신뢰, 새로운 도전, 적응력, 쾌활함, 위로, 격려	소화촉진, 식욕증진, 강장효과, 우울증 완화
	• 관계에 지나친 열망, 외로움, 두려움, 의존적, 낮은 자존감, 자기 과시, 외부원인으로 돌리기	
노랑	**소화가 되지 않거나, 정확하게 판단해야 할 때**	**자신만의 기준을 만들자**
	• 기쁨, 자유, 환상, 명랑, 사교성, 영리함, 매력, 리더, 성취욕, 집중력, 자아정체감	정신고양, 신경 피로 개선 변비, 소화불량 개선, 신진대사 촉진
	• 시기, 질투, 자기 과대평가, 비난, 소심한, 비겁한, 피상적, 조바심, 의심, 배반, 혼란, 좌절	
초록	**긴장을 완화하고, 몸과 마음의 균형이 필요할 때**	**과감하게 도전하자**
	• 균형, 성실, 성장, 희망, 의지, 자유, 건강, 안전, 자비, 위로, 연민, 배려, 온화함, 이해, 일관성	긴장 완화, 스트레스 해소, 피로회복, 균형유지, 감정조절, 마음의 여유
	• 긴장, 고집, 육체적 피로, 욕심, 인색한, 판단력 부족, 우유부단, 소유와 집착, 정서적 밀착과 억압	
파랑	**불면증이 있고, 마음을 가라앉히고 싶을 때**	**혼자 있는 시간을 줄이자**
	• 책임감, 소통, 침착한, 냉철함, 깊은 생각과 묵상, 고요, 신뢰, 성숙, 평화, 안전, 집중, 자기성찰	심신 안정, 이성적 판단, 통증과 불면증 완화, 이완과 진정작용
	• 권태, 의심, 냉담함, 차가움, 정서적 불안정, 고독, 의기소침, 행동력 부족, 소통의 어려움, 비판적 사고	

	두통과 편두통이 있고, 신뢰 회복이 필요할 때	자신을 표현하자
남색	• 신뢰, 정직, 신중함, 현실적 직관, 분석과 비교, 냉철한 판단력, 통찰력, 지적욕구	신경 안정, 숙면에 도움, 감정의 진정효과, 자신과 타인에 대한 신뢰유지
	• 강박, 우울, 상실, 내부의 대립, 비판적, 독선, 권위주의, 완벽주의, 고집과 아집, 특권의식, 자기주장	
	생체리듬이 필요하고, 타인과 조화와 타협이 필요할 때	현실 감각을 키우자
보라	• 직관적 사고, 예술적 감각, 위로와 치유, 영성, 영감, 창의력, 자기희생, 변화무쌍	감정조절과 여유, 신경통 완화, 창의적인 아이디어 도움
	• 내적 긴장, 불만, 현실도피, 우울증, 고통, 포기, 광적인, 충동과 억제, 개인주의, 예민함, 고립과 운둔	

출처: 김정해(2016); 임세라, 이시종(2016); 진미선(2021).

2) 고마워, 미안해, 용서해, 그리고 사랑해

(1) 목표 및 기대효과
• 치유와 회복을 위한 글쓰기로 내면 작업 하기
• 문제 해결 과정은 내면에서부터 시작됨을 알고, 마음속에 묻어 둔 채 표현하지 못했던 용서와 화해를 통해 부모 자신의 내면을 정화하고 치유할 수 있다.

(2) 과정 및 내용
• 미리 준비한 가족사진을 꺼낸 후 눈을 감고 행복했던 순간을 떠올린다.
• 눈을 뜨고 가족사진에 대한 이야기를 나눈다(최근 가족사진이 아니어도 좋다).
• [활동지 12-14]에 부모님, 배우자, 자녀를 포함한 부모 자신에게 치유의 말을 적는다(조용한 음악과 함께 충분히 쓸 수 있도록 한다). 고. 미. 용. 사 메시지를 쓰는 순서는 상관없다.
• 자녀와 배우자, 부모님이 앞에 있다고 생각하고 고. 미. 용. 사 메시지를 전달하는 시간을 갖는다.
• 부모 자신에게도 고. 미. 용. 사 메시지를 말로 소리 내어 전달한다.

- 마무리 단계에서 고. 미. 용. 사 메시지를 음미하고 눈을 감으며, 자신과 은둔 자녀를 위한 자애 문구를 보낸다.

  〈부모 자신과 은둔 자녀를 위한 자애 문구 활용 예시〉

  내가 행복하기를~ 내 아이가 행복하기를~

  내가 안전하기를~ 내 아이가 안전하기를~

  내가 편안하기를~ 내 아이가 편안하기를~

  내가 건강하기를~ 내 아이가 건강하기를~

  내가 회복되기를~ 내 아이가 회복되기를~

(3) 상담으로의 적용

- 고마워! 미안해! 용서해! 사랑해! 중에 유독 낯설고 어색하거나 마음에 와 닿는 단어가 있나요? 지금 현재 누구에게 가장 고. 미. 용. 사 메시지를 전달하고 싶고, 그 이유는 무엇인가요?

- 고마워! 미안해! 용서해! 사랑해!를 들은 가족들의 반응은 어떨 것 같은가요? 특히 은둔 자녀의 반응이 어떨 것 같은가요?

- 고. 미. 용. 사 메시지를 주제로 편지를 써서 자녀에게 전달할 수 있을까요? 진심이 전달되지 않는다면 어떨 것 같은가요? 그럼에도 고. 미. 용. 사 메시지를 전달할 수 있을까요?

- 부모님, 배우자, 은둔 자녀가 나에게 고. 미. 용. 사 메시지를 보내온다면 나는 어떨 것 같은가요? 자녀에게 가장 하고 싶고, 가장 듣고 싶은 치유의 메시지는 무엇일까요?

- 부모 자신 스스로에게 고. 미. 용. 사 메시지를 보낼 수 있고 위로받을 수 있을까요?

- 고. 미. 용. 사 메시지를 통한 치유의 글쓰기로 무엇을 경험하고 느꼈나요?

활동지 12-14 **고. 미. 용. 사 메시지**

글쓰기 치유 작업	
부모님께 보내는 고. 미. 용. 사	• _____ 고마워요! • _____ 미안해요! • _____ 용서해 주세요! • _____ 사랑해요!
배우자에게 보내는 고. 미. 용. 사	• _____ 고마워요! • _____ 미안해요! • _____ 용서해 주세요! • _____ 사랑해요!
나에게 보내는 고. 미. 용. 사	• _____ 고마워요! • _____ 미안해요! • _____ 용서해 주세요! • _____ 사랑해요!
자녀에게 보내는 고. 미. 용. 사	• _____ 고마워요! • _____ 미안해요! • _____ 용서해 주세요! • _____ 사랑해요!

※ 부모와 자녀가 은둔과 고립이라는 웅덩이에서 나올 수 있도록 주제별 프로그램을 마치며 격려와 지지를 보내고 마무리한다.

[부록 12-1]

부모 양육 방식

다음은 자녀를 양육함에 있어 스스로 어떻게 느끼는지를 알아보기 위한 것입니다. 다소 불편한 질문이 있어도 자신의 경험을 솔직하게 O, X 표시해 주십시오.

	질문 내용	O X
1	나는 아이들에게 매우 너그러운 편이어서 단호하고 엄격해야 하는 상황에서도 봐주고 넘어가는 경우가 많다.	
2	나는 아이의 행동이 기대치가 다르면 반드시 상이나 벌을 준다.	
3	나는 목표 달성 자체보다는 가족들이 목표를 이루어 나가는 방법을 배우는 것이 더 중요하다고 생각한다.	
4	아이에게 문제가 생기면 어느 정도는 나의 잘못이라고 생각한다. 부모의 역할을 충실히 하지 못한 탓이기 때문이다.	
5	나는 가족들에게 목표를 정해 주고 삶의 안내자가 되어 줄 책임이 나에게 있다고 생각한다.	
6	나는 문제에 대처하는 과정에서 가족들이 협력하는 것이 중요하다고 생각한다.	
7	나의 부모님은 매우 엄격하셨다. 그래서 **내가 누리**지 못했던 것, 즉 진정한 자기 모습에 충실할 수 있는 자유를 아이들에게 주고 싶다.	
8	나는 나의 가치관을 가족에게 가르쳐야 한다고 생각하며, 아이들의 가치관이 나와 다르다 하더라도 나이가 들어 철이 들면 나의 가치관을 좋게 생각할 것이라고 생각한다.	
9	나는 상황에 따라 서로 믿고 의지하는 법을 배우고 서로의 장점과 능력에서 도움을 받는 것은 가족 모두가 배워야 할 매우 중요한 기술이라고 생각한다.	
10	아이는 내가 자기를 자랑스러워하길 바라는 마음을 알고 행동하여 훌륭한 사람이 되었으면 좋겠다.	
11	나는 아이들에게 스스로 판단하는 능력이 생길 때까지는 내가 통제하고 개입해야 한다고 생각한다.	
12	부모가 아이의 말에 귀를 기울이고 아이가 원하는 것과 필요로 하는 것을 존중해 주는 것이 중요하다.	
13	아이는 부모가 자신을 훌륭하게 살 수 있도록 만들어 줘야 할 의무가 있다고 생각하며, 때때로 그런 자신의 생각을 표현한다.	
14	나는 우리 가족의 가치관을 정하고 가족구성원들이 그것을 따르도록 하는 역할을 맡고 있다.	
15	기본적으로 아이에 대한 책임은 부모에게 있지만, 함께 의사결정을 하는 것이 중요하다.	
16	내가 가족을 위해 얼마나 희생했는지 가족들이 기억해 주었으면 좋겠다.	

17	나와 함께 살고 있는 한 아이들은 규칙을 따라야 한다.	
18	아이들의 행동은 언제나 좋은 것이든 나쁜 것이든 결과를 낳는다고 생각한다.	
19	너무 많은 압력이나 스트레스를 아이에게 주지 않으려고 노력한다.	
20	가족의 행동과 규칙, 벌칙 등에 관한 결정은 대부분 내가 내린다.	
21	부모와 자식의 관계가 가장 중요하며 오래도록 서로에게 영향을 끼친다고 생각한다.	

출처: 전현민(2019). 저자의 승인을 받은 검사지 도구 활용.

부모 양육 방식 유형 결과

부모 자신이 지각하는 양육 방식		
허용적인 부모 유형	1, 4, 7, 10, 13, 16, 19	( )개
권위적인 부모 유형	2, 5, 8, 11, 14, 17, 20	( )개
권위 있는 부모 유형	3, 6, 9, 12, 15, 18, 21	( )개
▶채점 방법: ○ 개수가 가장 많은 곳이 해당 유형임.		

[부록 12-2]

자녀 유형

다음은 자신의 경험을 토대로 자녀의 유형을 파악하기 위함입니다. 각 질문 내용을 주의 깊게 읽어보시고 O, X 해 주십시오.

	질문 내용	O X
1	나의 아이는 자발적이라고 하기는 어렵다.	
2	나의 아이는 독립심이 강하고 고집이 세다.	
3	나의 아이는 다른 사람들과 함께 하는 활동을 좋아한다.	
4	나의 아이는 규칙과 질서를 잘 지킨다.	
5	나의 아이는 자신만의 방식대로 하는 것을 좋아한다.	
6	나의 아이는 협력하는 것을 좋아하고 남을 돕는 것을 좋아한다.	
7	나의 아이는 규칙이나 지침이 없으면 오히려 불편해한다.	
8	나의 아이는 남들과는 다르게 특이하고 개성 있는 것을 좋아한다.	
9	나의 아이는 융통성을 갖고 있고 적응적이다.	

10	나의 아이는 리더의 역할을 힘들어하고 리더 역할이 주어지면 불편해한다.	
11	나의 아이는 자기주장이 세고 쉽게 순종하지 않는다.	
12	나의 아이는 앞에서 이끄는 것보다 참여하는 것을 좋아한다.	
13	나의 아이는 방향을 정해 주면 열심히 하려고 한다.	
14	나의 아이는 친구들과 뭔가를 할 때 이끌기를 좋아한다.	
15	나의 아이는 함께 참여하는 것을 중요하게 여긴다.	
16	나의 아이는 순종적인 편이다.	
17	나의 아이는 자신의 생각을 적극적으로 표현하고 논쟁도 즐기는 편이다.	
18	나의 아이는 대체로 긍정적이다.	
19	나의 아이는 지시에 따라 일을 잘해 내면 매우 자랑스러워한다.	
20	나의 아이는 경쟁적이어서 지는 것을 싫어한다.	
21	나의 아이는 어떤 중요한 결정을 내리거나 사람을 만나기 전에 대개 허락을 구한다.	

출처: 전현민(2019). 저자의 승인을 받은 검사지 도구 활용.

자녀 유형 결과

부모가 생각하는 자녀 유형		
수동적인 자녀 유형	1, 4, 7, 10, 13, 16, 19	( )개
반항적인 자녀 유형	2, 5, 8, 11, 14, 17, 20	( )개
협력적인 자녀 유형	3, 6, 9, 12, 15, 18, 21	( )개

▶채점 방법: ○ 개수가 가장 많은 곳이 해당 유형임.

참고문헌

김예슬(2007). 인지-행동 집단미술치료를 통한 은둔형 외톨이의 사회참여에 관한 연구. 명지대
　　학교 사회교육대학원 석사학위논문.

김정해(2016). 색깔의 힘: 지금껏 우리가 놓쳐온 색깔 속에 감춰진 성공 코드. 서울: 토네이도미디어
　　그룹.

노순규(2012). 청소년 문화 이해와 상담 보호. 서울: 한국기업경영연구원.

안명현, 강민수, 김민지, 김영애, 송민영 외(2020). 인지행동미술치료. 서울: 학지사.

임세라, 이시종(2014). 미술치료사를 위한 심리검사. 경기: 한국학술정보.

전현민(2019). 부모 상담: 아픔을 딛고 자유와 성숙으로. 서울: 학지사.

진미선(2021). 컬러는 나를 알고 있다: 나를 찾아 떠나는 색채 심리 여행. 서울: 라온북.

Germer, C. K., & Siegel, R. D. (2014). 심리치료에서 지혜와 자비의 역할(*Wisdom And*
　　Compassion In Psychotherapy: Deepening Mindfulness In Clinical Practice). 서광, 김나연
　　공역. 서울: 학지사. (원저는 2012년에 출판).

제**13**장

은둔형 외톨이 부모 상담의 사례 연구

이 장에서는 은둔 자녀를 둔 부모 상담 두 사례를 사례개념화와 상담 과정 중심으로 제시한다. 은둔 자녀를 둔 부모 상담 사례는 기존의 개인상담 사례와 크게 다르지 않으나, 부모와 은둔형 외톨이 자녀의 관계 역동을 살펴보는 것이 중요하며, 부모 역할에 대한 코칭이 요구된다는 특징이 있다. 첫 번째는 내담자가 자녀와의 생활에서 겪는 어려움과 대응 행동을 주로 다루어, 생활 장면에서는 다소 안정되어 갔지만 내담자 자신의 견고함에 대한 깊은 이해와 통찰에는 미처 이르지 못한 사례이고, 두 번째는 조기 종결된 사례로서 부모와 라포 형성하기에서 상담자가 겪는 어려움을 보여 주는 사례이다.

1. 은둔 자녀의 부모 사례 I

1) 내담자 기본정보

(1) 인적사항

김미선(가명), 여, 만 56세, 2남 4녀 중 장녀, 사범대 수학과 졸업, 최근 6년간 간헐적으로 기간제 중학교 교사 활동 중.

(2) 내방경위

내담자는 여동생의 권유로 상담을 신청하였다. 내담자는 제대 후 2년째 사회생활도 하지 않고 학교 입학도 하지 않은 채 집에서만 지내는 27세인 큰아들에 대해 상담하고 싶어 하였다. 고3 때부터 등교 기피 현상이 시작되었고, 군 제대 후 나아지는 듯 보였지만 코로나와 함께 최근 2년 동안 사회적 관계 회피가 더 심해진 상태였다.

(3) 주 호소문제

"열심히 살아왔고, 자식을 위해 모든 지원을 아끼지 않았는데, 아들은 가족 위에 군림하면서 나를 골탕 먹이는 것 같아요."

"아들과 분리되어 살 수 있는 방법을 알고 싶어요."

내담자는 7년째 은둔형 외톨이 생활을 하고 있는 아들로 인해 겪는 어려움을 호소하였다. 처음에는 아들과 분리되고 싶은 마음을 표현하면서 엄마로서 최선을 다해 아들에게 맞춰 주며 수고한 점들을 들었다. 아이들을 위해서 열정과 경제적 지원을 아끼지 않고 노력해 왔는데, 현재 아들의 까다로운 요구를 들어줘야 하는 수고로움에서 벗어나지 못하는 상황이 힘들다고 하였다.

(4) 이전 상담 경험

아들이 학교를 결석하기 시작했을 때와 재수하는 과정에서 유명 정신과 병원에 자녀의 상담을 의뢰하였고, 그 과정의 일부로 부모 상담을 받았다. 하지만 이내 아들이 치료를 거부하게 되어 1~2회로 중단되었다. 내담자는 이전 상담에서 치료자로부터 "엄마가 뭐든지 다 해 주고 애가 너무 편하게 살아서, 이 아이는 집에 돈이 다 없어지지 않는 이상 치료되기 힘들다."라는 평가를 받았다고 하였다.

(5) 인상 및 행동 특성

내담자는 보통의 키에 움직이는 속도가 빨라 생기 있어 보이고, 외모가 깔끔하며 옷차림에 신경을 쓰는 편으로 보였다. 상담자에 대한 경계는 없었고 소개를 한 뒤 바로 자신이 겪는 고통스러운 현실에 대한 얘기를 꺼냈다. 친화력이 높게 느껴졌고, 말을 빠르고 재미있게 하는 편이었다. 가끔 말끝을 호탕한 웃음으로 생략하기도 하였다. 아들과 함께 나누었던 말들을 묘사할 때는 아들의 말을 실감나게 흉내 내면서 표현하였다.

(6) 가족관계

- 남편(61세): 은행 지점장을 지내다 퇴직하고 현재는 중소기업에 재취업한 상태이며, '심하게 점잖고 감정이 없는 성격'이라고 한다. 내담자는 남편에게 두 가지 정도의 불만을 표현하였는데, 사회활동만 열심히 하고 집안 식구들에게는 관심이 없다는 것과 집안 경제를 아내에게 모두 맡기고 관심을 두지 않는다는 점이다.

- 아들(27세): 내담자의 표현으로는 어릴 때부터 예민하고 내성적이고 까다롭고 사회성도 안 좋고, 배려도 안 하고 남 탓도 잘한다. 내담자와 달리 하고 싶어 하는 게별로 없고 끝까지 해내는 인내심이 약하다. 중1·2 때 "엄마가 외로움을 알아? 고독을 알아?" 같은 표현을 한 적이 있고, 중3이 되면서는 우리나라는 일류 대학에 가야만 대접을 받을 수 있다는 말과 함께 열심히 공부하여 외고에 입학하게 되었다. 고3 때 성적이 떨어지면서 등교 기피 현상이 시작되었고, 명문대 입시에 실패한 후부터 사회적 관계를 하지 않게 되었다. 군에서는 선임과 마찰을 빚고 상부에 부당함을 호소하기도 하였다. 현재는 방 한쪽에 자격증 공부를 위한 공간을 꾸며 놓았는데, 실제로는 주식과 코인에 대한 정보를 접하며 투자를 하고 있으며, 몸을 만들기 위해 헬스장을 자주 다니고 가끔 헤어숍을 가는 외출 정도만 하고 있다.

- 딸(25세): 대학을 졸업하고 인턴십 중이며, 어릴 때부터 사회성이 좋았으며 머리도 좋고 인성도 좋아 어디에서도 눈에 띄고 칭찬을 받는 아이라고 하였다. 생활력도 강해 아르바이트를 꾸준히 하며, 내담자를 위해 가전제품을 선물하기도 하여 내담자가 감탄하는 딸이다. 또한 아들의 문제로 고생하는 내담자를 위로해 주는 존재이다. 아들이 엄마에게 투자금을 강요하여 집이 시끄러워지면 그냥 주고 말자고 내담자를 설득한다. 그러면 내담자는 딸에게 미안함을 느끼고 문제를 빨리 해결해 버리려고 한다.

(7) 원가족 및 발달 과정

잘생기고 멋진 아버지는 공무원이었는데, 남매들(2남 4녀) 중 장녀인 내담자를 제일 좋아하셨고 지금도 여전하다. 아버지는 내담자가 어릴 때부터 "네가 최고다. 너는 뭘 해도 잘 한다."라는 칭찬을 많이 해 주었다. 내담자는 자신을 늘 예뻐해 주고 칭찬해 주는 아버지의 영향으로 자신이 친구들 사이에서도 늘 당당하고 일을 주도적으로 잘해내는 성격인 것 같다고 한다. 하지만 매우 활동적인 성격의 어머니는 늘 바빴고 내담자는 어머니의 세심한 케어를 받지 못하였다. 어린 시절 비가 올 때면 친구들의 엄마는 우산을 가지고 데리러 오는데 자신은 '비가 올 때 엄마가 없었다.'고 표현하였다. 특히 중3 때는 엄마가 경제활동을 위해 꽤 오랫동안 다른 지역에 거주한 적이 있는데, 당시 내담자는 장녀로서 엄마를 대신해 많은 식구의 살림을 도맡아 하였고, 그러면서도 어렵지 않게 우수한 학업 성적을 유지하였다. 엄마가 집으로 돌아온 후에는 부모님이 금전 문제로 자주 싸우게 되면서 내담자는 점점 공부에 흥미를 잃게 되었다. 고3 때는 서울에 있는 대학에 입학하는 친한 친구들을 보면서 엄마 때문에 자신이 고생했다는 원망을 한 적이 있다.

2) 사례개념화와 상담 방향

(1) 상담자가 파악한 내담자 문제

학업적 성취와 경제적 성취에 대해 조건화된 가치를 가지고 있는 내담자는 자신이 어린 시절 받지 못한 부모의 지원과 보살핌을 자녀들에게 채워 주기 위해 노력을 기울여 왔다. 내담자는 비가 올 때 아이들 옆을 지켜 주는 엄마가 되기 위해 자신의 교사 발령까지 포기하면서 자녀 양육에 전념하였고, 경제적으로도 아이들에게 비빌 언덕이 되어 주고 싶어 일찌감치 재테크 계획을 세워 실행해 왔다. 또한 아이들의 창의력을 키우기 위한 목적으로 적극적인 체험활동을 오랫동안 유지하였지만 그런 노력이 자신의 미충족된 욕구에서 기인한 것임을 의식하지 못하였다. 이러한 내담자의 노력은 아들의 고유성과 개별성이 존중되지 않는 일방적인 양육 태도로 이어지고, 아들의 분리 개별화 발달을 지연시켜 온 것으로 보인다. 적극적인 활동에 대한 아들의 거부 의사를 받아들이지 않거나 아들을 학업적·사회적 성취가 높은 딸과 자주 비교하고, 아들이 학업적인 좌절이나 대인관계 기피를 보일 때에도 내담자는 아들의 심리적인 어려움을 살피기보다는 입시를 성공시키기 위한 적극적인 시도를 하였음을 볼 수 있다. 현재도 아들이 준비하고 있는 자격증 시험에 붙는다면 어느 정도 문제가 해결되리라는 기대를 가지고 아들에게 변화를 다그치는 모습을 보이고 있다.

현재 내담자가 아들로 인해 힘든 점은 크게 두 가지로, 첫째는 아들이 일반적인 식사는 잘 하지 않고 아주 까다로운 식단을 요구하고 조르는 것이다. 아주 맛있으면서 건강에도 좋은 음식을 요구하는 아들에게 내담자는 최대한 맞춰 주지만, 아들은 매번 트집을 잡으면서 결국은 배달음식을 시켜 먹고 만다. 둘째는 금전적인 것으로, 아들이 투자할 돈을 내담자에게 요구하는 것이데, 한번에 1~2백만 원 이상을 요구하며, 내담자가 그 요구를 거절하면 아들은 "나를 안 믿어서 내게 돈을 안 맡긴다." "엄마가 교사를 포기해서 우리 집 가세가 잘못되기 시작한 거다. 그게 내게 부담으로 돌아왔다." 등의 온갖 원망과 비난을 퍼부으며 조른다. 이 과정에서 내담자와 큰 소리로 다툼이 일어나고, 아들은 때로는 욕을 하거나 물건을 던지고 밀치는 폭력을 행사하기도 한다. 사회적·경제적 성취를 지향하는 내담자의 가치를 그대로 내사한 아들이 내담자의 약점을 건드리며 끊임없이 요구하고 비난하는 형태로 내담자에게 의존하고 있는 것으로 보인다. 분위기가 격해지면 내담자는 더 이상 참지 못하고 아들에게 "정신병원에 넣어 버리겠다."와 같은 말을 해 버리곤 하는데, 아들이 하는 약올리거나 과격한 행동에 대해 내담자는 엄마인 자신에게 아들이 복수심을 가진 것으로 해석하고 있다.

(2) 상담 목표와 전략

처음에 내담자는 아들과 분리되고 싶다는 희망을 표현하였고, 그 방법을 알고 싶다고 하였다. 내담자가 의미하는 분리는 물리적으로 떨어지는, 아들과 상관없이 사는 것을 의미하므로 그것을 상담목표로 합의하기는 어려웠다. 3회기까지 현재 겪고 있는 내담자의 어려움과 양육과정을 돌아보았고, 4회기에 아들의 마음을 헤아려 봐야겠다는 내담자의 동기를 발견하면서 아들의 마음을 인정하고 수긍하는 대응을 해 보기 위한 상담목표를 설정하였다.

① 합의된 상담목표

• 자녀의 마음을 이해하고 일상생활 안에서 갈등 상황 줄이기

② 상담전략

• 아들의 입장으로 가족관계를 이해하기
• 아들의 감정을 수용하는 대화방법을 찾고 시도하기
• 자녀에 대한 내담자 자신의 욕구 알아차리기

3) 상담 진행 과정 및 내용

(1) 전반적 흐름

상담 과정은 총 10회기로 구조화되었고 10회기가 진행되었다. 3회기까지는 이해할 수 없는 아들의 행동과 내담자 자신이 했던 노력에 대해 토로하면서 자녀들의 어린 시절을 되돌아보았고 자신의 어린 시절도 함께 되돌아보았다. 이야기 가운데 자녀들을 위해 노력하는 기억 중에 아들과 딸 아이가 계속 비교되고, 내담자와는 성향이 너무나 다른 아들이 엄마에게 일방적으로 끌려 다닌 점이 자주 언급되어 드러났다. 4회기에는 아들의 마음에 다가가보겠다는 동기를 발견하게 되었다. 5~7회기에는 아들에게 맞춰 주는 생활의 고단함과 남편의 지원 없이 홀로 대응하고 있다는 것, 자신의 노력이 허사가 되는 것에 대한 불안감을 표현하는 가운데 아들에 대한 대응 행동에 변화를 시도하고 있었다. 8~9회기에는 아들의 감정적 기복이 다소 안정화되어 꽤 지낼 만하다고 하였다. 하지만 다른 한편으로는 여전히 아들의 행동이나 성향을 못마땅해하는 마음을 표현하고 있었고, 아들이 표현하는 불편한 감정에 대해서는 수용하기보다는 엄마 자신을 방어하는 행동이 앞서고 있었다. 마지막 회기인 10회기에 내담자는 아들의 트집과 요구하는 행동이 다시 나타나 제자리로 돌아갔다고 보고하였는데, 용돈을 주지 않은 것에 대해 아들이 자극받은 것으로 이해되었다. 용돈 관련 약속을 유지하지 못하는 내담자의 역동을 미처 다루지 못한 점이 아쉬웠다.

(2) 상담 초기(1~3회기)

상담을 시작하고 어색함이 없이 아들의 이야기를 곧장 시작하였다. 상담 초기이므로 내담자의 고통스러운 현실에 대해 토로할 수 있도록 하였다. 내담자는 가장 먼저 아들이 은둔을 시작한 시기를 학업적인 면에서 설명하였다. 은둔 시작 당시부터 지금까지 자신이 아들에게 계속해서 학업을 이어 갈 수 있도록 갖은 성질을 맞춰 주고, 고가의 여러 학원을 등록해 주었으며, 대입원서 까지 대신 제출하는 등, 할 수 있는 것을 다 했지만 현재는 매일 먹는 것으로 트집 잡히는 데 지쳐 이제 더 이상 애쓰고 싶지 않다는 좌절감을 표현하였다. 아들에 대한 묘사는 둘째 아이와는 매우 비교되는 내용이었는데, 둘째인 딸은 머리가 좋고 잘 놀면서도 공부를 잘하지만, 첫째인 아들은 어릴 때부터 내담자가 이해하지 못하는 예민함, 까다로움, 내성적 성향의 아이라는 것이다.

상담 초기에 초점을 둔 것은 아이들을 양육하던 때의 기억을 떠올렸을 때 큰아이의
입장에서 다시 바라볼 수 있게 하는 점과 원가족과의 기억에서 가지고 온 양육에 대한
신념을 발견하는 것이었다. 과거의 구체적인 장면에서 아들에 대해 내담자는 '내 기대
에 미치지 못하는 아이' 또는 '특출난 작은아이와 너무 다른 아이' 같은 평가적인 설명
을 하였고, 상담자는 내담자에게 그때 큰아이의 마음이 어땠을지, 엄마가 어떻게 반응
했는지에 대해 질문하여 자녀의 입장을 경험할 수 있도록 시도하였다. 내담자 스스로
현재의 아들 모습에 영향을 미친 두 가지 지점을 확인하고 인정하였는데, 첫째는 엄마
자신이 주도하는 매우 적극적인 체험활동에 내성적인 큰아들이 억지로 끌려 다녔다는
점이었고, 둘째는 영재 테스트를 포함해 어디에서나 칭찬을 받는 동생과 항상 같이 활
동에 참여 하면서 늘 비교되어 왔다는 점이었다. 내담자는 아들이 활동을 내켜하지 않
는 말을 표현했을 때 별 반응을 하지 않았고, 두 아이를 비교하는 말을 습관처럼 큰아이
에게 직접적으로 표현해 오고 있었다.

활동적인 내담자가 교사 발령을 포기하면서까지 자녀 교육에 전념하게 된 배경에 대
해서도 볼 수 있었다. 하나의 원인은 원가족에서 찾을 수 있었는데, 청소년 시절, 엄마
의 꽤 오랜 부재 기간 동안에 느낀 쓸쓸한 느낌을 자녀들에게는 물려주지 않기 위해서
'옆에 있어 주는 엄마'가 되겠다는 동기를 가진 점이었다. 또 다른 하나는 사회생활에만
관심을 가지고 감정표현을 거의 하지 않는 남편의 무관심으로 인해 부부간 정서적 친
밀감이 약해져 아이들에게 전념하게 된 것이었다. 그리고 친한 친구들이 서울로 진학
하는 것을 지켜만 보아야 했던 고등학교 시절을 떠올렸을 때 여러 집안 사정 때문에 눈
높이에 맞는 대학에 진학하지 못한 자신의 과거와 눈앞에서 바라던 대학 진학을 하지
못하고 그 친구들만 명문대에 입학하게 된 아들의 상황이 닮아 있어, 내담자가 일찍부
터 자녀 교육과 재테크에 높은 목표를 세우고 전진했던 무의식적 동기와 더불어 자신
과 동일시한 자녀의 입시 실패로 인한 큰 상실감까지 엿볼 수 있었다.

(3) 상담 중기(4~7회기)

아들의 감정표현에 대해 내담자가 어떤 반응을 하고 있는지를 확인했는데, 아들이
내담자를 비난할 때 내담자는 "네가 뭐라도 제대로 해서 믿게끔 행동하라."라며 긴 설
명과 비난을 섞어 대응하고 있었고, 그것이 다툼으로 이어지고 있었다. 내담자는 아
들의 입장을 인식하게 된 이후로는 아들의 마음을 달래서 일상의 긴장 상황을 줄이려

는 의지가 생겼다. 4회기 이후부터는 의식적으로 칭찬할 거리를 찾아 표현하려는 시도가 많아졌다. 하지만 아들로부터 "나는 엄마의 감정 쓰레기통이었어, 아빠랑 싸우고 나면."과 같은 말을 들을 때 자신이 비난받는 느낌이 들고, 그럴 때는 "그럴 수도 있지…… 동생은 가만있잖니…… 너, 너무 예민하지 않니? …… 엄마도 화날 때 좀 화날 대상이 있으면 좋잖아? 그렇다고 해서 내가 뭐 때렸니?" 하며 방어하느라 아들의 마음을 느끼지 못하는 것 같았다. 그러나 비슷한 진술을 거듭하면서 아들을 못마땅하게 여기는 마음이 자신의 몸과 어투에 배어 있고, 상대를 칭찬하거나 있는 그대로 두고 보는 행동을 오래 지속하지 못하는 성격을 관계 회복의 방해 요인으로 꼽게 되었다. 4회기부터는 상담자가 직면을 시도하였는데, 아들이 편하고 안락해서 은둔생활을 계속한다는 내담자의 인식에 대해 "몸이 안락하긴 한데 아들이 정말로 좋아서, 일부러 은둔을 하는 걸까요?" 혹은 "아이가 분노를 표현하는데 그걸 마치 멀리서 구경하고 계신 것처럼 느껴져요."와 같이 표현하였다. 내담자는 너무 힘든 나머지 지금까지 아들을 깊이 생각해 보지 않았고 오히려 자신의 힘든 것을 먼저 해소하려고 했던 것 같으며, 요즘은 7~8년 전 은둔 초창기에 아이를 혼내지 않고 좀 다르게 대응했더라면 하는 후회가 든다고 하면서 이제부터는 아들이 하는 말에 설명을 덧붙이거나 아들을 누르기보다는 감정을 읽어 주는 표현을 해 보겠다는 의지를 보였다.

그 후로 까다로운 식단을 요구해 놓고는 결국 트집을 잡아 배달음식을 시켜 먹고마는 아들에게 잔소리를 참느라 느껴지는 억울함과 분노를 삼키는 시간을 보내고 있었다. 그런 가운데서 지금까지는 아이의 행동을 받아 주는 행동을 길게 못하고, 성질을 못 참아서 해 주다 말기를 반복한 것 같다는 것을 느끼고 있었다. 상담자는 '아들의 자아상' '아들이 엄마에게 정말 원하는 것'과 같이 아이를 객관적으로 바라보는 질문들을 하였는데, 내담자는 동생과 비교되어 온 점을 비중 있게 생각하면서도, 현재 아들이 은둔생활을 하는 것은 편한 생활에 젖어 있기 때문이고 엄마를 누르려는 의도가 있는 것이라고 여전히 해석하고 있었다. 상담자는 읽을 만한 책 두 권을 추천해 주었고, 아이를 칭찬하려고 노력하는 행동을 좀 더 구체적으로 변환하여, 아들의 감정기복이 심해지지 않도록 아이와 논쟁하지 않기와 아들이 화를 낼 때 엄마가 구경이나 평가하는 입장이 아닌 감정을 알아주며 옆에 함께 있어 주기를 해 보기로 하였다.

내담자와 아들은 모두 금전에 대해 예민함을 보였는데, 아들은 엄마와 비슷하게 주식을 비롯한 투자에 전념하고 있었다. 주로 격한 갈등은 아들이 투자금을 요구하면서 일어나고 있었고, 아들이 배달음식을 시켜 결제할 때마다 내담자는 불편한 마음이 자극되는 것으로 보였다. 내담자는 아들을 달래고 싶을 때는 꽤 큰 금액을 조건 없이 주다가도, 아들이 요구할 때는 절대로 안 준다는 태도를 보여 갈등 상황으로 이어졌다. 아들은 엄마가 용돈으로 주는 돈으로 모두 주식을 사 버리고는 배달음식을 시킬 때마다 엄마를 졸라 자극하지만, 때로는 큰돈을 받고는 조금만 쓰고 남은 대부분의 액수를 모두 엄마에게 되돌려 주는 행동도 하여 내담자를 어리둥절하게 하였다.

그 가운데에서 내담자는 "엄마가 해 주는 음식을 먹어 줘서 고맙다." 같은 소소한 칭찬을 찾아서 하려고 애쓰고 있었고, "엄마한테 원하는 게 뭐니?" 같은 질문을 시도하여 아들의 마음을 들으려고 하였으며, 스킨십도 시도하고 있었다.

(4) 상담 후기(8~10회기)

내담자는 아들이 2주일이 넘도록 치킨을 시켜 먹지 않았고, 평소 같으면 난리칠 일을 알았다며 조용히 넘어간다거나 엄마가 제안하는 대로 순순히 먹겠다고 하는 모습까지, 줄다리기를 하지 않고 감정싸움을 덜 하게 되어 편안함을 느낀다고 보고하였다. 내담자도 훨씬 편해 보였고, 계속해서 반사적인 잔소리를 자제하면서 칭찬할 점을 찾아 표현해 주고 등을 두드려 주는 스킨십을 의도적으로 계속하고 있었다. 마음의 여유와 함께 증상 초기에 아들을 조금만 더 이해하고 다독거렸으면 지금보다 나았을 걸, '이놈 저놈' 하면서 화를 많이 냈던 것을 후회하는 모습을 보였다. 상담자가 추천해 준 책을 읽으면서 자신을 되돌아보았다고 하였는데, 아이에게 공부를 강요한 적은 없지만 아이에게 영혼이 안 실렸던 것 같다고 했고, 그것은 자신이 자녀한테 칭찬의 말을 거의 하지 않았다는 뜻이었다. 내담자 자신은 아이들뿐 아니라 다른 사람들에게도 칭찬을 할 필요를 못 느끼고, 그런 말을 잘 못하는 사람이라서 아이들이 무언가 잘할 때조차 칭찬을 안 했던 것 같다고 되돌아보았다.

아들이 엄마에게 부당함을 느꼈던 과거의 경험을 쏟아 낼 때가 가끔 있는데 이런 때에 내담자는 "네가 이성적으로 생각해 봐, 네가 혼날 만했다. …… 네가 이해해야지." 하면서 여전히 자신을 방어하였다. 상담자는 아들이 과거 상황에 대한 표현을 할 때 내담자가 아들의 입장을 그대로 수긍하여 억울한 마음을 달래 주는 대응을 할 수 있도록 코칭하였다. 앞으로도 긴 시간 동안의 굴곡이 있겠지만, 차츰 격동적인 갈등은 줄어들 것으로 예상하게 되었다.

그러나 마지막 10회기에 내담자는 다시 처음으로 돌아갔다면서, 아들이 고집, 비난, 조르는 행동을 새로 시작하였음을 보고하였다. 용돈 관련 실랑이에서 시작된 것으로 보였고, 내담자가 용돈 지급에 대한 규칙을 일관성 있게 지키는 것을 힘들어하였음에도 상담 회기 내에서 본격적으로 다루지 않았다는 아쉬움이 생겼다. 내담자는 아들을 달래는 마음으로 한번에 큰돈을 주기도 하는 반면, 때로는 1~2만 원으로 싸우기도 하였고, 아들이 조를 때 마지못해 주는 과정에서 갈등 상황이 커지기도 하였다. 아들이 설거지를 하면 용돈을 준다고 약속하고는 내담자가 설거지를 다 해 버리는 등 용돈에 대한 약속을 내담자 자신이 잘 지키지 못하였다. 또한 아들은 선불로 지급할 것을 요구하는 데 반해 내담자는 후불을 고집하는 등 완고한 태도로 인해 타협의 어려움이 지속되고 있었다. 아들의 입장에서 마음을 헤아리는 시도를 멈추지 않기를 당부하고, 용돈의 문제에서 일관성을 유지하는 것에 대해 제대로 다루어지지 않은 것에 아쉬움을 표현하면서 10회기 상담을 마쳤다.

4) 상담의 평가

(1) 상담에 대한 상담자의 평가

모 내담자가 자녀의 좌절감이나 고립되어 있는 마음을 온전히 수용하도록 돕겠다는 상담자의 본래 목표에 이르기는 상담자의 역량과 운영 면에서 아쉬움이 많다. 생활 안에서 거의 매일 자녀와 부딪히는 어려움을 호소하는 내담자에게 상담자도 현실에서 어떻게 달리 대응해 볼 것인지에 대해 일차적으로 중점을 두게 된 것에서 원인을 찾겠다.

상담은 자연스럽게 내담자가 현재 은둔 자녀와 관련되어 겪는 어려움에서 시작하여 두 자녀의 양육사로 이어졌고, 양육 과정에서 엄마인 내담자가 은둔 자녀에게 반응해 온 방식을 내담자 스스로 발견해 갔다. 첫 번째는 내향적인 아들의 표현이나 의견을 간과하고 줄곧 엄마 자신의 의견대로 관철해 온 점이고, 두 번째는 눈에 띄게 우수했던 여동생과 아들을 직접적으로 비교해 온 점이다. 이후 내담자는 애초 '병원에 넣어 버리고 싶다'고까지 표현할 만큼 아들을 포기하고 싶은 마음에서 아들과 갈등 없이 지내 보려는 기대를 되찾은 것으로 보였다. 원가족 탐색에서도, 자신을 제일로 예뻐하는 아버지가 늘 자녀들을 칭찬하던 모습과 자신이 아들을 대하던 모습을 비교하면서, 칭찬하지 못하는 자신의 성격이 아이에게 부정적인 영향을 미친 것은 아닌지 돌아보게 되었다.

이후 '이번 주에도 아들을 칭찬하려고 노력했다'는 표현을 자주 하였다.

또한 '처음부터 아이 마음을 달랬으면 어땠을까?'라고 후회하는 가운데 한동안 평화로운 일상을 보냈다고 보고하였는데, 상담자는 그 마음의 변화를 더 깊이 다루어 공고히 하는 작업을 미처 시도하지 못했다는 생각이 든다. 그 원인으로는 내담자가 자녀의 마음을 이해하고 품어 주려는 행동을 좀 더 지속하기를 바라는 마음에 내담자의 견고한 조건화된 가치관을 다루기가 다소 조심스럽게 느껴졌기 때문이다.

아들과의 관계가 안정화되는 것을 확인하지 못하고 상담이 종결되었지만, 내담자가 아들을 일방적으로 평가하거나 방어적으로 행동하는 것에 대해 자제할 필요와 효과를 경험한 점, 아들의 입장을 염두에 두고 공감과 친밀한 표현을 시도하게 된 점, 그리고 2주라는 짧은 기간 동안이나마 갈등 상황을 줄여 본 경험을 한 것은 작게나마 자녀를 수용하는 마음에 한 발짝 다가서는 상담적 경험이 되었으리라고 본다. 그리고 내담자가 자신을 관리하고 유지하는 힘이 남다르게 높았던 강점이 있었기 때문에 장기적으로는 자녀와의 관계가 조금씩 개선될 것이라는 기대를 가지고 종결하였다.

(2) 수퍼바이저의 총평

이 사례는 사회활동이나 학업활동을 하지 않고 집 안에 머물며 은둔하고 있는 자녀를 둔 어머니 내담자를 상담한 사례로, 내담자는 은둔형 외톨이 자녀와의 관계에서 경험하는 자신의 심리적 어려움과 관계 갈등을 호소하고 있다. 자녀와의 관계 패턴과 아들이 자신을 괴롭히는 것같이 느껴져 벗어나고 싶을 만큼 괴로운 내담자의 역동이 잘 드러난다. 아들에게 맞춰 주려는 마음은 있지만 아들의 요구가 무리하게 생각되는 내담자는 자신의 마음을 누르면서 참고 맞춰 주다가 결국에는 감정 반응을 하게 된다. 내담자가 감정 반응을 하게 되는 이유를 깊이 탐색하는 것이 중요한데, 감정 반응을 하는 부모의 경우 "내가 너를 위해 어떻게 해 왔는데!" 하는 마음이 큰 경우가 많다. 자신이 애쓴 부분에 대한 보상이나 결과가 자신의 소망대로 이루어지지 않는 것에 대한 상실감과 좌절이 화가 나는 마음 밑바닥에 있다.

상담 과정에서 상담자가 잘한 점은 내담자가 자녀를 대하는 방식이 자신의 원가족에서의 경험에 기인하는 것임을 내담자가 알아차리도록 연결한 것이다. 즉, 내담자가 자녀에게 해 주었던 모든 지원은 내담자가 원가족에서 받지 못한 돌봄과 교육에 대한 경제적 지원에 대한 보상심리에 기인하며, 이때 예민하고 까다로운 아들의 필요와 욕구는 철저하게 무시되었다. 또한 내담자는 아들을 딸과 비교하며 직설적인 방법으로 아들의 자존감에 손상을 주곤 하였다. 원가족에서 비롯된 내담자의 양육 신념을 발견하도록 도운 것은 잘 하였으나, 어린 시절의 이슈가 회기 내에서 경험적으로 충분히 작업이 되지 못한 것이 아쉽다. 내담자의 어린 시절의 장면으로 들어가서 내담자의 서러웠던 마음과 필요를 다룰 필요가 있었다. 자신의 절절한 욕구가 경험이 되고 상담 장면에서 수용받은 경험을 통해서만이 아들의 입장에 대한 진심 어린 공감을 배워 갈 수 있다.

　아들이 자신을 누르려고 하거나 괴롭히려는 의도가 있다는 사고에 대해서도 작업할 필요가 있었다. 아들의 행동 뒤에 숨은 이해받고 싶고 돌봄받고 싶은 아들의 마음에 대해 깊이 이해하게 되면 내담자가 잠시 숨을 고르고 감정 반응을 하기보다는 보다 합리적인 반응을 선택할 수 있을 것이다. 상담 후기에 갈등이 잦아들고 내담자가 편안해진 이유는 내담자가 행동을 조율해서라기보다는 아들의 변화된 반응 때문이라고 할 수 있다. 상담장면에서, 특히 부모 내담자의 양육 태도를 수정하고자 할 때, 어떻게 해 보라는 식의 말은 현실에서 행동 변화로 이어지지 못하는 경우가 많다. 상담자가 직접 모델링을 해 주고 내담자가 수정된 행동을 상담 회기 내에서 학습하고 실전처럼 해 보도록 지도하는 세심한 코칭이 필요하다. 그래야 내담자가 실제 상황에서 직접 해 볼 수 있다.

2. 은둔 자녀의 부모 사례 II

1) 내담자 기본정보

(1) 인적사항
이미경(가명), 여, 만 52세, 고졸, 이혼 후 혼자 살고 있음, 취업 준비 중.

(2) 내방경위
　내담자는 낮에는 직장에 다니고 저녁에는 아들의 밥을 챙기며 지속적으로 아들들과 교류는 하고 있으나 최근 큰아들이 갑자기 문자에 답도 안 하고 방에만 틀어박혀 아무런 활동도 하지 않자 지인에게 극심한 불안을 호소하였다. 지인은 아들이 은둔형 외톨이가 될 수 있으니 상담을 받아 보는 게 어떤지 제안하였고 지인이 상담센터를 수소문하여 상담을 의뢰하였다.

(3) 주 호소문제

"아들에게 메시지를 보내도 답을 하지 않고 방에서 나오지도 않은 채 누워만 있어요. 이러다 정말 은둔형 외톨이가 되는 것은 아닌지 너무 걱정이 되고, 아들에게 도대체 무슨 일이 있었길래 저러고 있는지 궁금해요."

"가족들이 어떻게 도와주어야 하는지 전문기관에 도움을 받아 아들을 도와주고 싶어요." "제가 아이들을 낳고 산후우울증이 왔고 감정기복이 심해 아이들을 제대로 보살피지 못했는데, 그래서 아들이 저러나 하는 생각으로 괴로워요. 지금이라도 감정기복이 심한 것을 좀 잘 다스려 아들과 대화를 나누고 싶어요."

(4) 이전 상담 경험

둘째 아들이 초등학교 때부터 학교생활에 적응하지 못해 상담센터를 방문했고 ADHD를 진단받아 몇 년간 상담센터를 다녔는데, 둘째 아들 상담 중간중간에 부모 상담을 잠시 받았다.

(5) 인상 및 행동 특성

내담자는 키가 160 이상에 약간 통통하다는 느낌이며, 중간 정도의 머리 길이에 얼굴이 약간 부어 있는 듯 보인다. 마스크를 착용하고 있어 얼굴의 전체적인 느낌은 알 수 없으나 말투가 직선적이고 친교적인 상호작용이 부족하다. 말을 할 때는 중간중간 짜증내는, 화내는 듯한 어조로 이야기하며 상대방의 기분을 헤아리지 않는다. 옷차림은 수수하지만 나름 개성을 살려 입고 색감의 어울림이 보기 좋다. 상담센터에 방문했을 때 가방을 놓을 곳이 마땅하지 않자 바닥에 내려놓지 않고 책상 위에 가지런히 두고 의자에 앉았다.

(6) 가족관계

- 남편(58세): 직장인. 결혼 전부터 남편은 상대에 대한 배려가 부족했다. 돈 쓰는 걸 아까워하고 인색하며 막말을 아무렇지도 않게 한다. 내담자는 결혼 이후 남편에게 한 번도 다정함을 느껴 본 적이 없다고 한다.

- 큰아들(24세): 지금까지 커 오면서 한 번도 걱정을 끼치지 않았고 말을 잘 듣는 아들이었다. 고등학교 때 담임선생님께서 아들이 학교에서 친구들과 한마디도 안 한다며 걱정이 된다고 하셨는데 그때는 별일 아니라고 생각하고 그냥 넘어갔다. 대학에 들어갈 때도 부모가 권하는 학과에 입학하였고 대학 졸업 후 직장에 취직할 때도 아버지가 아는 회사에 입사하여 6개월 정도 다녔다. 회사를 다니면서 여러 차례 힘들다고 얘기해 회사를 그만두고 어머니가 아는 지인의 편의점에서 아르바이트를 했으며, 최근 자격증을 따기 위해 잠시 쉬고 있었다. 그러다가 갑자기 방에서 나오지 않았고 메시지도 읽지 않는다.

- 둘째 아들(22세): 초등학교 때 학교생활에 적응하는 것이 힘들어 담임선생님께서 상담을 권유해 약물치료와 상담치료를 받기 시작했다. 중증 ADHD로 과잉행동이 심해 늘 사건사고가 끊이지 않았으며 예전에는 내담자에게 폭력을 가한 적도 있다. 내담자는 오랜 세월 직장을 다니면서 일주일에 한 번씩 센터를 방문하는 게 너무 힘들었지만 아들을 위해 포기하지 않았다. 현재 아들은 전문대를 나와 회사에 잘 다니고 있다.

(7) 원가족 및 발달 과정

내담자는 2남 3녀 중 넷째이다. 부모님 두 분 모두 별로 말씀이 없으시고 자식들을 살갑게 챙기는 성향이 아니라서 내담자는 부모님께 친밀감을 느끼지는 못했다. 내담자는 어려서 한글을 가르쳐 주지 않아도 혼자 터득하여 책 읽기를 매우 좋아했으나, 집안이 가난하여 부모님은 자식들 교육에는 별로 관심이 없으셨다. 어렸을 때 책이 사고 싶어 어머니 돈을 빼 가기도 했는데, 어머니는 내담자가 가져갔다는 사실을 알면서도 대놓고 야단을 치지는 않았다. 하지만 어머니가 오빠에게 동생들을 관리하라고 하셨고, 그 이후 오빠에게 많이 맞았으며, 중·고등학교 때부터 집에서 가족들과 거의 대화를 나누지 않았다. 오빠보다 나이가 많은 언니도 있었지만 오빠가 너무 무서워 언니도 오빠에게 맞서거나 동생들을 보호해 주지는 못했다. 내담자는 집에 있는 것 자체가 너무 괴로웠고 가족들 중 어느 누구도 내담자의 마음을 헤아려 주는 사람은 없었다. 내담자는 고등학교를 졸업하고 대학에 들어가고 싶었지만, 집도 가난하고 공부도 잘하지 못했기 때문에 직장에 다니다가 남편을 만나 결혼하였다. 남편이 상대를 배려하는 사람은 아니지만 내담자에게는 자신을 유일하게 좋아해 준 사람이었다.

2) 사례개념화와 상담 방향

(1) 상담자가 파악한 내담자 문제

내담자는 큰아이와 둘째 아이가 태어나고 산후우울증으로 오랫동안 심리적 불편감을 경험하였다. 일상생활을 거의 하지 못하고 대부분을 집에서 누워 지내며 간신히 밥만 해 놓을 뿐 아이들을 잘 챙기지 못했다. 산후우울증이 치료되지 않은 상태에서 둘째 아들의 중증 ADHD로 심리적 스트레스가 극심하였다. 내담자에게 ADHD가 있는 둘째 아들은 충동적이고 공격적이라 항상 감당하기가 벅찼는데, 남편은 아이들 일에 전혀 신경을 쓰지 않았고 병원비며 심리치료 비용마저도 아까워하였다. 어려서부터 원가족에서 보살핌을 받지 못했던 내담자에게 남편은 결혼 후 막말과 인색함으로 정서적으로 의지할 수 있는 안전한 대상이 아니었다. 다양한 신체적 질병과 지속된 우울로 감정의 기복이 극심하였던 내담자는 큰아들에게 주로 지시적이고 명령적인 의사소통 방식을 취해 왔고, 큰아들은 동생을 많이 챙기며 내담자가 힘들어할까 봐 내담자의 비위까지 맞추며 순종적으로 자랐다. 큰아들은 어려서부터 별로 말도 없었고 투정 한 번 부리지 않았다. 내담자는 순하고 착한 큰아들에게 감정적으로 힘든 하소연을 자주 해 왔으며, 큰아들은 항상 내담자의 감정을 이해하고 받아 주어야 하는 의무감으로 자신의 생각과 감정은 억압해 왔던 것으로 보인다. 남편과 이혼할 때나 아이들을 전학시킬 때에도, 내담자는 아이들에게 별다른 설명 없이 통보만 했다.

착하고 순종적인 큰아들이 다 커서 어느 날 갑자기 방 안에서 나오지 않기 시작하면서 내담자는 아들의 고교 담임선생님의 말씀을 떠올렸다. 큰아들은 이미 그전부터 문제가 있었는데 자신이 둘째 아들에게만 신경 쓰느라 잘 보살피지 못해 아들이 현재 저러고 있는 것은 아닌지 너무 미안하고 잘못했다는 생각을 하게 된다. 내담자는 큰아들이 어렸을 때 자신이 정신적으로, 육체적으로 너무 힘들어 아이들의 마음을 헤아려 주지 못했던 것에 대해 가장 미안하다고 말한다. 내담자는 아들이 방에서 나오지 않는 것에 대해 극심한 죄책감을 느끼고 있으며 하루에도 몇 번씩 반복되는 감정기복으로 힘들어하고 있다. 내담자는 지속적인 우울과 부정적 사고로 인해 타인을 비난하거나 적대적인 말투를 사용해 왔는데 이것이 큰아들에게 상처가 되었을 수 있다.

(2) 상담 목표와 전략

① 합의된 상담목표
- 내담자의 심리적 불편감(아들에 대한 죄책감)을 해소한다.
- 아들과 편안하고 공감적인 의사소통을 한다.

② 상담전략
- 현재의 부정적인 감정을 토로할 수 있는 기회를 제공한다.
- 아들의 욕구를 이해하고, 비난하지 않도록 한다.
- 지시적이거나 명령적인 말투를 수정한다.

3) 상담 진행 과정 및 내용

(1) 전반적 흐름
상담은 총 10회기로 구조화되었으나, 4회기까지만 진행되고 조기 종결되었다. 내담자는 자발적으로 상담을 신청하기는 했지만 아들의 문제로 상담에 오다 보니 자신의 이야기나 감정을 외부로 표출하는 것을 매우 불편해하였다. 또한 상담 과정 중 모친이 쓰러지셔서 간호를 해야 하는 상황이 되어 조기 종결되었다.

(2) 접수면접
내담자는 자신이 거주하는 곳과 상담실의 거리가 멀어 올 때마다 매우 힘들어하였다. 거리상의 문제도 힘들었지만 자신의 삶을 이야기하는 것도 힘들어하였다. 내담자는 힘든 감정을 직접적으로 표출하기보다는 상담자의 안부인사에 핀잔을 준다든지, 상담실 직원과 언쟁을 통해 간접적으로 표출하는 듯 보였다. 상담자가 "오늘 비가 와서 오시는 데 불편하지 않았나요?"라고 물었을 때, 내담자는 매우 퉁명스럽게 "비가 와야

지, 가뭄인데……."라고 말하거나, 상담자가 "오늘 옷 색깔이 참 화사해요."라고 말하면
"입바른 소리 말아요."라며 면박을 주었다. 이는 내담자가 타인과 피상적인 교류조차
도 하는 것이 어려웠음을 짐작하게 했다. 접수상담에서는 현재 아들의 상황에 대해 장
황하게 늘어놓았고 상담자의 질문에는 신경질이 묻어나는 말투와 적대적인 말투로 상
담자를 당황스럽게 하였다. 아들과 가족에 대한 이야기를 할 때는 말투에서 감추어 둔
엄청난 분노가 느껴졌다.

(3) 1~4회기

1회기 상담에서 내담자는 상담 전부터 기분이 저조해 보였는데 자신의 삶에 대해 매
우 비관적이었으며 자신에 대한 혐오와 연민 등의 감정으로 혼란스러워 보였다. 최근
취업 준비를 하고 있으나 잘 되지 않았고, 아들은 방에만 틀어박혀 있고, 누구 하나 자
신을 돌봐 주는 사람이 없으니 그에 따르는 외로움과 불안이 내담자의 감정을 자극한
것으로 보였다. 상담자는 내담자의 그 불편한 상황과 감정이 구체적으로 어떤 것인지,
그리고 그 감정들을 들여다보도록 하였다. 하지만 내담자는 그 감정들에 대해 매우 불
편해하였으며 그 감정을 다시 언급하고 들여다보는 것을 꺼렸다. 내담자는 "내 삶은 거
지 같아요. 지금까지 뭐 하나 제대로 해 본 적이 없어요. 평생을 그렇게 살다가 결혼하고
지금은 이 지경이고……."라고 하였다. 최근 내담자는 다이어트를 시도하고 있었는데
그것조차도 제대로 하는 게 없다며 자신을 매우 비난하였다. 상담자는 내담자가 느끼는
감정을 이해하고 공감한다는 의사를 표현했지만, 내담자는 전혀 받아들이지 않았다.

2회기 상담에서 1회기 때 힘들어하셨는데 지금은 어떠냐고 물어보자 내담자는 "제
가 그랬어요?"라고 반문하였다. 그리고 SCT와 HTP 검사를 실시하고 그에 따르는 질문
을 하자 시계를 보며 "어차피 지어서 하는 건데 이게 뭔 도움이 되겠어요?"라며 짜증을
내었다. 내담자는 조금이라도 불편한 상황이나 어색한 상황에서는 상대방의 기분을 고
려하지 않았고 매우 귀찮아하였다. 특히 SCT에서 남자상에 대한 이야기가 나오자 내담
자는 이야기하고 싶지 않다며 거부감을 보이기도 하였다. 하지만 얼마 지나지 않아 성
장 과정에서 오빠에게 맞았던 이야기와 함께 살아오면서 경험했던 성추행 이야기를 하
며 남자들에 대한 분노를 표출했다. 그러다 보니 남자들에 대한 인식이 좋지 않았고,
그러한 영향이 아들에게도 미쳤을 것이라고 하였다. 그리고는 갑자기 상담을 계속할
지, 아니면 그만둘지를 고민해 봐야겠다고 하였다.

3회기에는 상담을 계속할지 안 할지 고민해 보았냐고 상담자가 질문했을 때, 내담자는 "제가 그랬어요?"라며 또 반문했다. 3회기에서 내담자는 자신의 원가족에 대한 이야기와 현재 그들과의 관계를 이야기하였다. 내담자는 그나마 자신에게 친절을 베푸는 큰언니에게 고마움을 느끼는 한편, 정치적 성향이 자신과 맞지 않아 자주 논쟁을 한다고 하였다. 상담자는 내담자에게 현재 자신과 친밀한 관계를 형성하는 사람이 누구인지 물어보았으나 내담자는 없다고 하였다. 그나마 아들이 가장 친밀한 사람인데 아들과 있으면 무슨 이야기를 해야 할지 잘 모르겠고, 할 이야기가 없으니 아들과도 정치 이야기를 하다가 또 논쟁을 벌인다고 하였다. 상담자는 내담자가 왜 타인들과 자주 문제가 발생하는지 탐색하게 했는데, 내담자는 타인들이 자신이 원하는 것을 말하지 않아도 알아서 해 주면 좋은데 한번 아닌 척하거나 거절하면 그것으로 아닌 줄 알더라며 자신의 마음을 헤아려 주지 않으면 화가 나고 관계를 단절해 버린다고 하였다. 상담자는 "어머니가 원하는 것을 주변 사람들에게 말해 주면 그 사람들도 어머님을 이해하는 데 도움이 되지 않을까요?"라고 질문했더니 그런 말을 하는 것은 치사하고 구질구질하다며 질색하였다.

4회기에는 내담자의 원가족에 대해 탐색하게 되었는데, 내담자는 처음으로 아버지에 대해 긍정적인 이야기를 하였다. 내담자는 어렸을 때 하루는 방 안에서 놀고 있는데 자신을 창문 너머로 다정하게 바라보시던 아버지의 모습을 떠올렸다. 그때 아버지는 미싱일을 하셨는데 자신에게 예쁜 옷을 만들어 주셨던 기억이 난다고 하였다. 그리고 남편과 처음 만났던 시절 남편이 자신을 얼마나 좋아했는지, 남편의 청혼으로 어쩔 수 없이 결혼했던 이야기를 하며 표정이 밝았다. 내담자가 사람도 싫고 세상도 싫고 자신도 싫다며 매우 비관적인 이야기만 하던 터라 상담자는 내담자가 조금 더 자신의 밝았던 시절을 이야기할 수 있도록 도왔다. 그러나 내담자는 자신의 감정기복으로 인해 아들에게 못된 말들을 늘어놓았던 자신을 또다시 비난하였다. 상담자는 아들과 어떤 얘기를 하고 싶은지 물어봤지만 내담자는 생각해 보지 않았다고 하였다.

4) 상담의 평가

(1) 상담에 대한 상담자의 평가

내담자는 아들의 은둔 문제로 상담을 신청하였고 상담을 통해 아들과의 관계를 개선하고자 하는 의지를 보였다. 하지만 내담자의 성향이 타인과 관계를 형성하는 데 있어 심리적 불편감을 경험하고 있어 상담장면에서도 라포를 형성하는 것이 쉽지 않았다. 그리고 내담자는 평소에도 우울감과 무기력으로 에너지가 내려가 있는 상태에서 장거리에 있는 상담센터를 방문하는 것이 쉽지 않았을 것으로 보인다. 그럼에도 상담을 통해 자신과 아들의 관계를 개선하고자 하는 의지를 보인 것은 내담자에게는 매우 큰 용기를 필요로 하는 일이었을 것이다. 그러나 상담자가 내담자의 표면적인 말투와 행동에 심리적으로 압박감을 느끼다 보니 내담자의 속마음을 충분히 공감하지 못했다는 아쉬움이 남아 있다. 이는 내담자가 사람들과의 관계 속에서 자신의 욕구와 생각을 표현하는 것이 서툴고 그러한 성향이 관계에 영향을 미치고 있음을 상담자가 인식하면서도 상담자 또한 내담자의 욕구를 읽어 주지 못했다는 점에서 내담자가 경험하고 있는 타인들의 반응과 크게 다르지 않았다. 또한 상담자는 내담자와 합의된 목표를 설정하였지만 내담자와의 관계 형성이 쉽지 않았고, 상담에 대한 내담자의 회의적 반응으로 인해 상담자는 상담의 방향성을 잡는 데 어려움을 경험하였다. 그러다 보니 상담자가 내담자에게 이끌려 가는 상담의 형태를 보인 것은 매우 아쉬운 일이다.

(2) 수퍼바이저의 총평

이 사례는 소통도 하지 않고 방에서 나오지 않는 아들의 현재 상태에 대해 우려하면서 아들을 도와주려는 마음을 가지고 상담센터를 찾은 어머니의 사례이다. 아들과의 대화에서 자신의 감정기복이 심하다는 최소한의 자각은 있는 내담자이다. 상담자와의 상호작용에서 알 수 있듯이 내담자는 퉁명스럽고 상대방의 기분은 고려하지 않고 직설적으로 말한다. 이는 내담자의 삶이 얼마나 고단하고 팍팍했는지, 다른 한편으로 사회적 기술이 얼마나 부족한지를 보여 준다. 이를 통해 내담자가 지쳐 있을 때 가족이나 타인에게 어떤 방식으로 대화하는지를 예측해 볼 수 있다. 이러한 태도를 보이는 내담자를 대할 때 상담자는 당황스럽고 내담자와 관계하는 것이 쉽지 않았을 수 있다. 이러한 불편감은 상대방을 배려하지 않는 내담자가 만들어 내는 관계 역동일 것이다. 그러나 이런 상황에서 상담자가 어떻게 반응하게 되는가는 상담자 자신의 과거 관계 경험과 연관되어 있을 수 있으므로 상담자는 자신에게 이 부분과 연관되어 걸려 있는 역전이 주제가 있는지 돌아볼 필요가 있다.

내담자는 아들에 대한 염려와 걱정, 아들과 소통하고 싶은 마음으로 상담센터를 찾았다. 상담자는 내담자의 주 호소문제를 상담목표로 잘 연결하였다. 그러나 상담의 실제 과정에서는 내담자 개인 내적 심리에 우선적으로 초점을 맞춘 것처럼 보인다. 내담자가 아들과의 관계에서 경험하는 소통의 어려움에 대해 우선적으로 초점을 맞추었더라면 하는 아쉬움이 있다. 부모 내담자들은 주로 도움이 되는 직접적인 방법을 상담자가 알려 주기를 바란다. 직접적으로 해결책을 주는 것으로 상담이 끝나면 안 되겠지만, 내담자의 도움 받고 싶은 부분을 우선적으로 터치하지 않고 내담자의 심리 내적 상태를 다루려고만 한다면 내담자 입장에서는 상담을 지속하기 어렵다. 현실적인 소통과 관계 문제에서의 어려움을 다루면서, 비난하지 않고 싶은데 비난하게 되거나, 원치 않게 자신의 감정대로 말하게 되는 순간들에 초점을 맞추어야 한다. 내담자가 바라는 모습으로 행동하지 못하게 되는 요인들을 찾아가면서 자연스럽게 천천히 자신의 어린 시절의 경험과 연결될 수 있도록 돕는 것이 중요하다. 상담자들은 중요하다고 생각되는 내담자의 핵심적인 부분을 다루려고 부모 내담자의 개인적인 이슈를 먼저 건드린다. 그러나 이것은 자주 부모 내담자의 저항을 불러오고 조기 종결로 이어진다. 내담자의 심리 내적 주제를 우선적으로 다루어야 한다면 그 부분에 대해서 내담자와 충분히 논의하고 합의되어야 한다.

사실 아들이 방에서 나오지 않는 이유와 관련된 정보는 아직 드러난 것이 없기 때문에 섣불리 판단하기 어렵다. 부모 내담자가 원인이 되었을 수도 있고, 아들의 회사나 편의점 아르바이트에서의 좋지 않은 관계 경험이 문제가 되었을 수도 있으며, 자격증을 따는 것에 대한 부담감 때문에 은둔하기 시작했을 수도 있다. 아들의 은둔 원인이 상담센터를 찾은 부모 내담자에게 있다고 상담자가 생각하기 시작하는 순간부터, 내담자와의 신뢰관계는 이미 깨어지고 있는 것이다. 내방한 부모 내담자와 효과적인 작업을 하기 위해, 더 나아가 내방하지 않은 은둔형 외톨이를 돕기 위해 상담자는 부모 내담자와 협력관계를 잘 만들어 가야 한다.

이 사례의 경우, 내담자가 모친을 간호해야 하는 갑작스러운 상황으로 인해 조기 종결되었는데, 조금 더 지속되는 상황이었더라면 내담자가 자책하게 되는 이유를 조금 더 탐색해 볼 필요가 있겠다. 아들이 갑자기 은둔하기 시작했다고 하는데, 그 직전에 아들은 어떻게 행동했는지, 내담자와 어떤 대화를 어떤 방식으로 했는지 탐색해 볼 필요가 있다. 은둔하기 시작한 원인은 아들의 개인적인 문제에서 비롯된 것일 가능성도 있으므로 내담자의 말투나 태도가 문제라는 생각 이전에 내담자와 함께 아들의 상태에 대해 고민해 보는 상담자의 자세가 필요할 수 있다.

제**14**장

은둔형 외톨이 당사자와 부모 상담에 대한 상담자 설문

이 장에는 파이상담센터에서 은둔형 외톨이와 은둔형 외톨이 부모 상담을 진행한 상담자들에게 2021년에 실시한 설문조사의 결과를 종합하여 제시하였다. 상당한 양의 상담 경험이 녹아 있는 이번 설문조사의 결과에는 상담자들이 실제 상담 현장에서 경험한 바와 내담자들이 생각하는 은둔의 계기와 어려움, 회복에 대한 의견, 회복을 위해 상담자들이 시도했던 개입 등에 대한 생생한 기록들이 포함되어 있다. 이러한 결과들은 은둔형 외톨이 당사자 상담 및 부모 상담의 실제에 대한 이해의 폭을 넓혀 줄 것이다.

1. 은둔형 외톨이 당사자 상담에 대한 설문과 답변

1) 설문 1: 상담자 경력

표 14-1 설문 참가자의 상담 경력 개요 1

상담자	상담 경력	은둔형 외톨이 상담 사례 수	은둔형 외톨이 상담 회기 수
1	약 25년	18사례	168회
2	약 27년	3사례	64회
3	약 3년	2사례	24회
4	약 1년	1사례	4회
합계	평균 약 14년	24사례	260회

은둔형 외톨이와 상담을 진행한 경험이 있는 상담자들 중 총 4명이 설문에 응답하였으며 모두 여성으로 평균 나이는 만 52세였다. 상담자들의 상담 경력은, 가장 오랜 경력이 27년, 가장 짧은 경력은 1년으로 평균 약 14년이었다. 이들이 진행한 은둔형 외톨이 상담 사례 수는 각각 18사례(168회기), 3사례(64회기), 2사례(24회기), 1사례(4회기)로 총 24사례(260회기)였으며, 한 사례당 평균 10.8회기가 진행되었다.

2) 설문 2: 은둔형 외톨이 당사자 상담 개요

설문에 참여한 상담자가 상담한 은둔형 외톨이 사례는 총 24사례로 그중 남자 내담자는 19명, 여자 내담자는 5명이었으며, 평균 나이는 남자 23.8세, 여자 21.4세였다. 대부분 부모나 친척의 권유로 상담을 시작하였으며, 자진하여 상담을 신청한 경우는 25%(24사례 중 6사례)였다. 일반적으로 은둔형 외톨이 당사자가 상담을 신청하는 경우는 매우 드물지만 본 설문 결과에서 자발적 신청이 25%로 높은 이유는 (사)파이나다운 청년들에서 진행하는 은둔형 외톨이 청년들을 위한 '꿈터 프로그램' 활동에 개인상담의 기회가 포함되어 있고, 이 프로그램을 신청한 은둔형 외톨이 청년들이 자연스럽게 개인상담에 대해 알게 되고 참여하였기 때문이라고 보인다. 상담에 참여한 은둔형 외톨이 내담자들의 은둔 기간은 길게는 7~8년에서 짧게는 등교 거부 중인 경우까지로 다

표 14-2 설문에 포함된 은둔형 외톨이 사례의 개요

내담자 성별	평균 나이	비율
남자/19명	23.8세	79.2%
여자/5명	21.4세	20.8%

내방경위	사례 수(백분율)	회기 수
자발적 신청	6사례(25%)	41회
부모나 친척의 권유	18사례(75%)	219회

종결 여부	사례 수	회기 수
종결	14사례	152회
조기 종결	6사례	41회
진행 중	4사례	67회

양했으며, 24명의 학력은 대졸 2명, 대학재학 2명, 대학자퇴 4명, 대학휴학 중 1명, 고졸 12명, 고등재학 1명, 고등퇴학 1명, 중학재학 1명이었다.

총 24사례 중 약속한 회기까지 진행되고 종결된 상담은 총 14사례, 조기 종결된 상담은 6사례, 현재 진행 중인 상담은 4사례이다. 종결된 20사례(193회기)를 기준으로 내담자 1인당 평균 9.65회기가 진행되었으며, 조기 종결률은 30%였다.

3) 설문 3: 상담을 통해 파악한 은둔형 외톨이 청년의 주요 특징

(1) 인지적 특징

- 자신에 대해 자책을 자주 함. "내 잘못이 크다." "나는 쓸모없는 인간이야."
- 소심, 예민, 잊지 않고 담아 두는 경향이 있음
- 상담에 온 만큼 문제인식과 변화하고자 하는 태도를 드러냄
- 모의 생각을 그대로 내사하였고, 당위적 사고가 많았음. "이러면 안 되는데……."
- 신앙심이 자원이 되는 반면, 종교적 완벽주의로 곤혹스러움을 느끼기도 함
- 흑백논리 오류에 잘 빠져 실패감과 좌절을 자주 경험함. "내 삶은 망했다. 희망이 없다."
- 잘 대응하지 못할 거라 생각함. "어디서부터, 무엇부터 시작해야 할지 모르겠다."

(2) 정서적 특징

- 우울, 무기력, 무망감
- 불안, 강박, 초조함, 조급함
- 분노: 화난다." "다시 건드리면 가만두지 않겠다."
- 두려움: "세상이/사람이 무섭다." "겁난다."
- 감정 둔마
- 고립감, 외로움
- 심한 감정 기복

(3) 행동적 특징

- 자기주장을 잘 못함
- 아무것도 하지 않으면서 대부분의 시간을 보냄
- 반복적이고 최소한의 활동(게임, 동영상)만을 하면서, 불규칙한 생활습관(식사, 수면, 위생관리 등)을 가진 경우가 많음
- 강박적인 행동(자신만의 방식/규칙에 맞는 청소, 정리)을 하는 경우가 많음
- 어수선하거나 정체되어 있고, 복잡한 것을 좋아하지 않음

- 무엇을 하겠다라는 마음을 먹으면 무리하고 과도한 계획을 잡고 몰아치다가, 잠수를 타듯 다 놓아 버리기도 함
- 외향적이고 대인관계에 매우 적극성을 보이는 경우에도 예민하고 스트레스에 취약하여 쉽게 타 인을 수용하지 않고 상처를 받음
- 자살 시도 이력이 여러 번 있었음
- 평소에 부드럽고 섬세한 모습인데, 모에 대해서는 매섭게 분노를 표출함
- 간헐적인 공격성과 폭력(물건 던지기와 욕설)이 있음

4) 설문 4: 은둔형 외톨이 당사자의 자기이해

(1) 은둔을 시작하게 된 주된 원인과 계기는 무엇이라고 생각하고 있었나요?

- 교우관계의 어려움. 학교 부적응, 왕따나 집단 괴롭힘
- 자신의 어려움을 주변이나 부모에게 알리기 어려웠고, 알리더라도 보호자가 적절히 대처해 주지 않음
- 어릴 적부터 대인관계를 힘들게 느끼는 성향이 있었음
- 재미없고, 동기가 없고, 뭐든 하고 싶지 않음
- 큰 좌절과 상처를 경험하면서 심한 우울 및 자해, 자살 시도로 이어져 입원과 치료로 소요되는 시 간이 길어지면서 은둔하게 됨
- 부모의 지나친 관심과 강요

(2) 은둔생활 중 느끼는 가장 큰 어려움은 무엇이라고 생각하고 있었나요?

- 무기력함, 불안함
- 부모님의 무관심과 과잉 분노
- 자신이 쓸모없다는 생각, 자신만 뒤처지고 있다는 생각
- 평생 이렇게 살다 죽을지 모른다는 두려움
- 별로 없다고 표현하기로 함(회피 반응)

(3) 은둔생활 가운데에서도 마음에 위로를 받는 때가 있었다면 언제, 어떤 이유였나요?

- 부모가 나에게 친절하게 할 때
- 기도해 주고 기다려 주는 어머니의 사랑
- 나를 비난하지 않을 때
- 내가 원하는 것을 들어줄 때
- 스마트폰, 인터넷 세상, 유튜브 속의 게임 영상 등
- 나와 같은 사람들과 대화하고 그들도 나와 다르지 않다는 걸 확인할 때

(4) 은둔생활에서 벗어나야겠다는 마음을 가진 적이 있다면 언제, 어떤 이유였나요?

- 나와 크게 다르지 않았던 친구였는데, 나와 달리 진학, 취업 등을 해서 사회생활 하는 모습을 볼 때
- 다른 사람들의 어떤 상황이나 일상의 모습이 의미 있게 다가와서 그것이 어떨까 하는 마음이 생겼을 때
- 신앙 안에서 힘을 받을 때
- 내가 지금 하고 있는 행동이 한심하고 무의미하게 느껴질 때
- 무기력한 자신을 발견할 때
- 초라한 자신의 모습을 봤을 때

(5) 은둔생활에서 벗어나지 못하는 가장 큰 요인은 무엇이라고 생각하고 있었나요?

- 반복되고 습관처럼 굳어진 일상생활 리듬과 패턴: "반복되고 습관처럼 굳어진 일상생활 리듬과 패턴으로 벗어나지 못한다." "몸과 마음이 동시에 움직이지 않는다."
- 잘 할 수 없을 것 같은 두려움: "세상이 무섭고, 내가 잘해 내지 못할 것 같다." "대인관계에서의 갈등과 상심으로 인해 또다시 은둔에 들어가게 되었다."
- 어떻게 해야 할지 모름: "어디서부터 어떻게 시작해야 할지 모르겠다."
- 편안함과 안전함: "부모에 대한 약간의 죄책감이 사라지면 이렇게 사는 것이 자신에게는 최선이라는 마음이 든다."

5) 설문 5: 은둔형 외톨이 상담 전반에 대한 상담자 경험

(1) 내담자가 원했던 상담의 주요 목표는 무엇이었나요?

- "무기력에서 벗어나고 싶다."
- "어떻게 다시 시작해야 할지 알고 싶다. 실천하고 싶다."
- "경제적인 활동과 대인관계를 하고 싶다."
- "친구를 만들고, 친구와의 활동을 같이 하고 싶다."
- "대학생활을 너무 소망했고 오랫동안 기다렸던 재입학을 앞두고 또 실패할지도 모른다는 두려움과 초조함을 다루고 싶다."
- "알 수 없는 분노감을 해소하고 싶어요."

(2) 상담자가 추구했던 상담의 주요 목표는 무엇이었나요?

- 현재 그대로의 나 인정하기, 그 모습 그대로에서 조금씩 시작하기
- 작은 동기라도 지속적으로 가지기
- 작은 것을 의미 있는 것으로 인정하기
- 지금의 생활도 잘하는 것으로 인정하기
- 대인관계에서 갈등 시 억압이 아닌 감정수용으로 충동성(자살, 자해)을 조절하기
- 분노와 우울감을 다루며 감정적 스트레스 해소하기

☞ (1)과 (2)에 차이가 있었다면 이를 어떻게 조율하셨나요?

- 자신이 원하고 바라고, 두려워하는 것을 구체적으로 인식할 수 있도록 탐색 기회를 제공하여, 현실적 나와 이상적인, 당위적인 나 사이의 간격을 확인하고 줄이기 위해 함께 노력함
- 자살, 자해 충동을 먼저 다루기 위해 충동 조절을 연습하면서, 대인관계에 대한 두려움과 초조감을 다룸

(3) 청년이 가장 호응했던 상담자의 질문이나 개입은 어떤 것이었나요?

- 스스로의 감정과 생각 들여다보기
- 상대(부모)의 감정과 생각 들여다보기
- "지금과는 조금이라도 다른 생활을 한다면, 어떤 변화를 해야 할까?"
- "얼마나 힘들었니? 너의 탓이 아니다. 괜찮아. 선생님이 도와줄게. 우리 함께 힘내 보자."

(4) 은둔형 외톨이 청년이 가장 하고 싶어 했던 말은 어떤 것이었나요?

- "누가 내 얘기를 그냥 들어 줬으면 좋겠다."
- "나도 어떤 말을 담고 있는지, 무슨 말을 하고 싶은지 잘 모르겠지만 누군가에게 털어놓고 싶다."
- "있는 그대로 수용해 줬으면 좋겠다."
- "속마음을 솔직하게 털어놓을 사람이 없었다. 나도 힘들다."

(5) 상담에서 활용한 상담이론이 있었다면 어떤 것이었고, 이를 선택한 이유는 무엇이었나요?

- 인간중심: 무조건적 긍정적 존중, 경청과 공감이 필요해서
- 실존주의: 내담자에게 있는 자유의지, 선택의 능력, 책임의식 확인이 필요해서 상담 이후 자신의 실존에 대해서 생각해 보거나 나눌 수 있는 시간을 가지도록 하기 위해
- 게슈탈트: 역할극이나 빈 의자 기법. 자신의 욕구에 접촉하고 Here & Now 다루기가 필요해서
- 현실요법: WDEP의 구체적 접근이 필요해서
- 정신분석: 억압된 감정이 충동적으로 표출될 것이라 보고 감정을 표현하고 수용하면서 통제감을 향상시키도록 함
- 인지행동치료: 행동 수정적 접근
- 역할극

(6) 상담에서 나타난 성과는 무엇이었나요?
성과의 주요 요인은 무엇이라고 생각하시나요?

- 자신이 뭔가를 하고 싶고, 원하는 게 있다는 것을 확인하게 됨: 서서히, 천천히, 내담자의 상황과 진도에 맞춰 기다리며 작업하기
- 자신의 상처와의 직면, 또는 있는 그대로 바라볼 수 있게 됨
- 자기 자신에 대한 이해와 감정에 대한 타당화로 이해받는 느낌 경험

(7) 상담에서 성과가 미비한 점은 무엇이었나요?
미비함이나 성과 없음의 주요 요인은 무엇이라고 생각하시나요?

- 무기력이 심한 내담자
- 자신의 삶에 희망이 없고 변화를 전혀 원하지 않는 내담자
- 기존 자신의 변화를 도우려던 사람들(부모, 상담자, 치료자)에 대한 반감이 큰 내담자
- 자신은 수동적인 태도로 있으면서 상담자 혼자 문제를 해결해 주길 기대하는 내담자
- 상담 진행 속도의 문제: 빠른 개입과 빠른 성과에 대한 내담자의 바람
- 내담자 본인의 관심사를 다루기 이전에 심리검사와 탐색 질문들이 몇 회기 동안 계속되어 조기 종결된 것으로 사료됨
- 상담 시간과 비용에 대한 제한점

(8) 은둔형 외톨이 청년과의 상담에서 유의할 점이나 하지 말아야 할 것들은 무엇이라고 생각하시나요?

- "잘할 거야." "잘될 거야." "너는 할 수 있어."와 같은 근거 없고 가벼운 수준의 응원
- 부모와 속도가 다르기 때문에 은둔형 외톨이 청년이 상담을 하기만 하면, 내담자의 편이 되어 부모를 막아 주는 것이 필요함. 내담자와 함께 늘어지는 것도 나쁘지 않음
- 내담자의 과거 이해를 위해 과거의 병력을 너무 길게 탐색하는 것이 내담자를 힘들게 한 것 같음. 이러한 탐색이 상담자 자신의 유익인가, 내담자의 유익인가를 늘 살펴봐야 함
- 청소년의 발달단계와 상황(환경)에 대한 이해가 선행되어야 하고, 낙인과 편견의 시선을 가지고 있는지 상담자의 자기점검이 필요함

(9) 기타 은둔형 외톨이 청년과의 상담에서 강조하고 싶은 사항이나 나누고 싶은 내용을 적어 주시기 바랍니다.

- 무엇보다 이들의 눈으로 세상을 보려는 노력이 중요함. 이들이 세상으로 나가려 할 때 느끼는 공포, 예상되는 실패, 적대적인 세상에 대한 두려움 등을 그들의 눈과 마음으로 보려는 노력이 중요함. 이에 따라 응원이나 격려보다 '힘들겠다' '그렇구나'의 공감적 수용이 중요함
- 특이한 사례로서의 관심이 아닌, 한 사람에 대한 따뜻한 지지와 격려는 당연한 것이겠지만 그것이 계속 이어지도록 좋은 신뢰관계를 쌓아 나가는 것이 중요함
- 부모의 통제와 비난, 강압적인 교육과 훈육, 양육 과정의 시행착오에서 오는 부모님의 자녀 이해와 부모 자신의 내적 성장이 무엇보다 필요함

2. 은둔형 외톨이 부모 상담에 대한 설문과 답변

1) 설문 1: 상담자 경력

은둔형 외톨이의 부모와 상담을 진행한 경험이 있는 상담자들 중 총 8명이 설문에 응답하였으며 모두 여성으로 평균 나이는 만 50세였다. 그들의 상담 경력은 짧게는 1년에서부터 27년까지 다양하였으며, 평균 약 8.3년이었다. 이들이 진행한 은둔형 외톨이 부모 상담 사례 수는 〈표 14-3〉과 같으며, 총 78사례(458회기)로, 한 사례당 평균 5.9회기의 상담이 진행되었다.

표 14-3 설문 참가자의 상담 경력 개요 2

상담자	상담 경력	은둔형 외톨이 부모 상담 사례 수	회기 수
1	약 25년	60사례	250회
2	약 3년	5사례	90회
3	약 3년	4사례	25회
4	약 27년	3사례	34회
5	약 3년	2사례	30회
6	약 4년	2사례	14회
7	약 1년	1사례	10회
8	약 1년	1사례	5회
합계	평균 약 8.3년	78사례	458회기

2) 설문 2: 은둔형 외톨이 부모 상담 개요

설문에 참여한 8명의 상담자가 은둔형 외톨이 부모를 상담한 78개의 사례에는 개인 상담뿐 아니라 부모 아카데미, (사)파이나다운청년들의 부모 워크숍, 학교밖·사회밖 워크숍에서 집단상담 형식으로 만난 부모 32사례가 포함되어 있다. 상담을 신청하는 사람은 아버지보다는 어머니인 경우가 대부분이며, 나이는 40~50대가 대부분이었지만 간혹 장기 은둔하는 자녀를 둔 60~70대의 부모들도 있었다. 은둔하는 자녀는 첫째인 경우가 둘째나 막내인 경우보다 월등히 많았다.

3) 설문 3: 상담을 통해 파악한 은둔형 외톨이 부모의 주요 특징

(1) 인지적 특징

- 반추적 사고와 자책, 자기비난: 반추적 사고로 후회하고, 스스로 부모로서 자격이 부족하다고 생각함. "자신과 배우자가 자녀에게 잘못한 것이 많다."
- 자녀의 행동을 이해하기 어려워함. "자녀를 이해할 수 없다. 자녀의 반응은 과하다." "나는 최선을 다했고 잘 살고 있는 사람이다. 자녀가 은둔하는 것을 이해할 수가 없고, 자녀가 생각을 고쳐야 한다."
- 자신은 문제가 없고, 문제를 자녀의 탓으로 돌림. "자녀에게 문제가 있다. 나는 최선을 다했지만 자녀가 말을 듣지 않고 있다."
- 당위적인 생각: '자녀는/부모는/젊은 애는 ~야 한다.'
- 자녀에 대한 부정적 예측: "내 기준으로 보았을 때, (자녀가) 제대로 살지 못할 것 같다."
- 비관적이고 피해의식이 많음. "사는 게 힘들다." "나는 원래 그런 사람이다."
- "너무 싫고 없어졌으면 좋겠다는 생각이 들지만, 동시에 자살하려면 내 눈 앞에서 멀리 떨어진 곳에서 죽었으면 좋겠다."

(2) 정서적 특징

- 불안, 걱정, 두려움: 자녀가 나아지지 않을까 봐, 언제까지나 이 상태가 지속될까 봐
- 우울, 무망감: "실패한 부모다."
- 자책, 후회, 삶에 대한 회한
- 원망, 미움, 화, 분노: 자녀가 너무 과하게, 이해할 수 없게 행동하는 것에 대한 화
- 양가감정: 은둔하고 있는 자녀에 대해 안타까워하기도, 미워하기도 함
- 절망감, 안쓰러움, 답답함
- 무기력, 무력감, 피곤함
- 막막함, 부담감, 불편함
- 외로움: 스스로 해결할 수 없는 외로움으로 자녀에게 밀착됨
- 정서적 표현에 둔감하고 미숙함
- 자신의 감정에 대해 잘 인지하지 못하며, 단순한 감정만을 표현함
- 타인의 감정에 대해 무심함

(3) 행동적 특징

- 일관성 없음: 이랬다저랬다, 얼르고 친절하게 대하다가, 실망하고 화내고를 반복. 큰 소리와 잔소리 그리고 포기가 반복됨. 은둔형 외톨이 자녀와 갈등을 피하기 위해 최대한 참다가 참지 못할 때는 적나라하게 잔소리함(너 생각해 봐라……, 네가 나이가 몇 살인데……)
- 대체적으로 소통이 원활하지 않음
- 비교하는 말을 자주 하고, 칭찬하기를 어려워함
- 언어 사용에 있어서 반말을 주로 사용하는 반면, 남편에게는 존댓말을 사용하였음
- 인상을 많이 쓰고, 말투가 거칠었음
- 불편한 심기에는 수동공격적인 행동을 하거나 관계를 단절함
- 회의적이거나 공격적인 행동 표현과 스스로 고립하려는 행동
- 안정적이고 지속적인 관계 맺지 못함: 상담자에 대한 불신
- 불신과 조급함: 조급하게 변화를 기대하거나 획기적으로 좋은 결과를 기대함
- 이중적인 모습: 누군가에게 자신의 부족한 모습을 알리거나 알려지는 것에 굉장한 부담감을 갖고, 밝은 척, 괜찮은 척하는 이중된 모습
- 자녀와 접촉 시도함: 일기장에 메시지를 남김. 응답이 없지만 문자 메시지를 남김. 자녀를 위해 밥을 차려 둠 등
- 자녀에 대한 관심이 부족하고 문제의 심각성 인식이 매우 늦음(자녀가 학교에서 말없이 지내는 것을 고교 담임과 상담 전까지 모르는 등)

4) 설문 4: 부모의 은둔형 외톨이 자녀에 대한 이해

(1) 자녀가 은둔을 시작하게 된 주된 원인과 계기는 무엇이라고 생각하고 있었나요?

- 학교 부적응: 교우관계 어려움. 진학, 선생님과의 갈등 "나는 몰랐지만, 대인관계가 학교에서 무너져 있었다." "자녀가 고등학교에서 말이 없고 친구가 없었다."
- 하나의 사건을 계기로 자녀가 은둔을 하고 있다고 생각함
- 처음엔 이성친구와의 이별. 이후 장기화되면서 강압적이었던 남편으로 인해 자녀가 상처를 많이 받은 것이라고 생각함(자신은 아니라고 생각했으나 후에 아들이 엄마 때문이라는 얘기를 듣고 하늘이 무너지는 것 같았다고 함)
- 이혼한 남편의 폭력, 이후 버려지는 것에 대한 두려움과 학교 부적응
- 부모의 지나친 관심과 미해결 욕구를 자녀에게 대리 만족하려는 부모의 경향
- 이해 불가: "잘 모르겠다. 이해할 수 없다."
- 자녀의 나태함: "나태한 사고방식과 생활습관을 가졌기 때문이다."

- 부모에 대한 반항이나 복수: "나를 골탕 먹이려는 것 같다."
- 모름: "힘들어서 인지하지 못했다."

(2) 은둔하는 자녀로 인해 느끼는 가장 큰 어려움을 무엇이라고 생각하고 있었나요?

- 도와주지 못하는 안타까움: "내가 도와주거나 해 줄 수 있는 게 아무것도 없어서 미치겠다."
- 지속될 것에 대한 두려움: "포기한 부분도 많지만, 그래도 이 상황이 지속되는 것이 두렵다." 언제까지 지속될지 모르는 현재 상황. 이 생활을 한없이 참고 견뎌야 하는 답답함
- 자녀의 미래에 대한 불안감
- 삶 전체가 무너지는 느낌: "아무것도 할 수가 없다."
- 억울함, 내 앞길을 막아 버린 느낌: "내 삶도 아이와 함께 막혀 버렸다." 생활의 제약. 마음 편히 놀지도 즐기지도 못함
- 자기비난, 인생이 헛되이 끝날 것 같은 절망감: "나는 열심히 살았는데 아들이 이렇게 됐다."
- 일상의 불편함: "은둔하는 자녀 자체(상태)가 어렵다." 잘 씻지 않고, 대답이 없고, 자녀 방이 더럽고, 자녀 방에 필요한 물건을 맘대로 가지러 들어가지 못하는 등의 제한
- 의사소통의 어려움
- 경제적 형편
- 정서적 의지 대상에 대한 아쉬움

(3) 은둔하는 자녀에 대해 가장 이해할 수 없거나 받아들이기 힘들어하는 부분은 어떤 점이었나요?

- 은둔하는 자녀에 대해 이해하려고 노력을 한다고는 하지만 이해하지 못하겠고, 은둔하는 자녀 자체를 힘들어함

  "자녀를 둘러싼 문제가 있었다 하더라도, 지금 자녀가 보이는 반응은 너무 과하다."

  "멀쩡한 아이가 왜 저러고 있는지 이해할 수 없다."

  "얼굴도 안 보여 줄 만큼 방 안에서 숨어 지내는 게 이해가 안 간다."

- 부모에 대한 혐오, 공격, 괴롭힘

  "해도 해도 너무하다."

  "나를 괴롭히는 것 같다."

  "나에게 공격하는 것 같다."

  "외출을 전혀 하지 않고 다른 가족과 접촉하지 않으면서 나(부모 내담자)만 괴롭히며 성질을 쏟아붓는다."

  "부모가 잘못한 건 알겠지만, 나를 너무 극도로 혐오하는 자녀를 수용하기 어렵다." "자녀가 끊임없는 요구하고 조르면서 나를 골탕 먹이는 것 같다."

- 잦은 인터넷 쇼핑
- 자녀가 스스로를 고치려고 하지 않음
- 나이에 맞지 않는 응석 부리는 것 같은 행동
- 의사소통 거부

- 자녀의 진로: "일도 안 하고 방 안에만 갇혀 있다."
- 타인의 시선
- "초기에는 매우 많이 아이와 싸웠지만, 정말로 아무 소용없었다."
- "남편과의 관계에서 눈치 보고, 어떤 때는 남의 자식인 것 같다."

(4) 은둔생활에서 벗어나지 못하는 가장 큰 요인은 무엇이라고 생각하고 있었나요?

- 자녀의 노력 부족: "자녀가 노력하지 않는다. 아주 작은 시도를 하면 될 텐데 그러지 않는다."
- 부족한 대인관계 기술: "관계 회복을 위해 무엇을 시작해야 할지 모르겠다."
- 익숙함과 편안함: "은둔이 익숙해져 사회생활의 필요성을 못 느껴서" "이미 은둔하는 생활에 적응되어 편해서" "게으른 생활과 사고방식이 습관이 되어서."
- 잘못된 부모의 태도: 부모가 자녀를 이해하는 방법에서 서로 어긋난 사랑을 주고받은 것, 자녀를 있는 그대로 수용하려는 태도와 이해 부족

(5) 은둔하는 자녀를 위해 노력하던 영역과 행동은 어떤 것이었나요?

- 이해하고 수용하려 노력함. 자신의 가치관, 삶의 경험 등을 내려놓고 자녀의 시각으로 세상을 보고, 자녀의 어려움을 공감하려고 노력함
- 자녀에게 민감하게 반응하며 자녀와의 관계가 좋아지도록 노력함
- 자녀의 입장에서 마음을 이해해 보려고 노력함
- 대화법을 익혀 불화를 줄이고 자녀에게 다가가기를 시도함
- 지속적인 부모교육 참여와 시도
- 내 삶을 되돌아보는 것
- 가족상담 등의 상담을 시도하는 것
- 관심과 이해의 폭을 넓히려 각종 매체와 상담 도움을 요청함
- 자녀가 원하는 것이나 부탁하는 것을 되도록 다 들어주려고 함
- 자녀가 화를 낼까 봐 조심하고 눈치를 보며 집에서 큰 소리를 내지 않음
- 은둔하는 자녀가 배달음식보다는 건강한 식사를 하기를 바라며 식사를 차려놓기
- 자녀가 좋아하는 음식을 준비해 주면서 부모의 마음이 전달되기를 원함
- 일주일에 한 번이라도 같이 밥을 먹으려고 함
- 좀 참고 기다려 주기
- 궁금해도 덜 간섭하기
- 자녀를 위해 기도하는 것
- 여행 계획하기
- 아이는 두고 자신의 삶을 다시 잘 살아가기

5) 설문 5: 은둔형 외톨이 부모 상담 전반에 대한 상담자 경험

(1) 부모가 원했던 상담의 주요 목표는 무엇이었나요?

- "자녀가 은둔에서 (빠르고 분명하게) 벗어날 수 있도록 해 달라."
- "자녀가 은둔에서 벗어나도록 내가 도울 수 있는 방법을 알려 달라."
- "자녀의 독립이나 은둔형 외톨이로부터 벗어나고 싶다." (자녀에게 원하는 것을 자신의 상담목표로 하고자 함)
- 자녀로 인해 힘든 자신의 마음 다스리기
- 남편과의 관계 개선
- 은둔하는 자녀가 일상생활로 돌아오기를 바람
- "자녀와 분리되고 싶다."
- "자녀가 독립할 방법을 알고 싶다."
- "지금까지 살아오면서 해소되지 못한 감정을 풀고 싶다."
- "그냥 도움을 받고 싶다."(막연한 도움 요청)
- "아이가 어떻게 하면 방 밖으로 나올 수 있는지 알고 싶다."
- "아이가 은둔생활에서 벗어나 일상적인 생활 패턴의 리듬을 찾게 해 주고 싶다."

(2) 상담자가 추구했던 상담의 주요 목표는 무엇이었나요?

- (자녀/자녀의 은둔에 대한) 자신의 감정과 생각을 명료히 인식하기
- 자녀의 감정과 생각을 명료히 인식하기: 자녀의 눈으로 세상 보기
- 자녀의 은둔 탈출을 돕기 위해 '하지 말아야 할 것' 줄이고 '해야 할 것' 늘리기
- 자녀에 대한 이해
- 이전과는 다른 대처 행동
- 이전과는 변화된 마음
- 잔소리보다는 필요한 말만 하기
- 내담자가 자신의 마음을 수용하고 자신을 더 사랑하는 것
- 남편과의 관계 개선(현재로서는 아들과 대화를 할 수 없는 상태이어서)
- 부모 자신의 정서 발견하기
- 자녀의 입장에서 자녀를 이해하고 관계 개선하기
- 내담자의 감정 해소와 아들과 대화할 수 있는 방법 찾기
- 은둔형 외톨이 자녀를 돌보느라 지쳤던 내담자가 억압해 왔던 부정적 정서를 지지적 상담환경에서 표현해 보기
- 자녀와 부모의 정서적 안정을 위한 심리적 안정

☞ (1)과 (2)에 차이가 있었다면 이를 어떻게 조율하셨나요?

- 부모의 흥분되고 불안한 마음을 우선적으로 공감하고 수용함. 이후 신뢰관계가 형성되면 객관적 시각을 갖도록 작업하고 이후 설명, 설득, 직면 등으로 개입함
- 합의에는 어려움이 없었음
- 상담에서는 내담자의 힘듦을 이야기하는 것을 들어 주고 대화하는 방법(부모교육)을 중간에 접목시킴
- 부모 자신의 정서와 사고를 표출하면서 자녀의 마음을 이해하게 되었고, 관계 개선으로 목표를 전환하여 공감적으로 반응하는 대화법을 연습하였음
- 자신의 감정이 해소가 되면서 아들에 대한 시각이 자연스럽게 초점이 맞추어짐
- 자녀가 스스로 변화를 거부한다면 환경을 변화시켜 보기 위해 상담의 초점을 자녀의 변화에서 부모 자신을 위한 삶을 잘 살아보는 것으로 변경함

(3) 부모가 가장 호응했던 상담자의 질문이나 개입은 어떤 것이었나요?

- 자녀의 눈으로 보기
  "자녀가 나를 어떻게 생각할까요?"
  "자녀가 바라보는 세상은 어떨까요?"
- 나의 바람 구체적으로 인식하기
  "내가 자녀에게 바라는 것은 구체적으로 무엇인가요?"
  "그 바람은 현재의 자녀와 얼마나 부합되나요?"(자녀가 그 바람을 얼마나 이루어 줄 수 있을까요?)
  "부모로서 자녀에게 어떻게 질문하고, 대처하고 마음은 어떻게 가져야 하는가?"
- "최근에 어머님 스스로에게 잘 대해 줬던 것이 무엇이 있나요?"
- 대화방법에 대해 궁금해하였으며, 내담자가 궁금해하는 반응을 묻고 탐색하였으며 좀 더 자세한 대화법에 대해서는 책을 소개해 줌. "말그릇."
- 자녀의 마음에 다가갈 수 있는 언어적 반응이나 질문하는 방법 연습
- 아들과 소통을 하기 위한 개입
- 역할극과 상대방(자녀) 입장 되어 보기(게슈탈트 치료적 개입)

(4) 부모가 가장 하고 싶어 했던 말은 어떤 것이었나요?

- 나의 억울함, 답답함, 미칠 것 같은 심정 털어놓기
- 자녀가 인간답게 사는 것
- 은둔형 외톨이는 전적으로 자신(부모)의 탓만은 아니라는 것
- 다른 친구들에게 이야기할 수 없는, 자녀로 인해 힘들었던 에피소드
- 미안한 마음이 많이 들었다고 말하지만, 미안함과 미움의 이중적인 마음이 있었던 것으로 보였음
- '열심히 살아왔던 자신에게 이런 일이 일어났다'는 억울함
- 어떤 노력으로도 해결되지 않는 답답함으로 아들을 정신병원에 넣어 버릴 만큼 포기하고 싶은 마음

- 자녀에 대한 죄책감
- 자신이 원가족에서 어떤 삶을 살아왔는지에 대해. 특히 엄마와의 관계는 현재까지도 영향이 크기 때문에 "내가 너(자녀)를 그렇게 힘들게 했을 거라곤 전혀 생각해 보지 못했다."

(5) 상담에서 활용한 상담이론이 있었다면 어떤 것이었고, 이를 선택한 이유는 무엇이었나요?

- 인간중심이론: 무조건적 긍정적 존중, 공감, 경청.
- 현실요법: 원함/바람, 행동(과거와 현재 자녀에게 하고 있는 행동)을 구체적으로 보게 하기 위해
- 경험적 가족치료: 사티어(Satir)의 이론에 나온 대로 엄마가 자녀를 바라봐 주기를 바라는 마음에서. 실제로 이러한 과정을 거쳐야 자녀를 새로운 시각으로 볼 수 있게 하기 위해
- 대상관계[위니컷(Winnicott)]: 은둔하는 자녀에게 완벽하게 모든 것을 다 해 주는 것이 아니라 충분히 좋은 엄마로서 안아 주는 환경을 만드는 것으로 충분하다는 것을 이해하고 받아들임으로써 내담자가 편안해지도록 하기 위해
- 인간중심이론: 있는 그대로의 자녀를 이해하고 가치조건화하지 않는 무조건적 사랑을 자녀에게 주는 마음을 알게 하기 위해
- 대상관계이론, 인간중심이론: 부모-자녀 관계 안에서 자녀의 입장과 경험을 이해하고 자녀를 있는 그대로 존중·수용할 수 있기를 위해
- 통합적 접근(인간중심, 인지행동 접근): 사회적·정서적 지지자원이 부족하고 대처능력이 낮은 내담자들에게 지지·수용적인 관계를 형성하고 대처능력을 향상시키기 위해
- 게슈탈트 상담이론: 은둔형 외톨이 자녀와 상관없이 내담자 자신에게 집중하는 시간을 갖길 원했고, 내담자가 원가족에서 버림받음과 거절 경험이 반복되었기에 그 부분에 대한 미해결 과제 속에서 감정 경험을 하도록 하기 위해
- 절충적으로 활용함

(6) 상담에서 나타난 성과는 무엇이었나요?
성과의 주요 요인은 무엇이라고 생각하시나요?

- 부모의 입장에서만 보다가 자녀의 생각과 감정을 상상하며 그들의 입장에서 보려는 태도가 생김: 자녀에 대한 비현실적·이상적 바람을 내려놓고 현재의 자녀 모습을 수용함. 자녀 입장에서의 진정한 이해
- 그동안 자녀에게 충분히 희생하고 노력해 왔음을 인정해 주고, 오히려 자신을 위해 해 준 것이 없음을 깨닫고 자신을 돌보기 시작하였음. 그리고 남편에게도 자신이 먹고 싶은 메뉴를 주장해 보며 소소하지만 작은 행동 변화가 있었음
- 부모인 내담자가 자신에 대해 알아 가기 시작한 점
- 자녀의 입장과 마음을 수용해 보려는 동기가 생김
- 부모의 일방적인 소통 방식에서 자녀의 마음을 반영하는 대화기술을 시도하였고, 갈등의 횟수를 줄이게 됨

- 자신의 현 상태(정서적 힘듦)를 파악하게 됨: 지금까지 살아오면서 아무한테도 하지 못한 말들을 쏟아 낼 수 있어서 위로가 되고 힘이 되었음
- 내담자가 자신의 삶을 찾고 가족 안에서 당당하게 자신을 위한 삶을 살아 나가기 시작하였고, 자녀에게 덜 사정하고 그냥 둘 수 있는 변화가 조금 생김. 자녀가 여전히 식구들이 있을 때는 방에서 안 나오지만, 집에 아무도 없을 때는 거실로 나와서 때로는 설거지나 빨래를 해 놓기도 함
- 자녀와 부모 자신의 정서적 위안과 상담자와의 라포 형성

(7) 상담에서 성과가 미비한 점은 무엇이었나요?
미비함이나 성과 없음의 주요 요인은 무엇이라고 생각하시나요?

- 자신의 억울함, 분노, 불안함을 충분히 받아 주지 않을 때 격하게 감정적으로 반응하고, 관계를 깨뜨림
- 빠르고 분명한 변화(자녀의 은둔 개선)를 원하고 그렇게 되지 않을 때 초조함을 견디지 못하고 상담을 중단함
- 내담자가 가족상담에서 상담적 개입에 몰입하는 것
- 은둔하는 자녀의 상황과 이를 호소하는 부모 내담자의 상황에 변화가 없거나, 자녀가 방에서 나오지 않음으로 인해 내담자의 상태가 악화될 경우 상담자의 소진이 성과에 영향을 미침
- 무료상담 10회에서 할 수 있는 작업이 제한적이었으며, 상담자의 초기 구조화가 미숙해 주 호소 문제를 정확하게 다루어 주지 못함
- 부모와 자녀 간 관계 변화와 대응방법에 많은 비중을 두게 되어, 부모가 자녀를 있는 그대로 수용하지 못하는 것에 대해 더 깊은 통찰로 이어지지 못함
- 내담자의 감정을 해소하는 데 그침
- 내담자가 멀리서부터 내방한 이유는 아들에 대한 것이었는데 갑자기 생각지도 않았던 본인에 대해 이야기를 해야 하고, 또 현재와 앞으로 어떻게 할지 걱정과 궁금함을 가지고 내방했는데 과거에 대한 이야기를 하게 된 점에서 상담이 기대했던 것과 차이가 남
- 상담 시간의 제약과 비용적 측면

(8) 은둔형 외톨이 부모와의 상담에서 유의할 점이나 하지 말아야 할 것들은 무엇이라고 생각하시나요?

- 먼저 그들의 힘든 감정이 충분히 해소될 수 있도록(나오도록) 수용적 자세가 중요함. 이후 이성적 목표 추구와 개입이 필요함
- 가족상담 하듯이 하면 될 듯함. 어느 한 관계라도 있으면 조금은 은둔형 외톨이 상태에서 벗어나는 계기를 마련해 줄 테니까, 그러한 계기를 무엇으로 하면 좋을지는 함께 고려해 보는 시간이 필요함
- 내담자의 노력 여하에 따라 자녀가 방에서 나올 것이라는 섣부른 희망을 심어 주지 말아야 함
- 부모의 관심사가 자녀의 변화, 불화를 줄일 수 있는 방법에 집중되어 있어, 자녀와 관련이 없다고 느끼는 부모 자신의 이야기로 전환하기에 어려움이 있음
- 자녀의 변화에 효과가 없다고 느껴질 때는 상담에 대한 회의를 가지는 것으로 보임
- 부모의 탓이라는 생각이 들지 않도록 부모의 심정을 이해하는 자세가 필요함
- 지시와 통제로 강압적인 상담이 되지 않도록 주의해야 함

(9) 기타 은둔형 외톨이 부모와의 상담에서 강조하고 싶은 사항이나 나누고 싶은 내용을 적어 주시기 바랍니다.

- 상담의 주도권을 상담자가 갖기: 부모의 요구(예: 자녀에게 내가 해야 할 일을 빨리 알려 달라는)에 따라서만 끌려가는 상담이 되면 효과 있기가 어려움
- 시간이 걸리는 일이고 부모의 일관적이고 내면적인 변화가 중요함을 알리며, 뚝심 있게 상담을 진행하는 것이 중요함
- 상담자를 믿고 함께 하지 않으면 공조체제를 통해 자녀의 은둔 개선을 도울 수 없다고, 부모의 적극적인 상담 참여(본인부터의 변화)를 강조해야 함
- 내담자의 삶과 내담자 자녀의 삶을 나누어서 바라보는 것이 중요함
- 은둔형 외톨이 부모 상담에서는 부모의 변화가 중요함. 이는 부모의 변화가 부모 자신과 자녀에 대한 이해로 이어지는 것이라고 믿기 때문임
- 의사소통 능력이 부족하고 대처능력이 낮고 타인과 정서적 단절 상태를 경험하고 있는 사례를 자주 접하게 됨. 은둔형 외톨이 부모를 상대로 정서 인식이나 의사소통 능력을 살펴보아야 함
- 10회기 상담에서 이야기해 볼 수 있는 주제들이 이미 구조화되어 있으면 좋았겠음. 여러 주제 중에서 어떤 주제를 선택하여 이야기를 나누어 보겠다는 식으로…… 상담자와 내담자가 함께 미리 알고 시작했다면 내담자도 은둔형 외톨이 자녀 상담을 할 때는 원래 이렇게 다 전반적으로 상담을 하는구나 하고 인식하기 좋았을 수 있을 것 같음. 예를 들면, 1주차-자녀에 대한 개인적 관점/ 2주차-가족 안에서의 자녀 / 3주차-부부 / 4주차-원가족 안에서의 나 / 5주차-과거와 현재 등
- 사회적인 책임을 함께 공감하며 은둔은 누구나 경험할 수 있는 것으로 사회적 편견과 낙인된 시선을 접어야 할 것임

저자 소개

김혜원(Kim, Hyewon)
미국 Boston 대학교 심리학 박사
현 호서대학교 청소년 문화 · 상담학과 교수

조현주(Cho, Hyunjoo)
성균관대학교 교육학(상담심리) 박사
현 파이심리상담센터 센터장

김지연(Kim, Jiyeon)
햇불트리니티신학대학원대학교 기독상담학 박사
현 파이상담연구소 소장
　　마르페심리상담연구소 대표

김연옥(Kim, Yeanok)
아주대학교 교육학과(심리치료교육) 석사
현 파이심리상담센터 상담원

김지향(Kim, Jihyang)
한국상담대학원대학교 상담심리학(상담심리) 석사
현 파이심리상담센터 상담원

박찬희(Park, Chanhee)
아주대학교 교육학과(심리치료교육) 석사
현 파이심리상담센터 상담원

은둔형 외톨이 상담
-당사자와 부모 상담 가이드북-
Counseling for Hikikomori

2022년 7월 30일 1판 1쇄 발행
2024년 3월 25일 1판 2쇄 발행

지은이 • 김혜원 · 조현주 · 김지연 · 김연옥 · 김지향 · 박찬희
펴낸이 • 김 진 환
펴낸곳 • (주) **학지사**

04031 서울특별시 마포구 양화로 15길 20 마인드월드빌딩 5층
대표전화 • 02) 330-5114   팩스 • 02) 324-2345
등록번호 • 제313-2006-000265호

홈페이지 • http://www.hakjisa.co.kr
인스타그램 • https://www.instagram.com/hakjisabook

ISBN 978-89-997-2719-1 93180

정가 19,000원

출판미디어기업 **학지사**

간호보건의학출판 **학지사메디컬** www.hakjisamd.co.kr
심리검사연구소 **인싸이트** www.inpsyt.co.kr
학술논문서비스 **뉴논문** www.newnonmun.com
원격교육연수원 **카운피아** www.counpia.com
대학교재전자책플랫폼 **캠퍼스북** www.campusbook.co.kr